LOS PRINCIPIOS Y

BENEFICIOS
DEL
CAMBIO

LOS PRINCIPIOS Y
BENEFICIOS DEL CAMBIO

CUMPLIENDO TU PROPÓSITO EN MEDIO DE TIEMPOS INCIERTOS

DR. MYLES MUNROE

WHITAKER
HOUSE

Las citas bíblicas, a menos que así se indique, son tomadas de *La Biblia de las Américas*®, LBLA®, © 1986, 1995, 1997 por The Lockman Foundation. Usadas con permiso. Derechos reservados. (www.LBLA.org)

Traducción al español realizada por:

Sí Señor, We Do Translations   Jorge Jenkins

P.O. Box 62   TEL: (302) 376-7259

Middletown, DE 19709 E.U.A.   Email: sisenortra@aol.com

Los Principios y Beneficios del Cambio:
Cumpliendo tu propósitio en medio de tiempos inciertos
Publicado originalmente en inglés bajo el título: *The Principles and Benefits of Change*

Dr. Myles Munroe

Bahamas Faith Ministries International

P.O. Box N9583

Nassau, Bahamas

e-mail: bfmadmin@bfmmm.com

websites: www.bfmmm.com; www.bfmi.tv; www.mylesmunroe.tv

ISBN: 978-1-60374-159-0

Impreso en los Estados Unidos de América

© 2009 por Myles Munroe

Whitaker House

1030 Hunt Valley Circle

New Kensington, PA 15068

www.whitakerhouse.com

Library of Congress Cataloging-in-Publication Data

Munroe, Myles.

[Principles and benefits of change. Spanish]

Los principios y los beneficios del cambio : cumpliendo tu proposito en medio de tiempos inciertos / Myles Munroe.

p. cm.

Summary: "Reveals how we can respond positively rather than react negatively to change that happens to us, around us, and within us and how we can initiate change, enabling us to fulfill our God-given purposes"—Provided by publisher.

ISBN 978-1-60374-159-0 (trade pbk. : alk. paper)   1.   Change—Religious aspects—Christianity. I. Title.

BV4509.5.M86 2009b

248.4—dc22

           2009028781

3 4 5 6 7 8 9 10   **LU**   17 16 15 14 13 12

DEDICATORIA

¡Para Ruth!

Tú has atravesado por los cambios de mi vida durante treinta años, y me has enseñado el valor de la belleza del cambio.

¡Para Charisa y Chairo!

He podido observar como ustedes han manejado exitosamente los cambios desde el nacimiento hasta la madurez de la vida adulta, y estoy muy orgulloso de ustedes. Ustedes me enseñaron muchos de los principios en esta obra, y estoy confiando que ustedes van a llevar al máximo todos los cambios a través del resto de sus vidas.

Para los moradores de este planeta que son más de seis millones de millones, y que están sufriendo cambios cada minuto. Espero que esta obra los vaya a capacitar con las herramientas necesarias para que no sólo tengan que observar cómo las cosas cambian, sino que puedan hacer que las cosas cambien para un futuro mejor.

Reconocimientos

Debido a que este libro se ha tardado en su hechura más de veinte años, y espero que todos los líderes, amigos, miembros de familia, y colegas que me han inspirado sobre los años, puedan saber la gratitud que les guardo, aún cuando son muchos como para poder nombrarlos a todos en esta página.

En primer lugar, quiero dar gracias a mi amada esposa Ruth, quien ha estado a mi lado y me ha motivado para que yo pueda compartir mis pensamientos con todo el mundo.

En segundo lugar, ¡a mis hijos Charisa y Myles (Chairo) Munroe! Gracias por permitirme cumplir mis pasiones sin tener que llegar a tener ningún sentimiento de culpa. La paciencia y el entendimiento que ustedes han tenido son muy inspiradores.

¡A mi muy talentoso, sabio y excelente editor, Lois Puglisi! La dedicación que tienes a la perfección y a la calidad es excepcional, y yo tengo hacia ti un muy profundo sentimiento de gratitud y de aprecio por ayudarme a distribuir esta obra a través de todo el mercado de la humanidad. Un filósofo es sólo tan valioso como lo son sus lectores; por lo tanto, yo te quiero agradecer por ayudarme en este trabajo para que obre en los corazones de hombres y mujeres, y espero que se van a beneficiar con el contenido de estas páginas, y que van a hacer del cambio su mejor amigo.

ÍNDICE

PREFACIO

Nada es tan permanente como el cambio. El hecho de poder entender esta verdad tan paradójica transformó mi vida. Me protegió cuando era joven, y me ha ayudado a guiarme como un adulto.

El cambio es natural para toda la existencia y es común para toda la creación. Todo se encuentra en un estado constante de cambio, y nada puede detener este hecho. El cambio también es evidencia de que nos encontramos vivos y prueba de que somos seres finitos—debido a que todo tiene su propio tiempo, y no hay nada en esta tierra que dure para siempre.

El cambio es un principio de la creación. En breve, todo cambia.

Esta simple declaración de que *todo cambia* nos lleva a un principio que puede traer tremenda paz y entendimiento a nuestra vida. Si podemos aceptar la verdad inevitable de que nada en nuestras vidas va a permanecer igual, entonces, podemos desarrollar niveles realistas de expectativas, y minimizar nuestras desilusiones.

En forma general todos nosotros experimentamos cuatro tipos de cambios en esta vida: (1) el cambio que sucede alrededor de nosotros, (2) el cambio que nos sucede a nosotros mismos, (3) el cambio que sucede dentro de nosotros, y (4) el cambio que nosotros generamos.

Una de las más grandes tragedias en la vida es que sólo un muy pequeño porcentaje de la población en el mundo responde ante el cambio en forma efectiva. Muchas gentes se convierten en víctimas del cambio. Algunas gentes le tienen terror al cambio; mientras que otras rehúsan aceptarlos. Estos puntos de vista son fórmulas para la frustración, depresión, y el desperdicio del potencial.

¿Acaso te encuentras tambaleando ante el umbral de una nueva estación o de un tiempo diferente? El cambio tal vez puede hacerte sentir más trepidación que confianza. Pero tú puedes aprender a abrazar el cambio con una actitud positiva y a usarlo en beneficio de tu vida, así como en beneficio de la vida de muchos otros.

O tal vez estás anticipando cambio en tu futuro y te encuentras muy emocionado acerca de ello. Tal y como vas a leer en este libro, mientras que atraviesas cambios de transición, tú puedes aprender a observar todo esto desde una nueva perspectiva, donde tú podrás descubrir tremendas oportunidades para el crecimiento personal profesional y corporativo. Todas estas nuevas posibilidades están sosteniendo un destino muy emocionante para ti.

Debes ser valiente y poder abrazar la nueva estación o el siguiente periodo de tu vida. Es el único camino para que puedas llegar a cumplir todo tu potencial—y tu única contribución a la generación en que tú vives.

Una oportunidad perdida significa haber sacrificado el destino.

—Dr. Myles Munroe

INTRODUCCIÓN
Una convergencia histórica

Los dogmas del quieto pasado no se aplican al presente tormentoso.
—Abraham Lincoln

No importa quién eres tú—y sin importar de qué país eres, de qué raza, que raíz étnica tienes, lenguaje, y disposición—el *tiempo y el cambio* te van a llegar a afectar.

La vida continuamente nos está poniendo enfrente cambios en el medio ambiente personal, en lo familiar, en lo comunitario e incluso a nivel nacional. Sin embargo, también nos encontramos viviendo en tiempos donde existe una convergencia de cambios en todo el mundo, lo cual está creando una ola de transición en la historia de la humanidad. Estamos experimentando cambios en una gran escala. En respuesta a esto, debemos entender este tipo de cambios y debemos encararlos en forma efectiva, o de otra forma, las fuerzas de transición nos van a jalar con ellas, y no vamos a tener ningún poder de influencia en medio de ellos.

Las convergencias históricas y las oleadas tradicionales de transición han ocurrido en puntos muy importantes a través de las edades. Una convergencia histórica es un periodo estratégico de historia donde ocurren mayores eventos, los cuales traen con ellos momentos de transformación en lo social, lo económico, político, y aún en las condiciones espirituales. En el pasado, algunos cambios estratégicos han sido bienvenidos por la gente, mientras que otros han sido recibidos con grande temor. Ciertos cambios han provocado reacciones mixtas de los diferentes tipos de individuos. Los tiempos de transición a través de toda la historia han dado como resultado en temores sociales, pánico, grandes tensiones y confusión. Mucha gente no se encontraba preparada para estos cambios; algunos reaccionaron con muchas sospechas, contradicciones y violencia, mientras que otros simplemente se rindieron ante lo inevitable, y se convirtieron en víctimas de los elementos del cambio.

Vamos a ver a través del corredor del tiempo, yendo hacia atrás hacia varios puntos estratégicos de la historia. Los periodos de transición ocurrieron en tiempos conocidos como la edad del oscurantismo y de la iluminación, durante los tiempos de las grandes hazañas de tremendos exploradores tales como Cristóbal Colón, durante la expansión del oeste de Europa hacia el continente americano, la colonización, el intercambio de esclavos, el nacimiento de la República de los Estados Unidos, la Primera Guerra Mundial y la Segunda Guerra Mundial, la creación de la Organización de las Naciones Unidas, el nacimiento de la nación de Israel, el movimiento de los derechos civiles, la caída del comunismo, la expansión del islam, el nacimiento y el crecimiento de nuevas religiones orientales, y el surgimiento del terrorismo internacional.

Los siglos XIX y XX se caracterizaron por grandes cambios en las áreas de la ciencia, la tecnología, el transporte, las comunicaciones, la educación y la religión. La explosión de los descubrimientos científicos llevó a avances en el área de la medicina y a la invención del teléfono, el avión, la radio, la televisión y la computadora. El desarrollo de los viajes intercontinentales dio como resultado la exposición de las diferentes culturas entre sí, lo cual no era posible en tiempos anteriores. El mundo en realidad se ha convertido "en una gran ciudad".

Este breve resumen nos permite capturar la naturaleza tan compleja de alguno de los eventos que han dado forma al mundo en el cual vivimos hoy en día. A medida que avanzamos hacia adelante en el siglo XXI, nosotros también, nos encontramos cautivos en medio de las oleadas de transición. Todos aquellos que cuentan con una medida de discernimiento, con visión espiritual, y con perspectiva histórica, pueden percibir que se está llevando a cabo una convergencia

El cambio está en el aire. Se encuentra por todas partes.

histórica en cada esfera de la vida. El cambio está en los aires. Se encuentra por todos lados. El tiempo presente demanda una respuesta dentro del contexto de estos cambios. ¿Cuál es la naturaleza de las transiciones que se está llevando a cabo en este punto de convergencia en la historia?

Una breve evaluación nos revela cambios tremendos en las ecuaciones políticas internacionales. Hemos podido ver la caída del colonialismo, la extinción de la guerra fría, el nacimiento y levantamiento de estados independientes cada vez más importantes (tanto grandes como pequeños), un incremento en la interdependencia económica mundial, y el acceso global a la comunicación internacional e intercultural a través de la Internet. Los líderes de la posguerra, después de la Segunda Guerra Mundial, han pasado su liderazgo a generaciones mucho más jóvenes que fueron removidos de aquellas épocas, trayendo un sentido de juventud a los liderazgos nacionales que no habían sido vistos en décadas. En la iglesia cristiana, los viejos líderes protestantes y evangélicos, y aún aquellos que fundaron el movimiento carismático están saliéndose de la escena. Su salida da lugar para una nueva cosecha de líderes para la iglesia del siglo XXI.

Más aún, un cambio muy importante se está llevando a cabo en los anteriormente llamados territorios coloniales, que en alguna ocasión fueron el objetivo de muchos esfuerzos misioneros, muchos de los cuales han sido identificados como países no desarrollados, en vías de desarrollo, o países del tercer mundo. El desarrollo de la iglesia nacional y del liderazgo dentro de la iglesia en estas naciones requiere un nuevo punto de vista para una nueva era.

En el libro *Los Principios y Beneficios del Cambio: Cumpliendo tu propósito en medio de tiempos inciertos*, vamos a estar viendo los retos que existen a nivel mundial y a nivel personal, los cuales todos nosotros estamos encarando el día de hoy. En verdad nos encontramos en tiempos de transición. Se requiere de una persona muy bien informada con una mentalidad mundialista, con un espíritu muy sensible, con muchas habilidades, muy bien educada y con propósitos inspirados, para hacer una diferencia en forma efectiva en medio de nuestra generación, y poder establecer los parámetros para las generaciones venideras. Se requiere de aquellos que pueden entender las dinámicas del cambio, y que pueden tener la determinación para responder, en lugar de simplemente reaccionar ante ellas. Los líderes de hoy en día van a tener que ser muy creativos en respuesta a lo que se les demanda, entendiendo sus funciones y los propósitos que tienen dentro de esta generación.

La convergencia histórica que discutimos anteriormente está ocurriendo en diez áreas principales. Yo creo que el siglo XXI va a hacer muy bien conocido como la era de:

1. Globalización
2. Información
3. Comunicación
4. Movilización
5. Diversificación cultural
6. Fusiones de compañías y redes de contactos
7. Longevidad
8. Tecnología
9. Transiciones sociales y políticas
10. Rápida transformación

Se está llevando a cabo un cambio de paradigmas en todas estas áreas, lo cual es una tendencia que vamos a analizar en forma mucho más detallada en el capítulo "Las olas de cambio alrededor de todo el mundo". A través de todo el globo terráqueo, los líderes estaban sintiendo la urgencia de integrar sus naciones hacia estos cambios. Los viejos estilos de liderazgo han perdido toda su efectividad, y deben ceder el terreno a la nueva ecuación del liderazgo del siglo veintiuno.

Más aún, el hecho de que el liderazgo de las naciones del tercer mundo está emergiendo en los ámbitos sociales, políticos y religiosos es algo que no se puede negar. Todos aquellos que anteriormente habían recibido oposición, habían sido rechazados, e ignorados, ahora se están levantando hacia los lugares de influencia. Este cambio internacional incluye una variación total en los énfasis, las prioridades, y los métodos. Ya sea que tú vivas en una sociedad moderna industrializada, o en el medio ambiente en desarrollo del tercer mundo, tú debes considerar muy cuidadosamente la forma como todos estos cambios van a afectar tu vida. Es imperativo que podamos llegar a saber cómo poder prepararnos para el cambio, cómo poder responder ante el cambio, cómo poder llevar el cambio hasta su máximo nivel, y qué es lo que debemos hacer para cambiarnos nosotros mismos, a fin de poder llegar a cumplir nuestros propósitos como individuos y también en forma corporativa.

Tanto en la escala global, como en la escala personal, debemos estar preparados para la transformación.

Por lo tanto, tanto en una escala global, como una escala personal, debemos estar preparados para la transformación. Debemos abrazar los principios y beneficios del cambio para que podamos llevar a cabo nuestros destinos individuales y aún en forma corporativa, en todas las temporadas y circunstancias de nuestra vida.

Ni el hombre sabio ni el hombre valiente se ponen a dormir en los rieles de la historia, esperando a que el tren del futuro les pase por encima.
—Dwight D. Eisenhower

Parte 1

EL FACTOR DEL CAMBIO

TODO CAMBIA
Es algo inevitable para todos los que vivimos en este planeta

El futuro tiene una manera muy inesperada de llegar.
—George Will, ganador del premio Pulitzer como reportero y como autor

Mientras que vivimos y respiramos en el mundo, 6.7 millares de millones de nosotros como seres humanos compartimos el mismo destino inevitable: todos tenemos que encarar *el cambio.* La misma verdad es aplicable para todos aquellos que existieron en el pasado. La misma verdad es verdadera y aplicable para todos aquellos que van a nacer en el futuro.

Nuestras vidas se encuentran en un estado constante de transición. La vida siempre se está moviendo hacia adelante; nada permanece igual. Aún aquellos que viven básicamente vidas muy tranquilas son afectados por el cambio. Ya sea en un mayor o en un menor grado, todos estamos siendo transportados continuamente—ya sea en forma repentina o gradual—hacia aquello que es nuevo, que es diferente, que es inesperado, o que jamás hemos probado antes.

El cambio es uno de los factores más importantes en la vida, ya sea que el cambio sea impuesto en nosotros o que nosotros mismos hayamos creado ese cambio, y que se hemos participando ansiosamente en sus posibilidades. Sin embargo, la mayoría de la gente no puede manejar los cambios en forma efectiva y positiva. Algunas personas creen que los cambios "suceden por sí mismos", y ellos no piensan en forma seria acerca de los efectos que el cambio ha reflejado en ellos. Muchas personas también son muy descuidadas y negligentes con relación a iniciar cambios positivos que puedan hacer una impactante diferencia en sus vidas y en las vidas de todos aquellos que lo rodean. Y la mayoría de todos nosotros terminamos, de alguna manera, siendo víctimas de algún cambio que jamás llegamos a desear.

Cuatro tipos de cambio

Experimentamos cuatro tipos diferentes de cambio en la vida:

1. El cambio que nos sucede *a nosotros*—en forma inesperada, o que es algún tipo de cambio anticipado que llega a afectar nuestra vida personal, nuestra familia, carrera, y todo lo demás.

2. El cambio que sucede *alrededor de nosotros*—que llega en forma inesperada, o aún siendo un cambio que habíamos anticipado, pero que afecta nuestra sociedad, nuestra nación, o el mundo, y que de alguna manera tiene algún impacto en nosotros en forma personal o que llega a impactar nuestro estilo de vida.

3. El cambio que ocurre *dentro de nosotros*—que es un cambio inesperado, o aún cuando es un cambio que ya hemos anticipado, y afecta directamente quiénes somos nosotros—ya sea en forma física, emocional, mental, o espiritualmente.

4. El cambio que *nosotros iniciamos*—y que es algo creado o alterado por medio de planes que hemos implementado, a fin de movernos del presente en que nos encontramos a un futuro donde preferimos estar.

Podemos identificar cada uno de los cambios anteriormente mencionados como un tipo distinto de cambio, incluso en ocasiones cuando algunos de ellos se traslapan uno con otro.

¿Cuáles son los resultados del cambio?

El cambio transporta al presente hacia un futuro que demanda una respuesta. Muy frecuentemente, esa respuesta requiere todavía más cambios de cada uno de nosotros. El hecho de que necesitamos cambios puede traer en sí mismo una actividad muy positiva—emoción, anticipación, y una planeación llena de energía. O, puede crear en nosotros una reacción muy negativa—incertidumbre, tensión nerviosa, estrés e incluso, un completo desequilibrio emocional. La manera cómo reaccionamos ante el cambio tiene muchas mayores consecuencias en nosotros, aún más allá de lo que nos podemos dar cuenta.

> *El cambio transporta el presente hacia un futuro que demanda una respuesta.*

Imagínate que tú eres transportado cien años hacia el futuro. Los cambios que podían haberse dado en tu nación y en el mundo serían de tal naturaleza, que tú muy difícilmente podrías reconocer a tu propia comunidad. Llegar en forma abrupta a un mundo transformado podría ser un encuentro muy drástico con el cambio. Casi todo aquello con lo que tú estás familiarizado en tu vida cotidiana habría desaparecido: la familia, amigos, cultura, las formas de comunicarse con el mundo (tales como la tecnología, los medios de comunicación), las formas de percibir al mundo (en forma social, política y económica), y muchas cosas más como éstas. Incluso el lenguaje ya habría evolucionado. Tus palabras y todos aquellos patrones de lenguaje tal vez les parecerían arcaicos a todos aquellos que viven o que van a vivir en el siglo XXII. Tú te verías tan desorientado como alguien de la primera década del siglo XX tratando de investigar lo que es un iPod.

En la película *The Shawshank Redemption*, uno de los personajes, que se llama Brooks, ha estado en la cárcel por cincuenta años. Entonces él quedó libre bajo libertad condicional. Brooks no ha vivido dentro de nuestra sociedad por cinco décadas. El fue a la prisión durante la primera década del siglo veinte y siendo soltado en los años cincuentas. El ha estado considerando seriamente lastimar o incluso matar a uno de los compañeros de prisión, porque entonces él recibiría cargos de ataque o de homicidio, y entonces él sería capaz de quedarse en prisión de por vida. Sus amigos lo convencen de que no lo haga, sin embargo el es soltado de la penitenciaría. Brooks aborda el camión que lo va a llevar hacia la ciudad, donde va a estar viviendo en una residencia de medio tiempo, y va a trabajar en una tienda, empacando las mercancías. El camión comienza a acelerar su velocidad a una velocidad de treinta y cinco o cuarenta millas por hora, pero Brooks se aferra fuertemente al asiento porque la velocidad es algo que él no puede aguantar. La expresión de miedo en su rostro contrasta con el resto de los pasajeros del camión, quienes solamente se miran bastante aburridos. Brooks no tiene ningún punto de referencia para lo que los demás toman completamente como algo normal. "Yo no puedo creer lo rápido que las cosas se mueven acá afuera", él escribe a sus amigos. Todo acá afuera en este tipo de vida es tan extraño y tan lejano. Brooks tiene pesadillas donde está cayendo a un precipicio. "Estoy cansado de tener miedo todo el tiempo", él dice.

El cambio y la pérdida

El cambio gradual, el cual se experimenta en la vida diaria y rutinaria, es relativamente fácil para nosotros, y es algo que normalmente podemos manejar. Muy frecuentemente, es algo que ni siquiera notamos. Pero el cambio repentino en nuestras vidas puede afectar a la gente en una forma muy similar a la experiencia que tuvo Brooks. Dependiendo en la intensidad del cambio—y en el tipo de pérdida que obtenemos como resultado de todo esto—el efecto del cambio en la vida de las gentes puede variar desde el hecho de simplemente forzar a alguien para que crezca un poquito más, hasta el hecho de causar que alguien llegue a experimentar un conflicto mental de tal magnitud entre el pasado y el presente, y que él o ella llegue a sucumbir en una crisis total, o incluso llegue a intentar suicidarse. Eso es lo que sucedió en la película de Brooks, llamada *Shawshank Redemption*. El ya no pudo aguantar más el hecho de estar viviendo "en el exterior", y, en forma muy trágica, él se suicida. Al comentar acerca de la situación por la cual pasó Brooks, otro personaje llamado Red, hace gestos apuntando hacia las paredes de la prisión que lo están rodeando, tratando de señalar los patios del exterior, y dice, "estoy diciendo esto, que estas paredes son muy chistosas. Al principio tú las odias. Entonces, te acostumbras a ellas. Cuando pasa bastante tiempo, tú llegas a depender de ellas completamente".

En forma similar, los efectos de fracasar en implementar cambios positivos en la vida de uno pueden ir desde alguien que pueda perderse algún tipo de recompensa o de experiencia recompensadora, hasta el hecho de no llegar a cumplir todo su propósito para esta vida.

En la mayoría de los escenarios mencionados anteriormente, la persona reacciona negativamente a las pérdidas que son resultado de estas experiencias de cambio. En la mayoría los casos, esto resulta en la pérdida del potencial que es la pérdida de lo que esa persona pudo haber sido o pudo haber hecho, por medio de responder en forma constructiva a este cambio, y esta es la razón de por qué es esencial que nosotros podamos aprender a ver y contemplar el cambio en lugar de convertirnos en sus víctimas, y es la razón de que debemos iniciar el cambio en lugar de ser arrastrados por él.

Por lo tanto, la continua dinámica del cambio, es uno de los factores más importantes de la vida humana. La forma cómo nos relacionamos al cambio tiene un impacto muy importante en nuestra calidad de vida, y si acaso vamos a llegar a cumplir aquello para lo cual fuimos formados durante nuestro tiempo en esta tierra. El hecho de poder entender cómo contemplar, como responder, y como beneficiarnos del cambio es vital para poder tener una vida completa y muy bien balanceada.

> *La continua dinámica del cambio es uno de los factores más importantes de la vida humana.*

Cinco principios del cambio

Vamos a considerar cinco principios fundamentales del cambio, así como las implicaciones que tienen:

1. *Nada en esta tierra es tan permanente como los cambios.* ¡Qué clase de paradoja! Una cosa que siempre está presente en esta tierra es el cambio. Ninguna otra cosa realmente es lo que podemos esperar o tener la garantía de que vamos a obtenerla.

2. *El cambio es algo continuo.* Nuestras vidas siguen moviéndose hacia adelante, y el medio ambiente que nos rodea sigue sufriendo cambios todo el tiempo. El cambio no se detiene mientras nosotros dormimos, o cuando tomamos vacaciones, o cuando estamos tomando nuestro almuerzo durante ese tiempo de descanso. El cambio nunca cesa.

3. *Todo cambia.* Los detalles de nuestras vidas siempre se encuentran en un estado de transición. Aquí enlisto algunos de los ejemplos que nos dejan ver las formas en que nuestra vida va a cambiar o puede llegar a cambiar:

+ *Tu conocimiento puede cambiar.* Siempre estamos absorbiendo más conocimiento y más información a través de una variedad de fuentes de información. Muy frecuentemente, mientras más información recibimos, más contemplamos a la vida y a las otras gentes en forma muy diferente. El nuevo conocimiento va a cambiar tus perspectivas o va a ampliar o a profundizar tus ideas originales.

+ *Los intereses van a cambiar.* Algunas de las cosas en que tú estás interesado el día de hoy, pueden cambiar el día de mañana, a medida que tú amplías el rango de tus experiencias. O tal vez decidas enfocarte en una o dos cosas solamente de entre todo aquello que te interesa, a fin de poder llegar a lograr algún objetivo en particular, poniendo los otros intereses a un lado o simplemente abandonándolos por completo.

+ *Los valores y prioridades van a cambiar.* Las cosas que tú valoras en la actualidad tal vez no van a ser las cosas que tú vas a estar valorando en los siguientes diez años, cinco años o incluso el próximo año. Y no me estoy refiriendo en especialmente a los valores básicos de la vida, aunque éstos también tal vez puedan cambiar. Al contrario, me estoy refiriendo más a la prioridad o al valor que colocamos en ciertas gentes o cosas. Esto puede cambiar debido a la madurez personal o a la etapa especial de la vida en que nos encontremos. Por ejemplo, cuando muchas parejas se casan y comienzan su familia, ellos comienzan a pensar acerca de buscar valores espirituales porque creen que eso va a ser algo muy bueno para sus hijos. O, tal vez el cambio va a tener que ver con circunstancias temporales de tu vida. Tal vez tú te has estado enfocando en construir una casa de playa o de vacaciones, pero perdiste tu trabajo y ahora te encuentras enfocado en poder sostener y pagar tu casa primaria. Los planes han tenido que ser cancelados o pospuestos y tú ya no valoras esa casa de vacaciones como una prioridad, porque algo mucho más importante tomó su lugar. Cuando tus valores cambian, esto puede cambiar todo tu estilo de vida por completo.

+ *Tu cuerpo puede cambiar.* Si tú eres una persona joven, tú todavía estás creciendo y madurando hasta convertirse en un adulto. Si tú ya eres un adulto, tú vas a poder notar varios cambios físicos a medida que avanzas en la edad: vas a estar perdiendo las líneas de tu cabello, y tus ojos ya no van a poder enfocarse de la misma forma cómo podían hacerlo antes, y vas a tener que comenzar a comprar anteojos para leer; tu fuerza y tu flexibilidad ya no van a ser las mismas como solían ser; y muchos otros aspectos físicos como estos. Estos tipos de cambio pueden impactar en gran manera la calidad de nuestras vidas si acaso no estamos preparados para ellos.

+ *Tu red de relaciones familiares puede cambiar.* Nosotros realmente no sabemos cómo es que nuestras relaciones con otras personas pueden cambiar cualquier año o en cualquier momento dado. Tú puedes haber ganado un nuevo miembro de la familia a través de un matrimonio o de un nacimiento. Algunas veces, la vida te da un golpe de sorpresa; ni siquiera sabías que iba a venir, pero de repente, tú has perdido a un miembro de tu familia a través del divorcio o a través de la muerte. Tal vez fue un padre o un abuelo que comenzó a desarrollar el mal de pérdida de la memoria o que ha tenido que mudarse a un asilo de ancianos. Estos son entre otros, algunos de los cambios más difíciles que podemos experimentar.

+ *Tu matrimonio puede cambiar.* Las dinámicas de la relación de tu matrimonio pueden cambiar a través del tiempo. Esto no quiere decir que tu matrimonio fue equivocado o que es malo, sino solamente que la gente y las situaciones atraviesan períodos de transformación. A través de los años, tú vas a cambiar y vas a crecer, y lo mismo le va a suceder a tu esposa. Tenemos que estar esperando, estar preparados, y acostumbrarnos a todos estos tipos de cambios. Los cambios en las relaciones matrimoniales pueden suceder en cualquier momento. Mucho ha sido escrito acerca de lo que sucede en las parejas cuando sus hijos crecen y van a la Universidad o salen del hogar para comenzar sus propios hogares. ¿cómo es que un esposo y una esposa pueden aprender a relacionarse el uno con el otro nuevamente como dos personas—sin tener la presencia constante de los hijos en el hogar? O tal vez el marido ha sido el proveedor de la familia durante los últimos 20 años, y de repente pierde su trabajo. ¿Cómo es que este cambio en los ingresos y la forma de vida, aunque esto sea temporal, puede afectar el matrimonio?

¿Acaso la pareja puede mantenerse fuerte y mantener una relación fuerte cuando se necesita hacer un ajuste de trabajo que va a durar meses o incluso años? Algunas personas también llegan a experimentar divorcios que nunca desearon. Estos y muchos otros factores afectan las relaciones del matrimonio.

+ *Tus hijos pueden cambiar.* La imagen de sus hijos como infantes se encuentra indeleble en la mayoría de las mentes de los padres. Una vez que tú has traído a tus hijos a casa del hospital cuando acabaron de nacer, tú debes cuidar de cada una de las necesidades que ellos tengan. Aunque ellos van a moverse paulatinamente hacia la independencia a medida que crecen, y esto es un hecho inevitable. Cuando tu hija cumple once años de edad, por ejemplo, y tal vez ya no va a querer usar aquella blusa que tú le compraste, sino al contrario, va a querer hacer sus propias decisiones en cuanto a la ropa que va a usar. Cuando llega a los dieciséis años de edad, tu hijo va a querer estar afuera con sus amigos tanto tiempo como a él se le antoje. Los jóvenes siguen necesitando la estructura y la guía amorosa, pero tú tienes que aprender cómo ajustarte en forma balanceada a la necesidad que tienen de seguir creciendo. Algunas veces, queremos seguirlos tratando como si ellos tuvieran tres años de edad. Cuando nuestros hijos maduran y desean la independencia, tú tienes que aprender a manejar este cambio con mucha habilidad.

+ *Tus amigos van a cambiar.* Mientras que ciertas amistades pueden durar toda la vida, la gente con la cual pasamos gran parte de nuestro tiempo en algún punto de nuestras vidas, tal vez ya no llegue a estar tan cerca de nosotros más adelante, ya sea por razones geográficas o emocionales. Eso tal vez se deba a que alguien se mudó a una nueva dirección, o debido a un divorcio, o algún cambio en las prioridades de esa persona. Este ajuste tal vez pueda ser difícil para ti, especialmente si el amigo o la amiga es alguien con quien tú creciste o quien ha estado extremadamente cerca de tu vida. Entonces, de la misma manera tú vas a "crecer más allá" de ciertas gentes, debido a que tú te diriges en una nueva dirección en tu vida, con metas o intereses que estos amigos no comparten o no pueden valorar. En ocasiones, tú tienes que desprenderte de ciertos conocidos para que tú puedas ganar nuevos amigos. Finalmente, algunas amistades tal vez pasan por un periodo de cambio debido a que esos amigos o amigas simplemente no son saludables para ti—tus "amigos o amigas" que te están motivando y presionando para que hagas algo que es autodestructivo o incluso que puede ser ilegal. Debemos esperar que nuestras amistades pueden llegar a cambiar en alguna ocasión, o de vez en cuando.

 • *Tu trabajo puede cambiar.* No siempre puedes tener todo el control con relación al lugar adonde tú vas a trabajar, o si acaso vas a permanecer en ese trabajo por algún período específico de tiempo. ¿Acaso tienes los recursos financieros, mentales y emocionales para poder enfrentar un cambio en tu trabajo?

4. *El cambio es inevitable.* Nadie en la tierra puede evitar el cambio. Esta conclusión no es fácil de aceptar para algunas personas. Sin embargo, debemos llegar a reconocer que el cambio es inevitable. Cuando yo pude establecer este hecho en mi propio corazón y en mi mente, mi vida se convirtió en algo mucho más fácil para vivir. No es saludable para nosotros el hecho de creer que la vida siempre va a permanecer de la misma forma y sin cambio alguno. Todo tal vez esté marchando en un plano balanceado y muy firme en este momento, pero va a existir una transición o alguna tensión nerviosa en el futuro. La vida está llena de cosas inesperadas, y los cambios llegan a nosotros, tarde o temprano.

5. *El cambio es un principio de la vida y de la creación.* Esta última declaración realmente es la conclusión de todo lo anterior: el cambio es un principio de la vida. Es la forma como el mundo funciona. Afecta a todo y a todos los que viven en este mundo. En un sentido, ¡el cambio es prueba de que tú estás vivo! Todo aquello por lo cual tú atraviesas es una manifestación de algún tipo de cambio, y todo esto forma parte de la vida.

El equilibrio humano

Éstos principios de cambio subrayan el hecho de que el cambio en sí mismo es un "factor de equilibrio" humano. Nadie posee el monopolio en el cambio. El cambio afecta a todo mundo en este planeta, sin importar quiénes son. Yo conozco a un hombre que vale y que ha llegado a poseer cientos de millones de dólares, pero llegó a encontrar que tenía una enfermedad tan seria que ninguno de sus doctores podía curar. Cuando él me dijo esto, yo pensé, *el cambio en realidad nos afecta a todos nosotros*. Algunas veces, la gente piensa que si ellos llegan a ser muy ricos, millonarios, poseyendo todo el dinero del mundo, esto los va a hacer inmunes al cambio, pero esto no es cierto.

Yo me imagino que existe otro hombre en un hospital en este mismo momento, que está encarando las mismas enfermedades, pero que no tiene el dinero suficiente para pagar las deudas de su casa, y que se encuentra solo y abandonado a la suerte de los gastos del hospital. Pero el mismo cambio en la salud y en la vida de estos dos hombres—uno es un millonario, y el otro es un hombre muy pobre—los coloca en un plano igualitario y de equilibrio. El cambio hace esto.

Por lo tanto, el cambio es una experiencia que sufre todo ser humano. Si tú piensas que las cosas no están cambiando en tu vida en este mismo momento, sólo espera una semana, un mes, o un año. La riqueza, la juventud, el talento, la inteligencia, la popularidad, el éxito, la ambición, o las buenas intenciones no te hacen inmune al cambio: no importa quién seas tú, tú vas experimentar el cambio. Por lo tanto, siempre que tú tengas que enfrentar el cambio—especialmente el cambio que tú consideras destructivo o negativo—no sientas que estás solo en todo esto. ¡Todos nosotros estamos sujetos al cambio!

Somos personas de doble parecer con relación al cambio

Debido a que el cambio es inevitable, y tan penetrante en nuestras vidas, ¿por qué es que tanta gente reacciona ante el cambio como si esto fuera una amenaza? Cuando llegamos a ver cambios alrededor de nosotros, ¿por qué es que esperamos que las cosas permanezcan iguales (excepto, tal vez, cuando nosotros somos los que estamos intentando crear el cambio)? Existen razones muy importantes para esto, las cuales vamos a explorar en los capítulos siguientes. Pero vamos a considerar una faceta de esta pregunta ahora mismo: nuestro doble parecer con relación al cambio.

En muchas maneras, a la gente le gusta vivir completamente con el cambio, e incluso hasta llegar a darle la bienvenida: ellos quieren usar el último estilo de la moda, quieren usar los últimos avances tecnológicos, utilizan los métodos más fáciles para poder llevar a cabo las tareas diarias de todos los días, y muchas cosas por el estilo. Durante las elecciones presidenciales en los Estados Unidos, muy frecuentemente a la gente les preguntan con relación a los candidatos políticos, "¿te encuentras mejor ahora de lo que estabas hace cuatro años?" Si ellos no sienten que están mejor ahora, lo más seguro es que ellos van a votar por el candidato que creen que les va a traer el cambio más positivo tanto a ellos como al país.

A algunas personas les gusta la nostalgia. Ellos tal vez se vistan con ropas "de modas pasadas", ven programas de televisión de hace varios años, o incluso llegan a comprar muebles que le recuerdan épocas muy antiguas. Pero la mayoría de esas personas en realidad no quiere vivir en estos tiempos. Ellos disfrutan la última tecnología. Les encanta tener todo tipo de comodidades. Ellos le dan la bienvenida a la innovación—aún si estas nuevas cosas hacen que las cosas viejas sean completamente inútiles, o si las innovaciones fueron desarrolladas bajo las presiones de las necesidades económicas. Pero cuando el cambio entra en sus vidas en una forma en que ellos no esperaban o no lo querían, ellos lo toman en forma muy personal—e incluso, algunas veces, algunas de las mismas fuerzas de la sociedad pueden estar trabajando para crear tanto las comodidades como las incomodidades. Nos gusta el cambio hasta en tanto no nos cause ninguna incomodidad.

Y por lo tanto tenemos una mente de doble parecer con relación al cambio. El cambio "bueno" puede venir, pero nosotros nunca quisiéramos tener que tratar con todo aquello que percibimos como un cambio negativo o incómodo.

Nunca hemos sido diseñados para poder tratar con el cambio

Una de las razones de nuestro doble parecer es que nunca nadie se sentó con nosotros y nos dijo, "tú sabes, las cosas nunca permanecen iguales. El cambio va a llegar a suceder, y hay que aprender a responder a ello, y además, debes poder usarlo en tu beneficio". Los padres nunca les enseñan estas cosas a sus hijos. Las escuelas no incluyen esto en su currículum. La gente no ha sido entrenada naturalmente en esto. Y no forma parte del instinto dentro de nosotros. Hemos aprendido acerca del cambio por medio de la forma más dura—la experiencia. Pero la mayoría de nosotros nunca ha aprendido a responder al cambio en forma efectiva.

En forma similar, mucha gente nunca ha sido enseñada que ellos necesitan desarrollar ciertos tipos de habilidades, a fin de que sean capaces de *iniciar cambios* que puedan mejorar sus vidas. Aun cuando la gente desea cambios positivos, se encuentran impedidos para poder llegar a obtenerlos, a través del temor y de la incertidumbre, o debido a que comienzan a actuar bruscamente en lugar de actuar con propósito y con sabiduría.

¿Acaso el cambio está trabajando en tu favor?

¿Cuál es tu experiencia con el cambio en tu vida? ¿Acaso en general sientes que el cambio está trabajando en tu favor—o acaso tú sientes que las influencias del cambio están trabajando en contra tuya? ¿Sabes cómo poder transformar el cambio negativo para que actúe a tu favor y en beneficio tuyo? ¿Hasta qué punto has podido iniciar cambios positivos en tu vida?

A continuación vas a encontrar cinco maneras en que la gente en forma típica se aproxima o se relaciona con el cambio.

Cinco maneras de relacionarse al cambio

1. *La gente observa las cosas que suceden.* Es una forma de relacionarse con el cambio que es muy pasiva e indiferente, donde la gente no reacciona al cambio debido a que no tienen un verdadero interés en él o en el impacto que el cambio represente.

2. *La gente simplemente deja que las cosas sucedan.* Es una manera de relacionarse con el cambio que es completamente resignada, derrotista o incluso fatalista. Una persona puede estar muy enojada en contra del cambio, pero a final de cuentas, su estilo de pensamiento es, "no hay nada que yo pueda hacer acerca de esto".

3. *La gente pregunta, "¿qué es lo que sucedió?"* Esta es una respuesta ante el cambio completamente inquisitiva, pero realmente no va más allá de la mera curiosidad o de tener un interés por el último chisme de la moda. También puede significar que una persona nunca vio que el cambio iba a venir, y por lo tanto, él o ella no estaban preparados para responder ante el cambio.

4. *La gente se pone a desafiar lo que está sucediendo.* Esto sucede cuando alguien trata de resistir inevitablemente el cambio en su vida, desperdiciando tiempo muy valioso y mucha energía durante este proceso.

5. ***La gente hace que las cosas sucedan.*** Esta es una manera de relacionarse al cambio que es pro activa a través de la gente que se encuentra en cambio, y que va a alterar la calidad o el grado de cambio que le sucede a esta persona, o que incluso, puede iniciar un nuevo cambio. La gente pro activa son aquellos que normalmente tienen éxito en la vida—en contra de todas las probabilidades. Yo me refiero a estos hombres y mujeres como "los transformadores del mundo".

Nunca vas a poder saber realmente quién eres tú—y quien puedes llegar a ser—si tú no llegas a entender la naturaleza del cambio, y puedes llegar a entender cómo darle forma a sus consecuencias. Con cada cambio que sucede en nosotros, alrededor de nosotros, o dentro de nosotros, nosotros podemos…

1. Aprender a definir e interpretar el cambio.
2. Llegar a descubrir los principios para poder responder ante el cambio, de tal manera que esto nos beneficia a nosotros mismos o a otros.

Con cada cambio que nosotros deseamos iniciar en nuestras vidas, nosotros podemos…

1. Aprender cómo crear los cambios que nos capaciten para poder llegar a cumplir nuestros propósitos en la vida.
2. Poder descubrir métodos prácticos que nos permitan implementar planes específicos para poder llegar a cumplir estos propósitos.

El cambio—¿amigo o enemigo?

Debes pensar acerca del cambio como tu amigo, en lugar de pensar en ello como tu enemigo. El cambio no es el tipo de "amigos" que se va a sentar contigo y va a estar conmiserándose de ti, mientras tú tienes esa fiesta de auto conmiseración, sino al contrario, es un amigo que te va a motivar para que puedas llegar a ser lo mejor en esta vida. Es mi deseo que a través de este libro, tú puedas comenzar a ver el cambio como la llegada de la oportunidad, en lugar de verlo como una invasión de destrucción.

El hecho de responder al cambio en una forma positiva no llega automáticamente ni es algo fácil para la mayoría de las gentes. Pero existen varios principios específicos del cambio que nos capacitan para poder tratar

La única manera en que puedes avanzar hacia delante, es por medio de iniciar cambios deseados, y por medio de confrontar los cambios no deseados en forma constructiva.

con ello y además poder beneficiarnos de él. La única manera en que tú te puedes mover hacia adelante hacia donde tú quieres ir en la vida, sin importar las circunstancias, es poder iniciar cambios deseados, y poder enfrentar los cambios no deseados en forma constructiva. Tú debes entender la naturaleza del cambio y los principios del cambio para que puedas responder al mismo. De otra manera, tú vas a ser desviado o derrotado por los tiempos de transición, y tal vez, nunca vas a poder lograr los avances personales y profesionales que son necesarios para mejorar tu vida.

Sí, *todo cambia*. Ahora, vamos explorar cómo podemos hacer que el cambio trabaje a favor de ti.

Tú no puedes pararte dos veces en el mismo río, porque muchas otras aguas están fluyendo continuamente en él.
—Heráclito, filósofo griego

Reaccionando ante el cambio

Nuestra tendencia natural: actuar antes de pensar

Si no te gusta el cambio, la irrelevancia te va a gustar mucho menos.
—General Eric Shinseki, Ex Jefe de las Fuerzas Armadas
de los Estados Unidos

Para poder vivir vidas productivas y llenas de realización, debemos descubrir cómo poder contemplar el cambio—tanto el cambio que llega a nosotros, así como también, el cambio que nosotros iniciamos. Debemos saber cómo poder planear y cómo poder usar el cambio para nuestro beneficio.

Reaccionando ante el cambio vs respondiendo ante el cambio

Debido a que la mayoría de la gente no se prepara para el cambio, por lo tanto, la persona común y corriente *no responde* ante el cambio—él o ella *sólo reaccionan* ante él. En este sentido, voy estar definiendo la palabra *reacción*, como el hecho de tener una actitud negativa con relación al cambio, así como el hecho de tomar una acción en contra del cambio, antes de que realmente hayamos pensado acerca de ello o de sus consecuencias. Esta es la forma más dañina de manejar el cambio. Normalmente esto resulta en temor, cálculos equivocados, una sobre compensación, actividad prematura, falta de responsabilidad, o el uso innecesario de recursos, y aún en casos extremos, el desastre total. El hecho de solamente *reaccionar* ante el cambio, básicamente le da al cambio la ventaja sobre ti, rindiéndote como la mera víctima de tus circunstancias.

Tú puedes aprender a ser mucho más fuerte de lo que te sucede cuando el cambio inesperado llega a parecerse en tu vida. La primera forma de hacer esto es poder entender la diferencia entre *reaccionar* al cambio y *responder* al cambio. Existe una gran diferencia entre estos dos.

Formas en que la gente reacciona ante el cambio

En el capítulo uno, pudimos ver cinco maneras en que la gente se relaciona con el cambio: Ellos (1) simplemente observan que el cambio se realiza, (2) simplemente dejan que el cambio se realice, (3) preguntan, "¿qué es lo que sucedió?" (4) se ponen a desafiar lo que está sucediendo, y (5) hacen que se genere el cambio. Debes notar que los primeros cuatro solamente son *reacciones* ante el cambio. Cuando el cambio llega a tu vida, alrededor de ti, o dentro de ti, tú tienes que ser muy sabio en la manera cómo vas a tratar con él. De nuevo, mucha gente experimenta confusión de inmediato, y también temor, desesperación o enojo cuando ellos tienen que confrontar el cambio—y como resultado de esto, ellos actúan en maneras muy negativas que reflejan todos estos sentimientos. Si vamos a poder beneficiarnos del cambio, necesitamos entender el papel que jugamos en este proceso, y necesitamos trabajar con ello, en lugar de trabajar en contra de ello.

¿Qué harías tú si de repente fueras arrastrado por las marcas del cambio y no tienes ningún control sobre de ellas?

Vamos a ver más de cerca a los diferentes tipos de reacciones que la gente tiene ante el cambio inesperado o ante el cambio que nunca desearon, debiendo ser muy cuidadosos de vigilar para no hacer lo mismo porque esto es completamente destructivo e improductivo. Entonces, vamos a ver a las cinco respuestas positivas ante el cambio que nos van a capacitar para poder cambiar cualquier situación hacia algo mucho más benéfico.

Tú puedes ignorar o puedes negar el cambio

El hecho de ignorar o de negar el cambio es la peor reacción que tú puedes tener con relación al cambio. Cuando el cambio amenaza tu comodidad y tu seguridad, tú vas a ser tentado a retroceder dentro de un mundo de negación total. En un intento de proteger tu sentido tan frágil de comodidad, de seguridad, o de importancia, llegas a crear un mundo de acuerdo a tu fantasía, en lugar de aceptar lo que está sucediendo en el mundo real. De hecho cuando ignoramos el cambio estamos realmente aceptándolo y haciendo un reconocimiento del mismo, ¡porque tú no puedes ignorar algo que no existe! Más aún, el hecho de pretender que el cambio no está sucediendo no cobra efecto alguno en el cambio mismo. Normalmente, sólo te convierte en una víctima del cambio.

> *Cuando el cambio amenaza nuestra comodidad y nuestra seguridad, nos sentimos tentados a retirarnos a un mundo de completa negación.*

No importa el origen del cambio—ya sea de tipo personal, social, político, económico, o espiritual—nosotros no podemos pretender que el cambio no se está realizando. Cuando el cambio ocurre, no lo niegues. Al contrario, debes buscar poder entenderlo, aceptar su realidad, y entregarte para poder cumplir la nueva función que esto requiere de ti. Algunas veces, el hecho de negar el cambio significa minimizar el valor de lo que está emergiendo. También significa que tú no le das al cambio el lugar que merece sobre el esquema general de todas las cosas. En un sentido, el hecho de negar el cambio significa faltar al respeto a la realidad, y no dar lugar alguno para poder acomodarlo. También significa que tú insistes en seguir haciendo los negocios en la forma usual, siendo que esta forma usual ya no existe. Tú vives en un mundo imaginario que no tiene importancia ante el mundo que ha llegado a la existencia, porque tú has determinado que el pasado es mucho mejor que el futuro. El cambio siempre significa la introducción del futuro en el presente. El cambio significa que el día de mañana está haciéndose cargo del día de hoy, y el hecho de negar el cambio es una decisión para vivir en el pasado o en el día de ayer.

Eventualmente, el hecho de negar el cambio es convertirse en algo o en alguien insignificante.

La isla más grande en las Bahamas se llama Andros, y es muy famosa por la abundancia de cangrejos que tiene. Los habitantes de las Bahamas aman el hecho de comer cangrejos; ellos los consideran un lujo maravilloso. Las islas de las Bahamas tienen tantos cangrejos de mar como cangrejos de tierra, y la mayoría de la gente que vive en Andros es muy bien conocida por su cosecha de cangrejos terrestres, los cuales ellos venden localmente.

La gente normalmente va a cazar cangrejos durante la noche, porque los cangrejos se esconden en sus agujeros durante el día, pero salen en la noche a fin de alimentarse. Mi primera experiencia de cazar cangrejos era cuando yo me encontraba muy joven, y mis amigos y yo fuimos a cazar cangrejos a Andros, lo cual era una actividad muy divertida para que un grupo de muchachos la realizara. Trepamos por todas las rocas y los arbustos durante la noche, y había gente que estaba cazando cangrejos. En un momento, uno de mis amigos muy cercanos y yo llegamos a un lugar donde vimos un buen número de cangrejos. Para cazar cangrejos en los arbustos, tú necesitas usar una lámpara de baterías. Cuando pones la luz de la lámpara sobre los cangrejos, ellos se paralizan porque quedan completamente asustados por la luz brillante tan repentina. Durante unos minutos, ellos no se mueven, tal y como si estuvieran completamente paralizados. Después de que enfocamos la luz sobre los cangrejos y ellos se paralizaron, ellos hicieron algo que yo nunca había visto antes. Ellos cerraron sus ojos. Le pregunté enemigo, "¿por qué ellos cierran sus ojos cuando tú pones la luz encima de ellos?" Él me dijo, "porque los cangrejos creen que si ellos *no pueden verte* a ti, tú *no puedes verlos* a ellos. Y por lo tanto los podemos atrapar".

Esos cangrejos me recuerdan del tipo de gente que intenta ignorar el cambio. El cambio llega a la vida de ellos, algunas veces en una forma que los sorprende o incluso llega a cegarlos totalmente. Pero, en lugar de reorientarse a sí mismos con relación al resplandor de la luz, ellos se imaginan que si sólo cierran sus ojos ante el cambio, entonces el cambio "no puede verlos", y por lo tanto no los va a afectar. Pero el triste resultado es que el cambio entonces "los atrapa" y los lleva consigo, haciéndolos solamente meras estadísticas del cambio. La negación es la peor reacción que tú jamás puedes tener ante el cambio porque entonces, tú *no haces nada*.

Tú puedes enojarte con el cambio

Enojarse es una reacción muy peligrosa ante el cambio. Nada es tan paralizante como un espíritu enojado. Llega a producir un comportamiento irracional, así como decisiones auto destructoras. La familiaridad del pasado puede hacer del prospecto de un nuevo futuro algo inestable, causando que la persona se ponga a atacar el potencial de la promesa en lugar de abrazarlo benéficamente.

Mucha gente se enoja debido que el cambio viene sin haberles pedido permiso, y no es algo que ellos desean o que sientan que son capaces de tratar con él. Pero el hecho de enojarse ante el cambio inevitable es como enojarse con el invierno porque éste acaba de comenzar. Si tú vives en un clima con inviernos que se caracterizan por nieve, hielo, y lluvia helada, entonces eso quiere decir que todas estas cosas van a estar viniendo cada año. Si tú te enojas con el invierno, tú sólo estás perdiendo tiempo y energía, porque tu enojo no llega a lograr absolutamente nada.

Entre otros resultados negativos, el hecho de enojarse con el cambio te puede llevar a que…

+ Desarrolles tensión nerviosa internamente. Esto pueda hacer que tú llegues a enfermarte.

+ Te conviertas en una persona amargada. Esto te va a carcomer emocionalmente, física, y espiritualmente también.

+ Te voltees en contra de las mismas personas que tú verdaderamente amas. Tú puedes comenzar a atacar verbalmente a los miembros de tu familia y a tus amigos.

+ Acuses a diversas gentes que no son responsables por este cambio. Tú tal vez vas a empezar a echarle la culpa a otros, y aún te vas a convertir en una persona muy negativa en contra de la sociedad en general. De esta manera, en lugar de convertirte en parte de la solución, tú te conviertes en otro problema más.

+ Desarrolles hábitos auto destructivos. Tú no quieres tener nada que ver con el cambio, y por lo tanto, tú comienzas a llevar a cabo diferentes tipos de prácticas enfermizas, tales como beber excesivamente o comenzar a usar drogas.

Aunque tú percibes el cambio como algo muy negativo—y puede que lo sea, y de hecho, te ha costado algo muy valioso—el hecho de enojarte sólo va a acabar por lastimarte mucho más. No te va a mejorar en ninguna manera.

¿Qué podemos hacer acerca de esto? Podemos ser honestos con nosotros mismos y con la vida. Podemos llegar a entender el valor de nuestras funciones tanto pasadas, como las presentes. Cada uno de nosotros es muy importante para el gran programa del Dios creador, con relación al propósito que tenemos en este mundo, y los propósitos de Dios se mantienen activos en nuestra vida, aunque las circunstancias y las personas llegan a cambiar.

Tú puedes desafiar o resistir el cambio

Cuando me refiero al hecho de desafiar o de resistir el cambio como una reacción negativa, no estoy hablando acerca de responder a los problemas que pueden ser atacados, tales como el hecho de limpiar la corrupción y traer justicia a aquellos que han sido abusados. Me estoy refiriendo específicamente al cambio que tú no puedes alterar o modificar, aunque lo intentes con todos los propósitos prácticos, pero no lo puedes cambiar en ninguna manera. Por ejemplo, tal vez tu compañía se va a la bancarrota y tú pierdes tu trabajo, o tal vez tu esposa se divorcia de ti y se casa con alguien más. Tú no puedes "resistir" este tipo de cambio en la misma forma en que tú podrías resistir la forma como el crimen se está esparciendo en tu vecindad. Cuando este tipo de cambio incontrolable e irreversible ocurre en tu vida, tú tienes que tomar una decisión con relación a cómo reaccionar ante ello. Algunas personas se ponen "en un modo defensivo y de pelea". Esto va mucho más allá de enojarse, e incluso ofendiéndose a ellos mismos y a los demás. Esto significa que ellos han decidido que van a desafiar la realidad de las circunstancias, situaciones, y eventos que están impactando su estado presente.

De hecho, tú puedes repetirte a ti mismo con relación a dicho cambio, *esto no está sucediendo, ni va a suceder*. Tú puedes resolver en tu corazón que tú vas a morir aferrándote a tu situación o a tu estado anterior, ya sea que esté exista, o en verdad ya no exista. Algunas gentes han tenido que atravesar a través del quebrantamiento del divorcio, todavía tratando de ganar a sus ex esposos o ex esposas, siendo que ellos ya se habían vuelto a casar o han proseguido con sus vidas sin siquiera mirar para atrás. Otras gentes han perdido su trabajo cuando la industria donde estaban trabajando se convirtió en algo obsoleto, pero se siguen aferrando a la idea de que algún día ellos pueden recuperar su viejo trabajo nuevamente. La cosa más trágica es que ellos terminan sacrificando el resto de su vida a cambio de su pasado completamente perdido. Ellos pierden las oportunidades de poder disfrutar las relaciones que ellos todavía tienen, de conocer nuevos amigos, de extender sus conocimientos, y explorar territorios desconocidos de su verdadero potencial—y todo esto por estar tratando de proteger la forma en que su vida solía ser.

Tú puedes tratar de resistir ciertas fuerzas inevitables del cambio, pero el cambio siempre va a ganar.

Tú puedes "aceptar" el cambio

El hecho de aceptar el cambio significa que tú reconoces que el cambio ya se está acercando o que ya está sucediendo. Tú valoras el impacto de este cambio en tu vida, en tu medio ambiente y en tus circunstancias. Aunque este tipo de reconocimiento es bueno, en verdad sólo consiste en el primer paso para poder responder ante el cambio en forma efectiva. Por ejemplo, imagínate que un tren se está acercando en las vías en las cuales tú te encuentras parado, y tú te dices a ti mismo, *ese tren se está moviendo hacia mí, y yo acepto el hecho de que está viajando a gran velocidad, y acepto el hecho de que no puedo detenerlo y que me va a pegar y a golpear fuertemente.* Si tú solamente estás aceptando el acercamiento del tren sin moverte fuera de su camino, tú te encuentras a la merced de esa locomotora. Ésta es la razón de por qué la simple aceptación por sí misma puede ser muy dañina. Muchas gentes que aceptan el cambio se convierten en víctimas de ese cambio. Por lo tanto, si tú sólo te detienes en el hecho de aceptar el cambio, tú no vas a cosechar ningún verdadero beneficio; tu aceptación va a terminar como otra forma de reacción, en lugar de que se convierta en una verdadera respuesta ante el cambio. No va a transformar tu vida en ninguna forma positiva.

Tú te puedes ajustar o acomodar al cambio

El hecho de ajustarse o de acomodarse ante el cambio inevitable significa que tú estás consciente que si no haces algo, el cambio va a tener un impacto permanente en ti, y este impacto puede ser un impacto muy dañino.

Por lo tanto, tú ajustas algunas cosas en tu vida a fin de poderte adaptar al cambio. Pero este punto de vista no resulta en que tú verdaderamente te beneficies del cambio, debido a que sólo estás acomodándote a él. En otras palabras, tú no estás usando en forma activa ese cambio para tu beneficio o ventaja. El hecho de sólo ajustarse al cambio no te va a permitir ser transformado por él, o voltear el cambio en tu beneficio. Esto no es suficiente. Aún si tú aceptas el cambio y te ajustas a él, tú de todas maneras puedes terminar convirtiéndote en su víctima, debido a que no te encuentras en el punto de verdaderamente estar interactuando con él.

Tú te puedes convertir en una víctima del cambio

Cualquiera de los puntos de vista anteriores ante el cambio pueden resultar en que alguien se convierta en una "víctima" del cambio. De nuevo, ser una víctima del cambio significa que tu reacción ante el cambio te va a dejar como una mera estadística. Si tú no puedes interactuar con el cambio, tú te conviertes en un mero resultado de sus efectos.

Si tú tienes treinta y cinco años de edad o eres incluso más joven, la vida sin computadoras puede ser muy difícil de imaginar. Pero en algún tiempo en el futuro, alguna innovación va a surgir, y tu generación no va a estar completamente preparada para ello. Esto le sucede a cada generación, afectando incluso a aquellos que creían que *siempre* iban estar a la ventaja con lo último de la tecnología y de la cultura. Y las computadoras son una piedra de tropiezo para algunos de aquellos que nacieron en los años cincuentas. Vamos a suponer que tú has estado trabajando en una fábrica por 25 años, lo cual comenzaste en 1965. Cuando tú comenzaste a trabajar, no existían las computadoras. Tú contabas los productos en la bodega usando tus manos, y tú escribirías los resultados en un pedazo de papel. Entonces, tú comenzaste usar una calculadora, pero de todas formas tú tenías que escribir los números en un pedazo de papel. Mientras tanto, llegaste obtener un grado de mucho respeto en la compañía. Pero ahora, cuando tú ya has estado veinticinco años en ese mismo trabajo, las oficinas corporativas dicen, "vamos a computarizar la bodega, y todos tienen que aprender a usar la computadora".

Aquí está esto, que ahora tienes cuarenta y cinco años de edad, y nunca has usado una computadora antes, y tampoco entiendes cómo hacerlo, pero tú quieres mantener tu trabajo. Tú amas la compañía donde has estado trabajando, y aprecias la manera en que ellos han sido tan buenos contigo y con tu familia a través de todos estos años. ¿Qué es lo que vas a hacer ahora? Puedes reaccionar en cualquiera de las formas que hemos acabado de mencionar.

Tú puedes tratar de ignorar todo esto, pensando, *yo no estoy interesado en aprender nada acerca de computadoras; estoy muy viejo como para empezar a aprender ahorita; yo no quiero tener que regresar a la escuela para prepararme para otro campo de trabajo. Yo sólo voy a seguir haciendo mi trabajo como siempre lo he hecho.* Por supuesto, la compañía te va a traer de regreso a la realidad, por medio de decirte que tienes que aprender a manejar la computadora o vas a dejar de recibir tu cheque cada semana.

Tú te enojas mucho a causa de esta situación, y caminas por toda la bodega, gritándoles a los gerentes, y después de esto, tú desquitas todo tu enojo contra tu esposa cuando llegas a casa. Pero nada de esto te va a permitir mantener tu trabajo.

Tú puedes seguir resistiendo, por medio de decir, "yo rehúso aprender a manejar esas computadoras. A mí no me importa lo que ellos digan". De nuevo, por supuesto, ellos siempre pueden despedirte del trabajo.

Tú puedes aceptar el hecho de la compañía necesita mejorar, por medio de decir, "necesitamos una forma mucho más eficaz para poder hacer seguimiento de los números, pero aunque yo acepto el hecho de que necesitamos modernizarnos para poder usar la computadora, de todas formas no estoy dispuesto a aprender a hacer esto". El resultado va a ser el mismo.

Cualquiera de estas reacciones te va a llevar a convertirte en una víctima del cambio. La compañía te va a decir, "si tú no eres capaz de meterte a aprender todo el sistema de la computadora para el inventario, a fin de implementar este tipo de control y de análisis, entonces tú sobras en esta compañía".

La naturaleza cambiante de los negocios, la industria, el comercio y la economía alrededor de todo el mundo, todo esto acompañado de la pérdida de trabajos y de la creación de nuevos empleos, está haciendo que la gente tenga que confrontar situaciones de nuevo empleo y realidades de este tipo. Todos aquellos que fueron entrenados en ciertas áreas de trabajos

> *Millones de gentes están permitiéndose caer en un estado de víctimas, siendo que ellos siempre han tenido la habilidad de responder ente el cambio, en lugar de simplemente reaccionar ante él.*

ya no son útiles, o no tienen la educación o habilidades necesarias en las nuevas áreas que podrían abrir oportunidades de trabajo para ellos. Muchos de ellos tienen miedo de aprender nuevos tipos de habilidades.

Sin embargo, el cambio no sólo tiene que ver acerca de trabajos y economía. A través de *todas* las formas de cambio—y en una millonada de formas—miles de gentes están permitiendo dejarse caer en un estado de víctimas, siendo que ellos siempre han tenido la habilidad para responder, en lugar de simplemente tener que reaccionar ante el cambio.

Por lo tanto, las víctimas del cambio, han sido absorbidas por un huracán de transición. Todas las corrientes interiores jalan sus vidas hacia fuera al océano, y entonces los golpean en contra de las rocas de la realidad. Entonces, todas sus esperanzas, todas sus aspiraciones, y todos sus sueños han sido arrojados casi sin fuerzas y sin aliento alguno, ante las playas de la humanidad.

Para usar otra analogía, todas las veces en que no anticipamos que llegue ningún cambio, o que no podemos entender la forma en que podemos responder ante el cambio, nos convertimos como peones en un juego de ajedrez en donde "el cambio" está jugando en contra de "la forma que todo solía ser". Y "el cambio" siempre está ganando.

¿Qué es lo que tú vas a hacer con el cambio?

Debido a que la vida involucra una serie continua de transiciones, todos nosotros deberíamos atrevernos a estar siempre preparados para poder responder ante el cambio.

Si tú sólo reaccionas, entonces, tú eres una víctima. Si tú respondes, entonces, tú eres un vencedor. Si tú reaccionas, el cambio es quien dirige tu vida. Si tú respondes, tú diriges al cambio en tu vida.

La única defensa en contra del impacto negativo del cambio es poderse anticipar a él, poderse preparar para ello, debido a que el cambio es inevitable. La habilidad de poder responder ante el cambio, en lugar del hecho de simplemente reaccionar ante él, te pone en control y reduce el cambio a un estado de servidumbre. Responder ante el cambio te da la habilidad de usar el cambio para tu beneficio.

Toma la determinación de convertirte en el dueño del cambio, en lugar de ser una víctima del cambio.
—Brian Tracy, autora de Best Sellers, oradora, y consultora de negocios

RESPONDIENDO ANTE EL CAMBIO

Habilidades elementales de la vida: preparándose para lo inesperado, iniciando el propósito

El cambio es inevitable, excepto en las máquinas tragamonedas.
—Anónimo

Nada es más seguro que todo aquello que nos es familiar. Siendo que somos creaturas acostumbradas al hábito, mucha gente tiene miedo ante el simple pensamiento del cambio. Pero debido a que el cambio es un principio de la vida, debemos aprender a vivir con ello—y más aún que esto, debemos descubrir la forma como beneficiarnos de ello. Respondiendo ante el cambio en lugar de reaccionar ante el cambio, te capacita a crecer mucho más fuerte para la siguiente fase de tu vida.

Hemos podido ver que si tú rehúsas el cambio, el cambio te va a afectar de todas maneras. El cambio va a suceder aquí, contigo, alrededor de ti, e incluso, sin tener que contar contigo. Cuando las hojas cambian de color y se caen de los árboles durante el otoño, y el clima se vuelve mucho más frío, todo el mundo sabe qué tipo de estación está viniendo. El hecho de estar preparado para el invierno te protege en contra de todos los efectos potenciales y dañinos, mientras que al mismo tiempo te está capacitando para poder beneficiarte de ello. Tú vas y compras un abrigo muy caliente antes de que llegue la primera nevada o helada, para que tú puedas usarlo en los días más fríos. Tú compras bastante sal o arena, para que tú puedas esparcirla en los escalones y en las banquetas, así como en tu lugar de estacionamiento, y de esta manera puedes impedir resbalarte cuando todo se convierte en hielo. Tú también puedes obtener un par de patines de hielo o esquís, y de esta manera puedes beneficiarte del hielo y de la nieve en invierno, usándolo como una manera de entretenimiento, de ejercicio, y de diversión. Puedes tener algo constructivo que hacer cuando el clima se convierte en algo muy frío como para poder trabajar afuera, o tal vez puedes planear algún proyecto especial y finalmente poner todas esas viejas fotografías dentro de sus correspondientes álbumes, o tal vez puedes completar catálogos de semilla como preparación para cuando venga la primavera y tengas que plantarlas. Cuando tú estás preparado, tú puedes acercarte al invierno teniendo un sentimiento de confianza en lugar de tener un sentimiento de temor.

Sabiendo la forma de cómo responder ante el cambio inevitable, puede mantenerte en paz durante cualquier cambio que tú llegues a experimentar.

El hecho de saber cómo responder al cambio inevitable en lugar de solamente reaccionar ante él, puede mantenerte en paz durante cualquier cambio que tú llegues a experimentar. Si tú quieres poder vivir esta vida en toda su plenitud, entonces tú no debes ignorar la verdad de que el futuro está sosteniendo una de dos opciones para ti: responder efectivamente ante el cambio, o ser una víctima del cambio.

Tú tienes el poder para determinar la calidad y la efectividad de tu futuro por medio de la forma como tú respondas ante el cambio.

En el último capítulo, pudimos ver que mientras el hecho de aceptar el cambio es el primer paso con relación a poder responder ante él, si no vamos más allá que la mera aceptación, de todas maneras vamos a terminar como víctimas. Vamos a ver ahora las formas en que podemos responder ante el cambio en lugar de simplemente reaccionar ante él.

Formas de responder ante el cambio

Tú puedes supervisar el cambio

Revisar o supervisar el cambio significa que tú has reconocido y aceptado el cambio, pero que también, estás tomando algunos pasos prácticos para poder atacarlo. Actualmente te encuentras involucrado en valorar como puedes controlar de la mejor manera posible, el impacto que el cambio tiene pendiente sobre tu vida. Tú no evitas el problema necesariamente, sino que tratas de dirigir sus efectos en tu vida, tu medio ambiente, y tus circunstancias, y de esta manera, logras minimizar cualquier resultado negativo. Tú no sólo no estás colocándote a ti mismo para poder beneficiarte de ello o para poder usarlo en forma efectiva. Tú simplemente estás controlándolo completamente. El hecho de supervisar el cambio es mucho mejor que solamente reaccionar en las formas en que discutimos en el capítulo anterior, pero aún no es suficientemente bueno.

Tú puedes integrarte con el cambio

El hecho de poder integrarte a ti mismo con el cambio significa que cuando el cambio está sucediendo, tú te conviertes en un participante activo durante todo su desarrollo. Esto no significa que tú lo apruebas o que lo apoyas. Sin embargo, tú entiendes que esto es una realidad, y te colocas en tal posición que te permita moverte hacia adelante en la vida en medio de todo ello. Si tú lo soportas y apoyas, entonces tú vas a buscar en forma muy activa la forma de cómo ayudar a que este cambio se realice. Tú lo abrazas y con avidez buscas el lugar que tienes en medio de todo ello.

Algunas oleadas sobrecogedoras del cambio van a fluir a través de tu vida o de tu sociedad, y tú debes adaptarte a ellos, y participar en este proceso de transición en lugar de luchar en contra de ello. Después de la resurrección de Jesús de Nazaret, Sus discípulos predicaron el mensaje de Jesucristo en forma muy valiente, y la multitud enardecida quería matarlos. Pero Gamaliel, que era un fariseo y un maestro de la ley hizo una advertencia a toda la comunidad religiosa de aquel entonces, *"pero si es de Dios, no podréis destruirlos; no sea que os halléis luchando contra Dios"* (Hechos 5:39).

De la misma forma, nosotros no podemos pelear en contra del cambio, siendo que la mano de Dios se encuentra verdaderamente en ello. En casos como éstos, debemos demostrar la madurez que se requiere para poder responder efectivamente en tiempos de transición. En la parte 3, vamos a poder enfocarnos en la forma cómo podemos llegar a realizar los propósitos que el Dios Creador tiene para nuestra vida, y la forma como el cambio se relaciona a estos propósitos. Por ahora, vamos a recordarnos a nosotros mismos lo que el teólogo Pablo de Tarso del siglo primero escribió: *"Y sabemos que para los que aman a Dios, todas las cosas cooperan para bien, esto es, para los que son llamados conforme a su propósito"* (Romanos 8:28). Podemos convertirnos en parte del proceso de Dios, lo cual siempre trabaja a nuestro favor cuando nos encontramos alineados con los propósitos de Dios. Cuando nos encontramos alineados con los planes de Dios, podemos tener confianza en cualquier situación que se presente sin importar que tan inestable ésta sea.

Por lo tanto, tú debes ser pro activo cuando este tipo de cambios se están realizando. Tú no quieres sólo *permitir* que las cosas sucedan por sí solas—tú quieres *ayudar* a que se realice el cambio. Todos aquellos que logran sobrevivir y que se llegan a beneficiar en medio del cambio, son aquellos que llegan a entender su posición en el proceso, y que pueden participar de lleno en lo que el cambio ha intentado transmitirles o entregarles. De nuevo, el peligro que existe es la tentación de ignorar el cambio y mantenerse en un estado ocioso.

Por ejemplo, cuando se efectúa un cambio político por medio de un sistema de elecciones, y un partido es sustituido por otro partido político, normalmente siempre existe algún tipo de gente en el "partido perdedor" que se separan y aíslan de la transición, en lugar de permanecer involucrados en el proceso. Por ejemplo, ellos dicen, "yo no me voy a involucrar", o "yo no voy a votar por nadie", o "yo no voy a ponerme a trabajar con este tipo de gente". El único problema es que el cambio va a suceder, ya sea que tú te encuentres involucrado o que se realice sin ti. Éste es el proceso de la vida. Por lo tanto, todos aquellos que deciden perder su tiempo en medio del cambio son como aquel hombre que se encontraba parado en medio de una tormenta de invierno, y que sólo tenía puestos calzoncillos para nadar, esperando que la temperatura fuera a subir a los 35 °C. Por supuesto que lo único que va a suceder en ese caso, es que él va a ir directamente a su propio funeral. En lugar de integrarse asimismo en la nueva etapa, por medio de ponerse ropa de invierno, o por medio de buscar refugio dentro de alguna casa, ese hombre está permitiendo que el cambio de clima lo mate y lo elimine completamente.

Anteriormente ya hemos hablado acerca de lo inútil que es el hecho de pelear en contra de la mano de Dios. De igual manera, podemos ser tentados a retirarnos de una participación activa en los propósitos de Dios, mientras que buscamos la manera de expresar nuestra protesta e incomodidad con la voluntad de Dios. Esta actitud tan peligrosa dice lo siguiente, "si yo no estoy a cargo de todas las cosas y controlándolo todo, entonces yo no me voy involucrar". Éste es un tipo de mentalidad muy inmadura y completamente fatalista, que reduce al ser humano a que se convierta en parte del problema, en lugar de ser parte de la provisión en el plan de Dios. Esta es la razón de por qué es básico que todos podamos encontrar nuestro lugar en el programa de Dios, y que podamos cumplir con los propósitos de nuestra vida, sin importar las nuevas funciones que ellas puedan involucrar.

Tú puedes prepararte y puedes hacer planes para el cambio

Éste es uno de los más altos niveles de respuesta ante el cambio. Todos aquellos que se preparan y que planean para el cambio nunca van a ser sorprendidos en realidad por el cambio, porque ellos pueden entender que el cambio es una parte integral de la vida. Si tú puedes entender la naturaleza del cambio, tú siempre puedes estar en espera de ello. Por lo tanto, la mejor "respuesta" ante el cambio que sucede ante ti, alrededor de ti o dentro de ti, es poder anticiparte a ello en una buena medida de tiempo, porque tú puedes prepararte sólo para aquello que tú ya estás esperando. El cambio muy frecuentemente puede llegar de repente y por sorpresa, y no siempre vas a poder saber específicamente lo que puedes planear para ello. Pero una respuesta constructiva ante lo inevitable del cambio es poder preparar tu mente, tus emociones, tu familia, tus finanzas y economía, y todo lo demás para un número determinado de eventualidades.

Todos aquellos que se preparan y que hacen planes para el cambio, nunca van a ser tomados por sorpresa por el cambio, debido a que pueden entender que el cambio es una parte integral de la vida.

Si no aprendes a tener expectativas para el cambio, inevitablemente tú vas a reaccionar ante él cuando éste ocurra. Tú no vas a ser capaz de responder ante él en forma efectiva. Un claro entendimiento de que la vida va a cambiar es la clave para poder prepararse y planear para los tiempos de transición. Es esta respuesta de preparación lo que te va a permitir tener el control sobre el cambio.

La planeación te va a capacitar para que puedas ir más allá de la simple supervisión del cambio cuando esté llega a tu vida. Al contrario, tú vas a poder orquestar todo este cambio para que funcione en tu beneficio. Tú puedes colocarlo en el lugar que le corresponde por encima de todos los demás planes, y todo esto motivado por la mentalidad de que el cambio es una forma de vida. Esta es la esencia de *"cómo responder ante el cambio"*, lo cual es opuesto a simplemente *reaccionar ante el cambio*, debido a que requiere una preparación de antemano.

Para resumir todo esto, podemos decir que por medio de planear y prepararse para el cambio, tú puedes…

- Reducir la ansiedad, la tensión nerviosa, y el temor.
- Ganar un mayor control sobre tus circunstancias y tu medio ambiente.
- Aumentar tu nivel de confianza.
- Hacer del cambio tu sirviente personal.

La planeación y la preparación son la evidencia de la anticipación. Ellas ayudan a producir una paz interior para todos aquellos que las practican, mientras que otros van a estar acobardándose en medio del caos.

He podido aprender cómo evitar sentirme todo inseguro, ansioso, o enojado con relación al cambio, por medio de siempre estar en expectativa de él, y siempre teniendo a la mano un plan de contingencia. Si no existe nada que yo pueda realizar con relación a cierta situación, yo pongo en acción algún plan a fin de voltear toda esta situación a mi favor. Este método puede ser usado tanto para pequeñas inconveniencias como para eventos críticos. Vamos a mirar a un cambio pequeño como un ejemplo. Vamos a suponer que estoy esperando abordar un avión para ir a dar una conferencia en el Perú. Mientras estoy esperando en la puerta de salida del aeropuerto, escucho un anuncio que dice que mi avión va a tener un retraso de dos horas. De inmediato, yo abro mi computadora personal y comienzo a revisar mis notas de mi predicación, o comienzo a planear algún material para alguna otra plática. Yo nunca pienso dos veces acerca de la situación como si fuera "un problema". Mientras que todo el resto del mundo está sentado alrededor de mí quejándose desconsoladamente, yo estoy produciendo algo.

Yo hago planes para este tipo de eventualidades todo el tiempo, y siempre trato de pensar en términos de reestructuración con relación a mi situación, para hacer que cualquiera de estas circunstancias me ayuden a cumplir mis objetivos. Yo me he entrenado a mí mismo, a medida que transcurre cada día, para poder pensar continuamente hacia el futuro en relación al tipo de cambios que pueden sucederme, y a la forma como yo puedo responder mejor ante ellos. Esto no tiene nada que ver con preocuparse; esto es una preparación constructiva. Existe una diferencia vital entre ambos. Tú tienes que prepararte no sólo para que lo qué *quieres* que suceda, sino también para todo aquello que *pudiera* suceder. De esta manera, el cambio nunca te va a tomar por sorpresa, y tú no vas a estar confundido o paralizado, por largo tiempo, cuando menos.

> *Tú tienes que prepararte no sólo para aquello que quieres que suceda, sino también para todo aquello que puede suceder.*

He podido observar que mucha gente "se pierde, o pierden la razón" simplemente porque ellos no esperaban que esa situación en particular pudiera llegar a realizarse—especialmente para ellos. Ese es el poder de lo inesperado. Puede derribarte completamente de tu sentido de seguridad y puede robarte completamente toda tu paz. Puede destruir todo aquello en lo que tú decías tener fe, porque nunca llegaste a anticipar un reto de esta naturaleza para tu fe.

De nuevo, tú debes estar esperando el cambio, y debes planear y prepararse para sus eventualidades, debido a que todo aquello que tú ya estés esperando, nunca va a tomarte por sorpresa, y tampoco te va a poder desilusionar.

Tú puedes iniciar el cambio

Iniciar el cambio es el nivel más alto de respuesta ante él. Vamos a discutir este punto en mayor detalle en capítulos posteriores, de tal manera que tú puedas aprender a aplicarlo en maneras prácticas—lo cual va a incluir la forma de como descubrir el propósito que Dios te ha dado. Cuando tú inicias el cambio, tú estás respondiendo ante el cambio por medio de darte cuenta de su potencial y de su poder, y por medio de crear activamente los canales a través de los cuales puedes hacer que el cambio ayude a tu visión y a los objetivos que tú tienes para tu vida, y todo esto basado en el propósito que Dios te dio.

El hecho de iniciar el cambio significa lo siguiente: (1) tú eres quien determina qué es lo que va a cambiar en tu vida y en tu medio ambiente, de tal manera que todo esto pueda servirte para los propósitos a los cuales tú has sido llamado en esta tierra. (2) Tú eres quien ordenas tu vida y tu medio ambiente de acuerdo a estos mejores intereses. En otras palabras, tu misión única, la cual te fue dada por Dios Creador, es lo que produce el incentivo para crear las condiciones y reunir los recursos, que van a producir los cambios que son necesarios para cumplir el propósito de Dios para tu vida.

Conviértete en un transformador del mundo

Yo quiero retarte para que te conviertas en alguien que inicia el cambio, y que hace que las cosas lleguen a suceder, a fin de poder realizar tu propósito, y que seas alguien que puedes contribuir con tus dones particulares para la generación en la cual te tocó vivir. Existen gentes que dicen lo siguiente, "estoy abierto ante el cambio mientras tanto no me afecte, y mientras tanto no me cueste nada". Pero todo tipo de cambio va a tener un precio, incluso si este precio es la pérdida de todo aquello que te era familiar. Debemos estar dispuestos a soltar todo aquello que no está trabajando para nosotros, a fin de ir en búsqueda de aquello que es lo mejor para nosotros.

¿Acaso estás dispuesto a soltar todo aquello del pasado, y convertirte en una persona pro activa con relación al futuro? Si es así, tú estás listo para convertirte en un transformador del mundo.

Yo siempre me encuentro haciendo aquello que no puedo hacer, a fin de que yo pueda aprender cómo hacerlo.
—Pablo Picasso, pintor y escultor

PROTECCIÓN EN CONTRA DEL CAMBIO

Salvaguardas o medidas preventivas en contra de la
desilusión y de la frustración

*El tiempo todo lo cambia, excepto aquello dentro de nosotros, que siempre va a
ser sorprendido por el cambio.*
—Thomas Hardy, novelista y poeta

Para poder planear para el cambio en forma efectiva, tú debes anticiparte a él continuamente. Esto suena muy simple, pero la mayoría de nosotros no sabemos cómo hacerlo. Debido a que por naturaleza esperamos que la vida permanezca siempre igual, nos toma de sorpresa cada vez que las cosas cambian. Yo he podido ver la forma como esta falta de anticipación ha llegado a destruir las vidas de mucha gente. El principio de *anticipación ante el cambio* es tan crucial para que podamos entender y para que podamos relacionarnos con el cambio, y que podamos recordarnos continuamente a nosotros mismos acerca de esto, hasta llegar a hacerlo una parte de nuestra vida misma. En este capítulo, vamos explorar mucho más ampliamente la forma cómo podemos contraatacar los efectos negativos de todo aquello que nunca anticipamos.

La lección "de tiempo" de la Compañía de Relojes Suizos

Por más de un siglo, el líder mundial indiscutible en la industria de la relojería era la Compañía de Relojes Suizos. De hecho, la palabra *reloj* se convirtió en un sinónimo con el país de Suiza. El éxito que tuvieron como los fabricantes relojeros número uno en el mundo fue indiscutible y jamás hubo oponente digno de enfrentarles. Todo mundo siempre quería tener un reloj suizo.

Estando en la cúspide de su reinado como la más apreciada maquinaria para medición del tiempo de todo el mundo, la Compañía de Relojes Suizos llegó a controlar más del 80 por ciento de todo el mercado mundial. Durante este tiempo, uno de sus más jóvenes investigadores, junto con un buen número de sus colegas, inventó un reloj nuevo mucho más exacto, y que era completamente electrónico. El joven inventor estaba muy entusiasmado, y fue invitado para introducir su último invento a una reunión del Consejo Directivo de la compañía. El tenía la esperanza de poder asegurar el lugar de la Compañía de Relojes Suizos como el líder en las ventas del mercado de relojes para todo el futuro.

A medida que el inventor comenzó a introducir el nuevo producto, los miembros del Consejo directivo de la compañía escucharon con interés, y valoraron muy cuidadosamente la idea de cambiar de un reloj motorizado a un producto basado electrónicamente. Después de una muy cuidadosa y minuciosa revisión, los miembros decidieron que el inventó era algo muy interesante y que ofrecía ciertas promesas, pero rehusaron hacer de esto una prioridad. ¿Por qué? Ellos se encontraban muy satisfechos con el éxito habían tenido por más de cien años en el mercado mundial. Desafortunadamente, su exagerada posición de comodidad contribuyó a su fracaso para poder patentar el reloj electrónico.

Un año más tarde, la Compañía de Relojes Suizos mostró su nuevo invento, junto con otros productos, en el Congreso Anual de Relojes, y representantes de dos compañías mostraron interés en ello. Estas dos compañías desarrollaron muy prontamente un prototipo similar basado en el principio de operaciones electrónicas y se apresuraron a comercializarlo. Este nuevo invento llevó a revolucionar la industria de relojes en todo el mundo.

La Compañía de Relojes Suizos nunca pudo recobrarse completamente de este cambio en el diseño de relojes. Hoy en día, la competencia está siendo compartida entre un sinnúmero de compañías que están luchando para mantenerse competitivas dentro de este juego de relojes. Diez años después de la introducción de los relojes electrónicos al mercado mundial, la compañía suiza de relojes tiene menos del diez por ciento de todas las ventas mundiales. Esta pérdida tan devastadora forzó a la compañía a eliminar cincuenta mil, de los sesenta y cinco mil empleados con que contaba. La compañía se derrumbó de la cima en donde estaba hasta el mero fondo del pozo en sólo diez años.

El invento del reloj eléctrico marcó una nueva etapa, una nueva visión hacia el futuro. Pero todo un siglo de éxito habían cegado a la Compañía de Relojes Suizos y a todos sus ejecutivos para que no pudieran ver la inevitable realidad del cambio que se estaba avecinado.

El Consejo Directivo de la compañía pensó que su método de fabricación era el único, o que era el mejor para construir un reloj. Todos asumieron que el éxito del pasado les garantizaba las ganancias del futuro. Por lo tanto, todos ignoraron la posibilidad de llegar a contar con competencia debido a los efectos del cambio continuo. Sus viejos métodos les impidieron poder abrazar y beneficiarse de los nuevos métodos.

La historia de la Compañía de Relojes Suizos es una lección para todos nosotros: *el hecho de ignorar una época de cambio puede hacer que perdamos los propósitos que Dios nos ha dado. Todo aquel que fracasa en tener expectativas, y que fracasa en planear, en abrazar, y en supervisar el cambio va a tener que lamentarse de su pasado en el futuro.*

La salvaguarda en contra de los efectos tan dañinos de no estar preparados para los eventos y circunstancias, es continuamente estar a la *expectativa* de que el cambio puede ocurrir en todas las áreas de la vida. El poder digerir esta verdad te va a preparar para que puedas manejar muchos de los retos que acompañan al cambio.

> *La salvaguarda en contra de los efectos tan dañinos de no estar preparados para los eventos y circunstancias, es continuamente estar a la expectativa de que el cambio puede ocurrir en todas las áreas de la vida.*

El presente tiene "una fecha de expiración"

A la luz de lo que vimos anteriormente, debemos venir a aceptar la muy frecuente realidad de que todo aquello que estamos disfrutando y usando en el presente es sólo temporal. Las fechas de expiración en los víveres, los medicamentos, y muchos otros productos nos dicen que después de cierto tiempo, todos estos productos se van a echar a perder o van a dejar de ser efectivos. Después de un tiempo, sus límites de tiempo y su inefectividad van a quedar en el pasado. Aunque tal vez duran un poco más de la fecha especificada, a final de cuentas, se van a convertir en algo completamente inútil.

De la misma manera como cada producto tiene una fecha de caducidad en la vida, el presente también tiene "una fecha de expiración o de caducidad". Otra vez, la forma en que tú has estado pensando hasta el día de hoy, y lo que tú has estado haciendo hasta ahora va a tener que cambiar a través del tiempo, por lo menos de alguna manera. Si esto no sucede, ¡tú no estás creciendo y tampoco estás madurando como una persona! Todos aprendemos nuevas cosas y llegamos a mayor entendimiento de otros conceptos que anteriormente ya habíamos aprendido. Tal vez puedes deducir que mantienes tu presente forma de pensar, pero debes estar seguro que puedes entender el hecho de que el cambio va a venir de todas maneras y va a probar todo aquello en lo cual tú crees. Y en esta situación, tu creencia va a poder sobrevivir esta prueba, o tú vas a tener que cambiar la forma en que tú estás pensando.

Debes protegerte para no sentirte ofendido

El joven y brillante Rabí Jesús de Nazaret predijo algunos eventos futuros a sus discípulos, diciéndoles acerca de los problemas que ellos iban a tener que enfrentar. El muy claramente podía entender los efectos del cambio, y la importancia de poder anticiparse a ellos, por medio de decirles, *"Acordaos de la palabra que os dije: 'Un siervo no es mayor que su señor.' Si me persiguieron a mí, también os perseguirán a vosotros; si guardaron mi palabra, también guardarán la vuestra....Os expulsarán de la sinagoga; pero viene la hora cuando cualquiera que os mate pensará que así rinde un servicio a Dios"* (Juan 15:20; 16:2). Jesús también les dijo,

> *Entonces les dijo: Se levantará nación contra nación y reino contra reino; habrá grandes terremotos, y plagas y hambres en diversos lugares; y habrá terrores y grandes señales del cielo. Pero antes de todas estas cosas os echarán mano, y os perseguirán, entregándoos a las sinagogas y cárceles, llevándoos ante reyes y gobernadores por causa de mi nombre.*

Esto os dará oportunidad de testificar....Pero seréis entregados aun por padres, hermanos, parientes y amigos; y matarán a algunos de vosotros, y seréis odiados de todos por causa de mi nombre. Sin embargo, ni un cabello de vuestra cabeza perecerá. Con vuestra perseverancia ganaréis vuestras almas. (Lucas 21:10–13, 16–19)

Si alguien se para en público hoy en día y presenta una lista similar a ésta, muy probablemente él iba a ser criticado y ridiculizado de inmediato. Los políticos tal vez podrían decir, "tú estás creando una visión sin esperanza alguna". Los líderes religiosos tal vez lo llamarían "un predicador muy negativo" que "no tiene nada de fe". Sin embargo, Jesús sabía que él necesitaba preparar a sus discípulos para la realidad de los cambios que muy pronto ellos iban a experimentar. Él les explicó, *"Estas cosas os he dicho, para que no tengáis tropiezo"* (Juan 16:1). La palabra (*tropiezo*) también ha sido traducida del idioma griego original como "ofendido". Jesús les repitió a sus discípulos, *"Pero os he dicho estas cosas para que cuando llegue la hora, os acordéis de que ya os había hablado de ellas. Y no os dije estas cosas al principio, porque yo estaba con vosotros"* (versículo 4).

Existe gente alrededor de todo el mundo hoy en día que se sienten "ofendidos", y que están "tropezando" en la vida por medio de sus propias circunstancias y por medio de aquellos a quienes acusan de todas estas circunstancias:

"Yo perdí mi casa—y me siento ofendido y molesto con el sistema bancario".

"Mi marido me abandonó—y me siento ofendida en contra de todos los hombres".

"Me despidieron del trabajo—y me siento ofendido con todas las compañías y corporaciones".

"Me estoy haciendo viejo—y me siento ofendido en contra de todos los jóvenes".

Jesús les advirtió a sus discípulos para que pudieran estar protegidos de sentirse ofendidos en contra de todas estas situaciones, y para que no se desviaran de todo aquello que es justo y correcto. Él sabía cuánto daño puede hacer en el espíritu de una persona, el hecho de sentirse ofendido. Él los preparó cuando estaban atravesando por muy buenos tiempos, para que estuvieran listos para los tiempos difíciles. El principio del cambio nos asegura que los buenos tiempos no van a continuar para siempre, y por lo tanto debemos estar preparados para evitar la trampa de "sentirnos ofendidos".

Debes evitar aferrarte con todas sus fuerzas

Tú no puedes basar tu valor personal en ninguna cosa que tú poseas, porque si haces esto, entonces, tú vas a perder todo tu valor una vez que dejes de poseerla.

Debido a esta verdad, yo siempre trato de recordarme a mí mismo, "no debes aferrarte a ninguna cosa con todas tus fuerzas". Podemos encontrar este concepto a través de toda la sagrada literatura de la Santa Biblia. Jesús enseñó lo siguiente, *"Y les dijo: Estad atentos y guardaos de toda forma de avaricia; porque aun cuando alguien tenga abundancia, su vida no consiste en sus bienes"* (Lucas 12:15). No puedes medir la vida a través de aquello que estás poseyendo. ¿Por qué? Porque toda tu posesión se puede convertir en "recesión". En otras palabras, todo aquello que tú posees, tú lo obtuviste de alguien o de algo. No son cosas que se encuentran inherentes dentro de ti, y por lo tanto, todas sus posesiones pueden "desvanecerse", o pueden perderse. Por lo tanto, tú no puedes basar tu valor personal en cualquier cosa que tú has recibido, porque si haces esto, entonces, tú vas a perder tu valor una vez que pierdes aquello que poseías. En esencia, los efectos del cambio pueden ser capaces de reducirte a nada. Por lo tanto, de nuevo, vamos a estar protegidos en contra del cambio toda vez que no estemos esperando automáticamente poder mantener todo aquello que poseemos actualmente. De esta manera, no vamos a ser sorprendidos y desviados fuera de nuestro curso, si estas posesiones desaparecen, ya sea que esto suceda en forma temporal o permanentemente.

Con el famoso fraude en las inversiones y las políticas fiscales tan desastrosas de varias instituciones financieras en el año 2008, hubo varios ejecutivos que estaban gozando las ganancias de millones de dólares un día, sólo para acabar siendo arrestados y puestos en la cárcel al día siguiente. Entonces, también salió a la luz que el gobernador del estado de Illinois un día estaba ejerciendo su gubernatura, y al día siguiente fue acusado y removido de sus funciones. En adición a cualquier tipo de dificultades legales que tienen que ver con todas estas circunstancias, este hombre, por lo menos, tuvo que encarar la realidad de tener que buscar un nuevo trabajo. Todas estas situaciones ilustran el hecho de que no se necesita mucho para que las cosas lleguen a cambiar. Mucha gente no se da cuenta o tampoco puede aceptar este hecho y son sobrecogidos por el cambio en tal manera que comienzan a usar drogas y a beber excesivamente. Alguno de los perpetradores del fraude financiero—o sus víctimas—llegaron a cometer suicidio, debido a que sintieron que lo habían perdido todo, siendo que lo único que habían perdido fue todo su dinero.

Ni siquiera una persona multimillonaria puede contar con que todas las cosas van a permanecer iguales.

La imagen pública de Donald Trump es una imagen de riquezas y éxito. Sin embargo, una compañía que todavía lleva su nombre, acaba de caer en bancarrota pidiendo protección para los tres casinos que posee. Trump, que es dueño de más del 25 por ciento de la compañía, jugo de tal manera, diciendo que su inversión en la compañía era solamente un pequeño porcentaje de todo lo que la compañía valía en realidad. La mayoría de la gente jamás se hubiera llegado a imaginar que el nombre de Donald Trump se encontraría en la misma oración ligado juntamente a la palabra *bancarrota*. Pero nadie es inmune ante el cambio. De la misma forma, Ed McMahon dedicó muchos años en la acumulación de riquezas y fue muy bien conocido como una de las personalidades que representaban millones de dólares para todos aquellos ganadores de rifas. Pero entonces él cayó en la bancarrota y tuvo que poner todas sus posesiones a la venta.

Mucha gente se encuentra consumida tratando de llegar a un punto donde sean suficientemente ricos como para sentirse seguros. Pero si todos estos problemas financieros, e incluso la bancarrota les puede suceder a los millonarios y a los multimillonarios, tal y como lo hemos visto, entonces, esto quiere decir que le puede suceder a cualquiera.

La mayoría de las desilusiones y tensiones nerviosas de la vida se originan de lo de que nosotros estamos tratando de mantener las cosas en la misma forma en que eran, o porque estamos esperando que se mantengan de la misma forma como están ahora. Podemos ser liberados de toda esta presión por medio de poder entender completamente y en verdad, que *no hay nada* en la tierra que dure para siempre. *Todo en esta tierra* tiene una "fecha de caducidad". Si tú cuentas con suficiente dinero en el presente, eso muy probablemente sea algo sólo temporal. No va a ser algo permanente. Por lo tanto, debes prepararte adecuadamente para cuando llegue el tiempo en que el dinero va a escasear. De la misma forma, si tú no tienes dinero en el presente, las cosas pueden cambiar el día de mañana. Debes comenzar a prepararte para hacer crecer tus finanzas nuevamente.

Dos principios clave para poder protegerse en contra del cambio

Vamos a resumir todo lo que hemos estado estudiando a través de dos principios claves para poder protegerse en contra del cambio:

1. *El origen más grande de desilusiones en la vida es el hecho de tener la expectativa de que las cosas van a permanecer iguales todo el tiempo.* Si tú te encuentras desilusionado, esto se debe a que tú estabas esperando que algo sucediera, y aquello nunca sucedió, o debido a que tú estabas esperando que tu situación presente iba a permanecer igual todo el tiempo, y esto no sucedió. La vida de las gentes se desbaratan completamente cuando ellos piensan que lo que están experimentando en el presente nunca va a llegar a cambiar, sólo para poder aprender abruptamente que lo opuesto a esto es la realidad.

Mi doctor me dijo recientemente que mi presión arterial se encuentra en perfecto estado. El dijo, "Con la edad que tienes, estando a mediados de los años cincuentas, tú tienes el cuerpo de un atleta. Tú te miras muy saludable; ¿qué es lo que estás haciendo?" Yo respondí, "no consiste en lo que estoy haciendo; consiste en lo que *no estoy haciendo*". El dijo, "¿qué es lo que tú no estás haciendo?" Yo le dije, "preocupándome".

¿Cómo puedes tú llegar a reducir el nivel de tus preocupaciones? Por medio de reducir el nivel de tus expectativas. Tal vez tú has estado teniendo expectativas muy altas de muchas otras personas—o incluso de ti mismo. Aunque siempre queremos conducir nuestras vidas con toda excelencia, no podemos llegar a controlar todas las cosas, y ni siquiera deberíamos intentarlo. Y el hecho de tratar de controlar todas las cosas que te suceden, va a sobrecargar tu cuerpo con tensión nerviosa y estrés.

El principio anterior no sólo se aplica a situaciones que nosotros podríamos considerar negativas. También se aplica a todas las expectativas que tenemos en general para nuestra vida. Aunque los cambios muchas veces están sosteniendo grandes promesas para nosotros, muy frecuentemente esto involucra diversas suposiciones que nosotros nos hemos hecho. Por ejemplo, vamos a suponer que tu esposa o esposo obtuvo un trabajo en otro país, y que le ofrecieron 15 veces más dinero de lo que él o ella está ganando en la actualidad. Tú y tu esposo o esposa han estado batallando bastante para hacer que el dinero les alcance, pero ahora tienen esta oportunidad de mudarse, y de repente tú te das cuenta lo mucho que amas el lugar donde vives. La decisión consiste entre quedarse en el lugar donde te sientes cómodo y que te es familiar, pasando todo tipo de necesidades económicas, o mudarse al lugar desconocido pero ganando bastante dinero.

Aunque este tipo de decisiones involucra muchas más consideraciones que sólo el aspecto monetario, este escenario nos permite vislumbrar uno de muchos retos que vienen con los cambios. Tu tal vez has tenido la expectativa de vivir toda tu vida en el mismo lugar donde tú naciste y dónde fuiste creado. Pero tal vez este no es el plan que Dios tiene para tu vida a fin de que puedas llegar a cumplir todo tu propósito. O tal vez, a través de diferentes circunstancias, tú has tenido que salir del país donde naciste hacia un país diferente, y ahora tú te encuentras viviendo en una cultura que te es completamente extraña. Tu tal vez te estés preguntando, "Dios, ¿por qué me trajiste aquí?" Y Dios tal vez te esté indicando, "porque tu futuro no se encuentra en el lugar donde naciste—tu futuro se encuentra dónde te encuentras ahora". Si tú esperas que todas las cosas permanezcan iguales, entonces, vas a acabar siendo desilusionado.

2. *Nuestra salvaguarda en contra de la desilusión y otro tipo de reacciones negativas ante el cambio, es el hecho de poder anticiparnos al cambio.* Debemos estar esperando el cambio. Y debemos hacer esto en forma continua.

Para que puedas protegerte a ti mismo del cambio, debes reconocer que cualquier cosa puede llegar a suceder en los meses venideros e incluso en los años venideros. Las buenas nuevas es que Dios no va a permitir que nada venga a tu vida que tú no puedas enfrentar con Su ayuda. Yo no le tengo miedo al cambio debido a que yo puedo entender que el cambio es parte de la vida, y que yo soy mucho más duradero que el cambio mismo.

> *Dios no va a permitir que nada venga a tu vida, que tú no puedas confrontar con Su ayuda.*

Tú debes convertirte en una persona sumamente estable, por medio de anticiparte y de prepararte para el cambio, y que de esta manera tú puedas sobrevivir y vencer cada cambio. Tú vas a seguir pasando a través de cambios en el camino hacia tu propósito, y al final, tú vas a salir como el único vencedor.

Si algo no te gusta, cámbialo; si no puedes cambiarlo, cambia la forma en que piensas acerca de ello.
—Mary Engelbreit, artista y comerciante

LLEVANDO HASTA EL MÁXIMO EL CAMBIO MÁS CRÍTICO
El crecimiento, la creatividad, y la innovación

La verdad es que nuestros más grandes momentos de excelencia van a ocurrir cuando nos estamos sintiendo profundamente incómodos, infelices, o insatisfechos. Porque es sólo en estos momentos, que impulsados por la misma incomodidad, vamos a poder salir de nuestras rutinas, y vamos a comenzar a buscar maneras y formas diferentes, así como respuestas mucho más verdaderas.
—M. Scott Peck, psiquiatra y autor del libro *The Road Less Travelled*

Todos nosotros experimentamos muchos tipos de cambio—algunos de éstos los consideramos positivos, mientras que otros los percibimos como algo negativo; algunos los clasificamos como cambios menores, mientras que otros pensamos como cosas más importantes. Pero existen tiempos y temporadas cuando los cambios más importantes llegan a alterar en forma muy especial nuestra vida o el estado cultural en que nos encontramos. Este es un cambio crítico. El término *cambio crítico* se refiere a cualquiera de los siguientes conceptos:

+ un evento muy traumático en la vida, tal como una enfermedad muy sería o la muerte de algún ser querido

+ un punto crítico que llega a cambiar completamente la forma de vida, tal como el mudarse a un nuevo lugar, o la necesidad de volver a ser entrenado para una nueva carrera o profesión

+ un cambio radical en el estado de vida personal o profesional, tal como el pasar por un divorcio o ser despedido del trabajo

+ una situación espantosa que necesita ser confrontada, tal como el efecto de un desastre natural o una crisis económica

+ un reto muy agudo en el estado de vida, tal como la supervivencia de una industria o de un individuo

+ un cruce de caminos o lo que se llama vulgarmente "la hora cero", que es cuando una decisión o un cambio debe ser hecho de inmediato como respuesta a un problema

Casi todos los anteriores son considerados como cambios negativos. Los otros reflejan tiempos de transición, los cuales involucran estrés adicional y muchos requerimientos. Los cambios críticos también incluyen una disrupción total, así como la reorganización de la vida de las gentes. Los obliga a confrontar con nuevas relaciones, nuevos asuntos, nuevos medio ambientes y circunstancias.

El cambio crítico y el crecimiento positivo

El cambio crítico es parte de la vida, aunque muchas veces deseamos que no lo fuera. Pero tiene un beneficio adicional, incluso en medio de situaciones en donde llegamos experimentar pérdidas personales. Los tiempos de cambio crítico pueden producir corrientes de crecimiento personal, de creatividad y de innovación. Si tú estabas experimentando retos críticos—tales como en forma financiera, en relaciones, de tipo físico, o emocionales—este tiempo probablemente se puede convertir en el período más creativo y fructífero de tu vida, o también te puede llevar a un período de este tipo. Y al mismo tiempo necesitamos permitirnos a nosotros mismos algún tiempo para llorar o acongojarnos debido a las pérdidas que hemos sufrido, de la misma forma, tenemos que estar conscientes para no seguir manteniéndonos con nuestra atención puesta en esas pérdidas, en lugar de ir a descubrir que tanto podemos crecer por medio de ellas.

Los períodos de retos personales, comunitarios, o de tipo nacional, pueden convertirse en tiempos que nos llevan a pasar por el más grande desarrollo de madurez, y de compasión por los demás, avance social y desarrollo económico—si es que acaso permitimos que este cambio crítico amplíe nuestros límites, a fin de que podamos ejercitar nuestras cualidades innovadoras. Debes permitir que tu frase personal en este tipo de tiempos sea la palabra *innovación*. Debes aprender a usar cada situación a fin de llevar al máximo tu crecimiento y tu creatividad, para que puedas llegar a pensar más allá de las normas, y que puedas progresar en formas muy significativas.

El cambio: el más grande motivador para el avance y el progreso

Se ha dicho muchas veces que la gente inicia el cambio personal sólo cuando el dolor de permanecer en la misma condición excede o sobrepasa al dolor del cambio. Para poder beneficiarse del cambio criticó, debemos llegar a reconocer que puede ser el más grande motivador para el progreso y para el avance. Historias de tipo personal, comunitario, financiero e incluso nacional, llegan a reflejar el hecho de que la innovación muy frecuentemente es producida por medio del cambio crítico. El cambio crítico es la incubadora del mejoramiento y del progreso.

En el nivel individual, ¿cuántas veces una crisis de salud ha llegado a motivar a una persona para que llegue a mejorar la calidad de su vida? Por ejemplo, vamos a suponer que tú estuviste fumando cigarrillos durante 30 años, y ahora tú tienes enfisema pulmonar. Tú iniciaste este cambio crítico en tu vida, pero ahora te ha llegado a sobrecoger y tienes que confrontarlo. Tú tienes que detener un hábito que has tenido toda tu vida. Al mismo tiempo, tienes que aprender alguna respuesta alternativa para poder manejar la vida a fin de poder llegar a sobrevivir.

En el nivel global, toda gran empresa que se ha llevado a cabo a través de la historia fue un producto de algún cambio en el medio ambiente. Cuando la iglesia se encontraba en un estado de estancamiento y controlada por la tradición, un monje llamado Martín Lutero llegó a leer las Santas Escrituras, hasta el punto de sentirse completamente incómodo con relación a la diferencia que existía entre lo que él estaba leyendo y lo que la iglesia estaba practicando. El ayudó a iniciar el movimiento de la Reforma, que fue una salida muy importante del sistema tradicional religioso de aquellos tiempos, lo cual resultó en el nacimiento del Protestantismo.

Es la comodidad quien produce la *tradición*. Es la incomodidad quien crea la *transformación*.

Vamos a ver ahora algunos ejemplos del progreso que fueron iniciados por medio del cambio en el desarrollo de los Estados Unidos de América. La creación del sistema de ferrocarril llevó al establecimiento de pueblos y ciudades a lo largo de las rutas ferroviarias. Más tarde, a medida que la población del país siguió creciendo, de la misma forma creció el incentivo para movilizar a la gente. El invento del automóvil y la construcción de un sistema ferroviario mucho más extenso siguieron a todo esto. Los hermanos Wright, así como muchos otros desarrollaron la aviación a fin de hacer progresar los medios de comunicación y de transporte.

De la misma forma, se motivó el desarrollo de métodos mucho más rápidos y efectivos de comunicación, en parte, debido al enorme territorio con que cuentan los Estados Unidos de América, los cuales, para el año 1850 se habían esparcido desde Nueva York hasta California. ¿Cómo es que la costa este y la costa oeste—y y todos los lugares intermedios—pudieron mantenerse comunicados, a fin de mantener a la gente conectada y que todos pudieran realizar sus negocios rutinariamente? La expansión del país llevó a la creación de inventos bajo la presión de la necesidad o bajo el chispazo creado por la apertura de una oportunidad a través de mentes innovadoras. Cuando el correo era transportado por medio de hombres que montaban a caballo, a través del Pony Express, se llevaban semanas, meses o incluso más de un año para que una carta pudiera llegar de un lugar a otro. Los ferrocarriles aceleraron todo este proceso. De la misma forma, el telégrafo permitió que la comunicación se pudiera efectuar en segundos, y el teléfono vino a proveer una comunicación instantánea de persona a persona. El desarrollo de la Internet llevó a las comunicaciones vía e-mail, lo cual es enviado en milésimas de segundos.

El progreso o el desarrollo siempre son motivados por medio del cambio. ¿Qué es lo que causó que John F. Kennedy llegara a anunciar a los americanos a principios de los años 1960, que el programa espacial de ese país iba a desarrollar la tecnología a fin de poder enviar astronautas a la luna dentro de la siguiente década? La motivación del presidente Kennedy fue creada por medio de la presión de percibir un cambio crítico. Corrían los rumores de que los rusos se encontraban en camino para intentar un viaje espacial de ese tipo. Y él sintió que en orden para poder mantener su posición de líder en el mundo, los Estados Unidos de América tenían que ser el primer país que hiciera esto. El cambio de tecnología en la Unión Soviética forzó una respuesta por parte de los Estados Unidos de América, donde los científicos de NASA ampliaron sus habilidades creativas y tecnológicas, y llegaron a enviar astronautas a la luna en el año 1969.

Vamos a pensar acerca de la creación de la bomba atómica durante la Segunda Guerra Mundial. Tanto los aliados, como los que constituían los países del Eje, se encontraban involucrados en una lucha monumental, y ambas partes estaban buscando inventar un arma que les diera una ventaja decisiva sobre sus oponentes. El cambio crítico de la guerra muy frecuentemente ha llevado al desarrollo de armas mucho más poderosas, más precisas y mucho más mortíferas.

Más recientemente, los escáneres en los aeropuertos tuvieron que ser desarrollados debido a un cambio crítico en el medio ambiente global con relación a la seguridad, lo cual fue consecuencia de un incremento en los secuestros aéreos y en los actos terroristas. Este cambio sigue forzando a la invención de nuevas tecnologías. Un cambio produce otro cambio, el cual a su vez, es afectado por otro cambio.

En las últimas dos décadas del siglo XX, hubieron muy pocas discusiones serias acerca de combustibles alternativos, por medio de los oficiales en el gobierno, y los ejecutivos en el mundo corporativo, así como la población en general. ¿Por qué? Porque debido a la crisis de gasolina a mediados de los años 1970 todos nos pusimos en un medio ambiente de mucha comodidad. Existían suministros suficientes de gasolina y de petróleo, y los precios permanecían relativamente bajos, y por lo tanto, la gente pensó, *¿para qué necesitamos algo diferente?* Casi todo el mundo occidental estaba seducido por un sentido de seguridad que llegó a través de la comodidad de la tradición.

Entonces, un número de factores llegaron a converger de tal manera que trajeron este tema a la conciencia pública, incluyendo—pero sin limitarnos a ello—las tensiones entre los Estados Unidos de América y los países en el Medio Oriente y Sudamérica, los cuales son productores de grandes cantidades de petróleo, el ataque del 9–11, la guerra en Irak, y el aumento de interés en el medio ambiente mundial. Cuando los precios de la gasolina llegaron a pasar los cuatro y los cinco dólares en la primera década del siglo veintiuno, el interés en un combustible alternativo se dio a la luz. Mientras que las formas tradicionales de combustible siguen dominando al mundo entero, estamos pudiendo notar un cambio en la mentalidad general de la gente, y esto va a continuar hacia el futuro. Los automóviles híbridos se están convirtiendo en algo muy popular, contando con muchos más modelos ofrecidos al público por las compañías automotrices cada año.

Ahora, los automóviles que se han utilizado normalmente, son llamados "automóviles tradicionales". Un automóvil tradicional es un vehículo que ha sido aceptado en forma permanente—no en términos de estilo externo, sino en términos del tipo de combustible que usa, y la forma como ese combustible se convierte en caballos de fuerza. Pero los cambios sociales y políticos están motivando el desarrollo de fuentes alternativas de energía para poder sostener toda la maquinaria de la vida—lo cual incluye a los automóviles, la calefacción para los hogares, y muchas cosas por el estilo. Al principio, la gente puede preocuparse o enojarse con relación a la llegada de innovaciones, pero en algún momento, tanto ellos como sus descendientes llegan a cosechar los beneficios de todo esto.

Volando hacia la tormenta

El espíritu humano lucha para poder encontrar soluciones ante las condiciones caóticas.

De una manera, los seres humanos no parecen crecer e innovar en gran manera mientras que se encuentran en buenas temporadas, como lo hacen cuando atraviesan por tiempos críticos. De nuevo, la persona común y corriente no sabe de lo que él o ella es capaz sino hasta que el cambio llega a afectarlo a él o a ella. Yo tengo mucha confianza en los recursos internos de los seres humanos. Los cuales son mucho más poderosos que las circunstancias que confrontan los países y las culturas en donde ellos viven. En general el espíritu humano lucha para encontrar soluciones ante las condiciones caóticas. Muy frecuentemente la gente parece emerger mucho más fuerte, más grande, más sabia y mucho más innovadora después de haber atravesado un cambio crítico. Nunca debemos despreciar el poder del cambio, debido a que es capaz de crear un futuro mucho mejor.

Las águilas son las más grandes "máquinas voladoras" en el mundo, pero todos sabemos que incluso los pájaros más jóvenes, incluyendo los aguiluchos, tuvieron que ser forzados a volar en algún momento primeramente.

Cuando la madre águila reconoce que su polluelo se siente muy cómodo viviendo bajo las cálidas plumas en un nido calientito, ella comienza a despedazar las capas suaves de material con el que el nido está construido: ella jala el algodón, el material, y la paja, a fin de exponer las espinas que se encuentran escondidas debajo. En forma instintiva, ella sabe que la única manera de hacer que sus aguiluchos lleguen a volar, es cuando ellos se van a sentir tan incómodos, que no van a poder permanecer en el lugar donde se encuentran. Ellos, literalmente, necesitan ascender a una nueva altitud. Tal como Moisés escribió, *"Lo encontró en tierra desierta, en la horrenda soledad de un desierto; lo rodeó, cuidó de él, lo guardó como a la niña de sus ojos. Como un águila que despierta su nidada, que revolotea sobre sus polluelos, extendió sus alas y los tomó, los llevó sobre su plumaje"* (Deuteronomio 32:10–11).

Otra cosa muy asombrosa acerca de las águilas, es que son los únicos pájaros que pueden volar *a través de* las tormentas. Cualquier otro pájaro tiene miedo a las tormentas. Pero las águilas extienden sus alas y usan las corrientes anormales de viento formados por las tormentas a fin de remontarse hacia el cielo—lo cual les da la oportunidad de descansar. Ellas en forma natural, conocen la forma de beneficiarse del cambio crítico en su medio ambiente.

¿Acaso tú estás acostumbrado a huir siempre de las tormentas? O, ¿acaso tú las confrontas, aprendiendo la forma como las corrientes de estas tormentas pueden elevarte a altitudes mucho más altas, y pueden capacitarte para descansar en medio de ellas?

Los beneficios del cambio

Vamos a ver varios beneficios del cambio que se encuentran relacionados entre sí, a los cuales vamos a regresar en varias y diferentes maneras a lo largo de todo este libro.

1. *El cambio nos permite sacar todo nuestro potencial.* El potencial se encuentra escondido, o es un poder al que nunca hemos recurrido, o una habilidad que ha estado dormida. En forma normal, esta habilidad permanece dormida dentro de una persona, a menos que él o ella llegue a ser fuertemente motivado internamente. Muy rara vez la gente decide por sí misma soltar todo su verdadero potencial. La persona común y corriente

no tiene la motivación necesaria para tomar la iniciativa y poder hacer uso de sus recursos y capacidades que no ha usado, sino que en forma general siempre se encuentra satisfecha con la rutina diaria. Entonces, el cambio viene y saca todo el potencial que se encontraba escondido en él o en ella. Esta es la razón de que el cambio puede ser un verdadero beneficio para todos nosotros. El cambio es vital debido a que muy frecuentemente es la chispa que va a sacar el poder de la batería humana.

2. *El cambio viene a retar tu potencial.* Tú tal vez sientes que has logrado algo muy importante o que has cumplido con algo muy digno—hasta que llegue el momento en que llega un cambio a tu vida o a tu medio ambiente, trayendo consigo el reto para que vayas más allá de todo aquello que previamente te tenía tan satisfecho. Nos podemos enamorar tan profundamente con todo aquello que ya hemos realizado, hasta el punto de cesar la búsqueda de aquello que todavía podemos realizar. El cambio tiene la manera de hacernos mover más allá de lo que solía impresionarnos acerca de nosotros mismos, y acorta nuestras celebraciones con que nos auto motivamos, y nos impulsa a hacer cosas mucho más grandes.

3. *El cambio pone presión en tu potencial.* De nuevo, tú nunca vas a poder saber las cosas grandes que tú puedes realizar hasta que tú *has llegado* a hacerlas. Para poder soltar todo el potencial que hay en uno, normalmente se requiere el elemento de responsabilidad. Otra manera de decir esto es que *la habilidad* requiere *responsabilidad* para que pueda ser manifestada. Un cambio en las condiciones en que nos encontrábamos, muy frecuentemente nos fuerza a aceptar deberes y obligaciones que nos van a provocar para que saquemos lo más profundo que teníamos de las reservas de nuestra habilidad o capacidad.

4. *El cambio manifiesta la verdadera persona que se encuentra detrás del potencial.* Hablando en forma metafórica, tú no puedes saber lo que llevas adentro, sino hasta el momento en que tienes que sacarlo. Cuando un suceso o una situación inesperada llega a ocurrir, esto te obliga a manifestar una personalidad interior que la gente ignoraba que existía dentro de ti—y que incluso, tú mismo no sabías que la tenías. El cambio inesperado puede ayudar a que se manifieste quien tú realmente eres. Más aún, vamos a poder ver que el cambio bien planeado puede dar el mismo resultado. Cuando tú te retas a ti mismo, a fin de poder

implementar cambios en tu vida hacia un futuro mejor, tú puedes llegar a revelar aquella verdadera persona que se encuentra dentro de ti.

Por lo tanto, ¿acaso debemos maldecir el caos que no entendemos en nuestra vida? ¿O acaso debemos buscar poder entenderlo, para que podamos beneficiarnos de él?

El éxito para poder moverse del cambio criticó del pasado, va a ser determinado por la habilidad que uno tenga para poder beneficiarse de ello. Debes desarrollar tu propia capacidad para poder supervisar y beneficiarte de los cambios críticos en tu vida y en tu medio ambiente. ¡Conviértete en un innovador!

El mundo es redondo, y el lugar que se mira como el
final también puede ser el principio.
—Ivy Baker Priest, tesorero de los Estados Unidos de América,
1953–1961

Parte 2

EL PROPÓSITO DEL CAMBIO

Tu única constante en el cambio

Nada es permanente, excepto Dios y Sus promesas

Porque yo, el Señor, no cambio.
—Malaquías 3:6

En el programa tan popular de televisión llamado *Lost*, el personaje llamado Desmond llega a experimentar un viaje durante el tiempo, debido a una anormalidad electromagnética. Pero ésta es una forma muy diferente de viajar en el tiempo. Es sólo *su conciencia* quien viaja de su presente a su pasado. Entonces, el proceso comienza alternándose, de tal manera que su mente en forma repetida viaja del presente al pasado y viceversa. Esta experiencia lo desorienta a él en forma muy severa. El continuo cambio comienza a sobrecargarlo sumamente debido a que ha perdido su sentido de estabilidad en la continuidad de esta vida.

Mientras que en el presente, Desmond es testigo de que el mismo fenómeno le sucede a otro hombre—cuya mente completamente rechaza lo que está sucediendo. Éste hombre no puede mantener una existencia dividida, y el muere de un aparente ataque cardíaco. Desmond sabe que él se dirige al mismo destino. En una búsqueda desesperada para encontrar una manera de salvar su propia vida, él busca a un profesor de física experimental. El profesor le dice que a fin de poder detener el viaje mental en el tiempo, el tiene que encontrar a alguien a quien él conoce *tanto* en su pasado como en su presente y que pueda funcionar como su "constante". En forma muy exitosa, Desmond puede identificar su constante, y su mente vuelve a recobrar la continuidad de su vida, ocasionando que el viaje en el tiempo llegue a su final, y él es capaz de poder continuar su vida en el presente en forma normal.

En el mundo siempre cambiante en el cual vivimos, mucha gente experimenta un poco de lo que Desmond hizo. Tenemos la costumbre de orientar nuestras vidas basándonos en lo que hemos experimentado en el pasado, con todos los hábitos y tipos de mentalidad que hemos desarrollado sobre los años. Algunas veces, el tipo de mentalidad del pasado llega a enfrentarse con el presente, y de la misma manera con el futuro que está desenvolviendo nuestras vidas, ocasionando que nuestra mente intente rechazar todos estos cambios. En otras ocasiones, tal vez estamos tratando de hacer cambios que nos van a llevar hacia adelante hacia el futuro que preferimos, sólo para encontrarnos con que el pasado en forma repetida parece estar interfiriendo con nuestro progreso.

Ya sea que estemos respondiendo al cambio o tratando de crearlo, debemos contar con un elemento en nuestras vidas que sea permanente y estable—algo que trascienda el pasado, el presente, y el futuro. Necesitamos mantener nuestras mentes y corazones bien fundamentados en quiénes somos realmente, hacia dónde nos dirigimos, y los valores por los cuales conducimos nuestra vida. Necesitamos "una constante", si así quieres decirlo. Existe Uno Solo que puede llenar esta necesidad.

El Inmutable

Nuestra única constante en medio de todo el cambio es nuestro Dios Creador. A pesar del hecho de que todo en la tierra está cambiando, Dios puede declarar, "*Porque yo, el Señor, no cambio*" (Malaquías 3:6). Esa declaración no implica que Dios se encuentre estancado, falto de imaginación, ni arcaico. Y tampoco significa que Sus modelos de operación nunca cambian. Lo opuesto es la verdad. Génesis, que es el primer libro escrito por Moisés, introduce a Dios como el Gran Creador. Dios es el innovador original que inició el principio del cambio en la tierra.

La naturaleza inmutable del Creador puede ser comparada con la naturaleza de un principio fundamental. Los principios son diseñados como tales debido a que son consistentes. El Creador nunca cambia, en el sentido de que Él es invariable en Su naturaleza, Su carácter, y Su integridad. Sus actos pueden cambiar, pero Sus principios elementales nunca cambian.

Las Escrituras dicen lo siguiente, *"Amados hermanos míos, no os engañéis. Toda buena dádiva y todo don perfecto viene de lo alto, desciende del Padre de las luces, con el cual no hay cambio ni sombra de variación"* (Santiago 1:16–17).

El autor del libro a los Hebreos dijo lo siguiente, *"Por lo cual, puesto que recibimos un reino* **que es inconmovible**, *demostremos gratitud, mediante la cual ofrezcamos a Dios un servicio aceptable con temor y reverencia; porque nuestro Dios es fuego consumidor"* (Hebreos 12:28–29, se añadió énfasis).

Todo lo demás está cambiando, pero Dios permanece igual. Esto nos da la confianza que necesitamos en medio de tiempos de transición.

Cuando Barack Obama iba a ser jurado como presidente de los Estados Unidos de América, un hombre ateo protestó en contra del hecho de que el presidente elegido estaba colocando su mano derecha en la Biblia para tomar el juramento de su función, debido a que este ateo dijo que era en contra de sus creencias, y que él consideraba que esto era una violación a su conciencia. Algunos pudieron decir que él estaba correcto debido a su concepto de la separación entre iglesia y el estado. Pero el hecho es éste, de que el Dios Creador es nuestra única permanencia, y si tratamos de ignorarlo, o si tratamos de ignorar la necesidad que tenemos de Él, esto sería como tratar de remover la única cosa inamovible de la oficina de la presidencia. Los presidentes van y vienen, pero en Dios no existe cambio alguno. A final de cuentas, para poder tener permanencia en este mundo tan cambiante, las naciones deberían estar fundamentadas en Dios y no en la gente. Nuestros líderes—ya sea que se trate de presidentes, primer ministros, o presidentes de las cámaras— todos éstos llegan a fallar. Pero Dios es el mismo ayer, hoy, y por siempre. Necesitamos poner nuestra fe y nuestra confianza en Él. No podemos poner nuestra verdadera confianza en ninguna otra cosa, porque nada ni nadie además de Dios es digno de nuestra completa confianza y dependencia.

El hecho de reconocer que la naturaleza de Dios es inmutable es crucial para poder entender las actividades de Dios en las vidas de los seres humanos, y nuestra correcta interpretación de los cambios que experimentamos en nuestra generación y en el mundo. La más grande seguridad en contra de las disrupciones y desorientación del cambio es nuestra confianza en el Dios Inmutable.

Promesas permanentes

Dios es predecible sólo en el sentido de que Su naturaleza es inmutable. El siempre es verdadero a Sí Mismo, y Él siempre es verdadero con relación a Su Palabra. No podemos contar con el 100 por ciento de la veracidad de ningún ser humano, pero podemos contar en la fidelidad y en la verdad de Dios. Moisés declaró lo siguiente, *"Dios no es hombre para que mienta"* (Números 23:19). Vamos a ver algunas otras Escrituras que también hablan acerca de la naturaleza inmutable de las promesas de Dios.

Hace varios siglos, el salmista escribió lo siguiente, *"Justo eres tú, Señor, y rectos tus juicios. Es muy pura tu palabra, y tu siervo la ama"* (Salmo 119:137, 140). El autor del Salmo dice, de hecho, "Yo he probado las promesas de Dios. El tiempo las ha probado. Y ellas todavía permanecen".

Otro Salmo dice, *"Tu reino es reino por todos los siglos, y tu dominio permanece por todas las generaciones"* (Salmo 145:13). Nuestro Creador nos hizo, y Él es fiel para cumplir todas Sus promesas. No importa el tipo de cambios que lleguen a tu camino o a tu vida, tú siempre puedes depender en Dios para cumplir todo aquello que Él ha prometido. Si tú estás supuesto a tener algo debido a que Dios te lo prometió, tú lo vas a tener, debido a que lo recibes por fe, y tú confías en Dios para proveerlo. Si tú pareces haber perdido algo que Dios te ha prometido, entonces tú vas a poder recobrarlo o algo equivalente a lo que perdiste, a medida que ejercitas la fe y la perseverancia. Tú puedes dar gracias de que aquello que esperas viene en camino.

Pablo escribió lo siguiente, *"Pues tantas como sean las promesas de Dios, en El todas son sí; por eso también por medio de Él, Amén, para la gloria de Dios por medio de nosotros"* (2ª Corintios 1:20). Si Dios lo prometió, entonces va a suceder, sin importar cualquier otra cosa que ocurra. No importa lo que otras gentes traten de predecir acerca del futuro, si Dios ha prometido algo, tú puedes decir, "¡Amén! Eso es un hecho".

La paradoja de las promesas

Las únicas dos realidades permanentes en nuestra vida son Dios y Sus promesas. Incluso, una de las mismas promesas inmutables de Dios nos asegura, ¡que nada en esta tierra es permanente!

Una razón de esto es la misma naturaleza creadora de Dios. Si tú eres una persona creativa, tú siempre vas a estar inventando nuevas cosas. Esta es la naturaleza de Dios. El continuamente está refinando todo aquello que Él ha creado, así como *"haciendo una cosa nueva"* (Isaías 43:19). A algunas gentes les gusta pensar que han podido figurarse todo acerca de Dios. Ellos creen esto debido a que Dios no cambia, y por lo tanto Él nunca va a hacer nada en forma diferente de la forma como ellos ya lo han visto. Cuando Dios trae o permite cambios en sus vidas a fin de hacer cumplir Sus propósitos para ellos, ellos no saben cómo reaccionar ante esto. El cambio los desestabiliza porque ellos no estaban esperándolo. Dios mismo nunca cambia, pero Él siempre está trabajando en nuestra vida—y Su obra involucra la transformación. Debes estar seguro de que Dios va a permitir algo en tu vida para que haya un cambio.

Dios siempre está trabajando en nuestra vida—y Su obra involucra transformación.

Si tú lees las Escrituras, tú no vas encontrar ningún registro acerca de que Dios ha realizado dos milagros exactamente en la misma forma. La gente muy frecuentemente trata de hacer doctrinas acerca de los métodos que Dios ha usado en el pasado, en lugar de darse cuenta de que se trata de Su Naturaleza Divina, en lugar de tratarse de Sus actos específicos, y Su naturaleza es permanente. Los *resultados* de estos actos pueden ser permanentes, pero Sus acciones pueden variar. ¿Por qué? Porque Dios es sumamente creativo como para repetirse a Sí Mismo. Su naturaleza creadora promueve el cambio. A menos que podamos llegar a entender esto, vamos a estar continuamente luchando en contra de los cambios que Dios quiere promover en esta vida—cambios que tienen la intención de ayudarnos a crecer y a cumplir con las razones de nuestra existencia.

Permítame introducir una nota de advertencia en este momento: esto no quiere decir que debemos volvernos apáticos y simplemente estar aceptando todo aquello que viene a nuestras vidas como que esto es la voluntad de Dios para nosotros. Al contrario, debemos aprender a responder a las circunstancias cambiantes, manteniendo en mente los caminos de Dios y las promesas que Dios tiene para nosotros.

Éste conocimiento nos va a capacitar para poder tratar con todo tipo de cambios que vienen a nuestra vida. Todo en este mundo es cambiante. De nuevo, no tenemos ninguna garantía de que nuestro trabajo va a durar para siempre, o que nuestros seres amados siempre van a estar junto a nosotros en esta vida, y muchas otras cosas por el estilo. Pero sí podemos saber que podemos depender en el Dios Inmutable y en Sus promesas durante cualquier cambio crítico que experimentemos.

Yo creó en este principio de una forma tan completa que yo ya he llegado a pensar un sinnúmero de escenarios difíciles que me podría llegar a suceder a mí o a mi familia, y la forma como yo podría responder ante ellos—cualquier cosa desde perder mi hogar o hasta llegar a perder a algún miembro de la familia. "¿Que esto no es tener falta de fe?" Algunos podrían preguntar. No, yo tengo fe en las promesas de Dios, y una de las promesas de Dios es que todo en la tierra se encuentra aquí sólo por una temporada. *"Hay un tiempo señalado para todo, y hay un tiempo para cada suceso bajo el cielo"* (Eclesiastés 3:1). Dios ha dicho que vamos a tener que atravesar dificultades en la vida, pero de la misma forma, nada nos puede separar del amor de Dios. (Favor de ver Romanos 8:35–39). Yo me preparo para cualquier tipo de eventualidad debido a que como lo estudiamos anteriormente, Jesús Mismo advirtió a Sus discípulos que ellos iban a experimentar dificultades y tiempos difíciles, y Él de hecho, les dijo, "Les digo estas cosas para que no lleguen a ofenderse". Los cambios críticos no me van a llegar a ofender hasta el punto de cuestionar a Dios y al amor de Dios, porque yo se que Él ya me ha advertido acerca de esto. En una ocasión, mientras que Jesús estaba describiendo el plan general que Dios tiene para todos aquellos que creen en Él, Jesús dijo, *"si no fuera así, yo os lo hubiera dicho"* (Juan 14:2). Dios siempre mantiene su palabra. Dios siempre nos dice exactamente cómo son las cosas. Él nos consuela, pero nunca nos da falsas promesas. Si las cosas fueran diferentes, Dios nos lo hubiera dicho. Él es la Única Persona en quien podemos contar completamente para decirnos la verdad y para prepararnos de tal manera que podamos manejarlo.

Mucha gente en la sociedad occidental ha sido guiada a creer que nada de todo aquello que valoran en sus vidas va a cambiar, a menos que cambie por medio de aumentar su tamaño o su valor. Por lo tanto, ellos piensan que siempre van a tener sus casas, que siempre van a tener generosas cuentas bancarias, dinero para vacaciones muy costosas, todo tipo de aparatos electrónicos, y muchas cosas como éstas. En forma creciente, mucha gente tiene la expectativa de que ellos en forma automática van a poseer tales cosas, sin importar si ellos tienen que trabajar para obtenerlas. El buen estilo de vida debería ser algo garantizado, de acuerdo a lo que ellos dicen, debido a que "se trata del sueño americano", o por otras diversas razones.

Una actitud muy similar está siendo enseñada por algunos dentro de la iglesia cristiana. A la gente le están enseñando que Dios quiere que ellos siempre tengan éxito, y que de esta manera todo el tiempo tienen que estar a la expectativa de "la buena vida". Sin embargo, este tipo de teología ha producido creyentes que no pueden manejar el cambio. En lugar de haber sido enseñados acerca de la permanencia de la naturaleza y el carácter de Dios, ellos han sido enseñados acerca de que las promesas de Dios prometen permanencia de "las cosas". En otras palabras, lo que ellos han escuchado es que si acaso llegan a tener fe, ellos pueden levantar grandes riquezas y mucha felicidad, de tal manera que pueden mantener todas las cosas de esta manera por el resto de sus vidas.

Ciertamente, todos deberíamos tener fe en las promesas de Dios. Pero Dios nunca garantiza que no va haber tiempos cuando vamos a tener que aferrarnos a Sus promesas sin importar las apariencias de las cosas, situaciones, y en contra de todas las circunstancias. En las Sagradas Escrituras, las gentes que tuvieron un llamamiento de Dios para cumplir Sus promesas y ganar Sus bendiciones, muy frecuentemente tuvieron que perder cosas antes de que pudieran recibir algo mejor.

Abrahán tuvo que dejar su país y su familia a fin de poder recibir una gran bendición de parte de Dios. Más aún, que él y su esposa Sara, tuvieron que perder el privilegio de tener un hijo en su juventud, a fin de poder recibir el milagro de tener un hijo durante su vejez. Este retraso fue el resultado del propósito de Dios, y nunca una falta de fe. José aparentemente tuvo que perderlo todo: la experiencia del favor y bendición de su padre, el hogar de su niñez, y la herencia de su familia—como consecuencia de que sus hermanos lo vendieron a la esclavitud. Entonces, él fue acusado falsamente y olvidado en la cárcel durante varios años, antes de que él pudiera ser promovido a la posición del segundo hombre en poder, y mano derecha del faraón en Egipto. De forma similar, los cambios y las transiciones que llegan a nuestra vida son parte del proceso, y debemos aferrarnos firmemente a la naturaleza y a los propósitos de Dios en medio de ellos, para que podamos llegar a salvo al destino que Dios ha preparado para nosotros. Muchas gentes han perdido sus recompensas, debido que han cuestionado el amor de Dios o incluso su propia fe.

La vida no ha sido hecha para que siempre continúe de la manera en que estamos acostumbrados. Fue hecha para convertirse en aquello que viene a continuación.

De nuevo, la vida no ha sido hecha para que siga en el mismo camino donde siempre ha estado. Esta supuesta a convertirse en la forma que va a tomar *a continuación.* Por lo tanto, necesitamos hacer nuestro mejor esfuerzo para aprender los propósitos que Dios tiene para nosotros, y pedirle que nos guíe, para que podamos discernir qué es lo que viene a continuación. De esta manera, no nos vamos a sentir sobrecargados por el presente, en nuestra camino hacia el futuro. Para nosotros, la vida es impredecible. Para Dios, la vida siempre se está moviendo hacia adelante con dirección al cumplimiento de Sus supremas promesas.

El hecho de preparar nuestro corazón y nuestra mente para cualquier eventualidad que pueda acontecer nos va a ayudar a quitar el dolor que viene implicado con el cambio. Y debemos recordar que Dios está con nosotros en todos los cambios que lleguemos a experimentar. Él nos prepara para el cambio, y Dios nunca es sorprendido por él. Por ejemplo, todos nosotros sabemos que la muerte es inevitable. Éste es el cambio criticó más supremo que podemos experimentar. Pero Jesús ya ha conquistado la muerte por nosotros. Mientras que Jesús estaba en la tierra, Él sabía que Su muerte a favor de nosotros se aproximaba, y Él se preparó a Si Mismo para ello. En ese sentido, Jesús conquistó a la muerte aún antes de que Él llegara a morir. La batalla fue ganada en Su mente y en Su corazón cuando Él le dijo a Dios el Padre, *"no sea hecha mi voluntad, sino la tuya"* (Lucas 22:42). Y por lo tanto, las Santas Escrituras dicen, *"¿Dónde está, oh muerte, tu victoria? ¿Dónde, oh sepulcro, tu aguijón?"* (1ª Corintios 15:55). Todos sabemos que la muerte todavía existe en el tiempo presente. Pero es como un avispón que ha perdido su aguijón. Aunque todos tenemos que morir, Jesús ya ha hecho provisión para ese cambio. El fue delante de nosotros a la muerte, y nosotros debemos seguirlo hacia la resurrección, si es que acaso confiamos en Él. Y por lo tanto, podemos vivir con el entendimiento de que debemos prepararnos para el inevitable suceso de la muerte, mientras que al mismo tiempo tenemos la esperanza eterna e inmutable de la resurrección con Cristo Jesús.

Dios quiere que todos nosotros vivamos con un claro entendimiento de la naturaleza del cambio en nuestra vida, para que podamos deshacernos del estrés y la tensión nerviosa que tienen que ver con el hecho de luchar en contra de ello. De nuevo, todo en esta vida tiene una temporada; nada es permanente—excepto Dios y Sus promesas. Esta declaración va en dos sentidos. No son solamente las "buenas cosas" las que son temporales. Cualquier dificultad que tú estás atravesando en este momento también es temporal. Todo aquello que te está sucediendo no va a durar para siempre.

Dios está haciendo "una cosa nueva"

Nuestro Dios Creador sabe que algunas veces es muy difícil que nosotros podamos aceptar los cambios que Él está obrando en nuestra vida. El sabe que muy frecuentemente nosotros tenemos la expectativa de que las cosas permanezcan iguales, y que también nos acostumbramos a que el trabaje en nuestra vida de cierta manera solamente. Por lo tanto, Dios nos da cierta motivación a través del libro del profeta Isaías: "*No recordéis las cosas anteriores, ni consideréis las cosas del pasado. He aquí, hago algo nuevo, ahora acontece; ¿no lo percibís?*" (Isaías 43:18–19). El término en esta Escritura "he aquí" se refiere a observar. Algunas veces no podemos reconocer lo que está sucediendo alrededor de nosotros o en nosotros, o incluso dentro de nosotros. Dios dice, "abre tus ojos y estudia todo el medio ambiente que te rodea. ¿Qué es lo que puedes percibir?"

¿Acaso puedes percibir las cosas nuevas que Dios está haciendo en tu vida? Debes mantenerte en contacto con Dios a través de la oración, y por medio de leer la Palabra de Dios para que no te sobrecargues por medio del cambio que sucede en tu vida. Mantente cerca de Dios, debido a que el carácter de Dios nunca cambia. David, el rey de la post guerra escribió lo siguiente, "*Por*

> *¿Acaso puedes percibir las cosas nuevas que Dios está haciendo en tu vida?*

tanto, no temeremos aunque la tierra sufra cambios, y aunque los montes se deslicen al fondo de los mares" (Salmo 46:2). ¿Cómo es que él podía decir esto? Porque él confiaba en Dios como su *"Torre Fuerte"* (Salmo 61:3) y su *"Roca"* (Salmo 18:2).

¿Acaso el Dios Creador es tu constante?

¿Acaso tú conoces quién es "tu Constante"? Tú debes depender en Aquel que es Inmutable, en medio de todo tiempo de cambio, para poder mantenerte estable durante los tiempos de transición y de prueba. De nuevo, debes buscar entender e interpretar los cambios en tu vida, de tal manera que no puedan sacudirte. Al contrario, debes usarlos para impulsarte hacia adelante en los propósitos que Dios tiene para tu vida. Tú tal vez llegues a experimentar cierto tiempo cuando haya tantos cambios en tu vida que vas a comenzar a preguntarte a ti mismo, *¿acaso Dios está en contra de mi?* Éste es el momento dónde tienes que recordar que Dios permite que venga el cambio, a fin de que Sus propósitos se lleguen a completar y a cumplir en nosotros, y a través de nosotros. Estos principios vitales del cambio te van a ayudar a poder ver que:

1. Nada es permanente, excepto Dios y todas Sus promesas.

2. El carácter y la naturaleza de Dios son inmutables.

3. Dios nos promete que nada en esta tierra es permanente.

4. Dios usa los cambios para hacer cumplir Sus propósitos en nuestra vida.

El eterno Dios es tu refugio, y debajo están los brazos eternos.
—Deuteronomio 33:27

La naturaleza y las características
de los tiempos
El cambio se encuentra intrínseco dentro de la creación misma

La única certeza que nunca cambia es el hecho de que nada
es cierto y nada es inmutable.
—John F. Kennedy

Dios no sólo es inmutable, sino que también es Eterno. Las Escrituras registran que el patriarca Abraham *"invocó el nombre del Señor, el Eterno Dios"* (Génesis 21:33). La eternidad no se encuentra gobernada por el tiempo. Dios existe afuera del tiempo, aunque Dios interactúa con los seres humanos y con los asuntos que tienen que ver con ellos dentro del ámbito del tiempo.

Nuestras funciones terrenales tienen que ver con el tiempo debido a que Dios lo creó de esta manera. El propósito del tiempo se encuentra declarado muy claramente en el relato bíblico de la creación del mundo por parte de Dios: *"Entonces dijo Dios: Haya lumbreras en la expansión de los cielos para separar el día de la noche, **y sean para señales y para estaciones y para días y para años**"* (Génesis 1:14, se añadió énfasis). El término *"estaciones"* denota cambio. El sol y muchas otras estrellas en el cielo sirven como signos para marcar estaciones, así como días y años. Esta es la razón de que medimos los días y las noches, los cuales se convierten en meses, y estos se convierten en años, y asimismo en décadas, los cuales se convierten en siglos y éstos a su vez en milenios.

En esencia, la creación del tiempo fue la fuente original del cambio en nuestro mundo. Algunos de los cambios que experimentamos hoy en día son resultado de actos malignos perpetrados por otras personas. El pecado entró al mundo cuando la humanidad se rebeló en contra de Dios y quiso hacer las cosas a su propia manera. Pero el cambio en sí mismo no es un resultado de la caída de la humanidad. El cambio ha sido construido como parte integral de la creación.

El cambio y las estaciones o temporadas

El tiempo produce cambio, y todo lo que existe y funciona dentro del tiempo, inevitablemente va a tener que experimentar cambios. El rey Salomón declaró en uno de sus libros de sabiduría lo siguiente,

Hay un tiempo señalado para todo, y hay un tiempo para cada suceso bajo el cielo.   (Eclesiastés 3:1)

Estas palabras capturan el espíritu del cambio que se encuentra inherente en el tiempo: todo lo que existe es "temporal", o por decirlo de otra manera, funciona en un marco de tiempo ilimitado. Estas mismas palabras también llegan a comunicar los siguientes principios, que son el fundamento de todo lo que hemos estado discutiendo. En los primeros cinco capítulos, pudimos ver los efectos del cambio, pero en estos principios no se explican las razones de *por qué* el cambio es un factor inevitable en nuestra vida.

1. Todo aquello que ha sido creado—todo aquello que se encuentra debajo del medio ambiente invisible y eterno de Dios—existe en el tiempo.

2. Todo lo que existe en el tiempo tiene un propósito, y cada uno de estos propósitos tiene una estación o temporada para su cumplimiento.

3. Los propósitos y las actividades de Dios dentro del tiempo han sido designados para cumplirse en estaciones o temporadas, lo cual en sí mismo requiere un cambio.

Debido a que vivimos en un mundo que está siendo gobernado por el tiempo, tenemos que vivir de acuerdo a estaciones o temporadas, y nuestras vidas se encuentran sujetas al cambio. El cambio es la esencia de las experiencias de la vida.

Cuando era joven, pude llegar a entender las funciones de las estaciones o temporadas—ya sean físicas, personales, espirituales, o de cualquier otro tipo—y mi actitud hacia la vida fue completamente transformada. Esto sucedió a medida que yo me encontraba leyendo y meditando acerca de la declaración que hizo Salomón, y que acabamos de leer anteriormente: *"Hay un tiempo señalado para todo, y hay un tiempo para cada suceso bajo el cielo"* (Eclesiastés 3:1).

El grupo musical The Byrds usó estas mismas palabras de Salomón en una de sus canciones, "¡voltea, voltea, voltea!" Mucha gente ha podido escuchar esta canción e incluso han cantado la letra de la misma—pero no tiene sentido alguno porque ellos no pueden entender su significado verdaderamente. Para ellos esto es solamente una tonada pegajosa que tiene una letra muy fácil de cantar. Sin embargo, yo creo que si hubiera más gente que en verdad se pudiera dar cuenta de lo que estas palabras significan, entonces habría un menor número de casos de autodestrucción a través del suicidio, el alcoholismo, las drogas, la pornografía y muchos otros medios de escape que la gente usa para salirse de las dificultades de la vida. Si *sabemos* que todo en esta vida tiene una estación o una temporada—y yo creo que esto tiene que ser una revelación individual para cada persona—entonces, vamos a poder ser liberados de la presión que implica el hecho de tratar de mantener todo en la forma que siempre ha sido. Va a quitar parte del impacto de nuestra vida, cuando lleguemos a experimentar situaciones que de otra manera nos hubieran llevado a albergar dolor, desilusión y temores. La persona común y corriente sigue esperando que la vida sea solamente un largo verano. A la gente se le olvida que la vida trae inviernos, así como otoños y primaveras también.

Las estaciones o temporadas personales y espirituales en nuestra vida, han sido diseñadas a fin de movernos hacia adelante en los propósitos de Dios.

Yo miro a las estaciones o temporadas como las promesas de Dios para el cambio. En primer lugar, las estaciones físicas fueron creadas por Dios para marcar el tiempo y para recordarnos aquí en la tierra que la vida se encuentra llena de cambios. En segundo lugar, las temporadas o estaciones personales y espirituales en nuestra vida han sido designadas para movernos hacia adelante en los propósitos que Dios ha puesto para nuestra vida. Las estaciones o temporadas nos traen esperanza y la seguridad de un progreso.

Vamos a mirar con mucho más detalle lo que la Palabra de Dios enseña acerca de las estaciones o temporadas, de tal manera que podamos aplicar en forma más completa los principios del cambio en nuestra vida. La palabra estación muy frecuentemente está usada para definir un cambio que no es un evento a corto plazo, sino al contrario, que implica un período largo de tiempo de transición.

La promesa del cambio

En varios lugares en la Palabra de Dios, Dios El Creador promete la existencia de estaciones o temporadas. Estos pasajes nos enseñan mucho más cerca de los caminos de Dios y la naturaleza del cambio. Vamos a explorar algunos de ellos.

El tiempo de la siembra y de la cosecha

"Mientras la tierra permanezca, la siembra y la siega, el frío y el calor, el verano y el invierno, el día y la noche, nunca cesarán" (Génesis 8:22). Este pasaje nos asegura que *"mientras la tierra permanezca"*, las estaciones o temporadas van a existir. Y dado que todos nos encontramos aquí todavía, viviendo en esta tierra, necesitamos establecernos dentro del patrón que Dios ha creado para este mundo, sabiendo que vamos experimentar temporadas o estaciones de cambio.

Algunos de ustedes se encuentran en medio de la temporada de "la siembra". Tú estás en un período donde tú estás invirtiendo tu persona en ciertos aspectos de tu vida. Tú no te encuentras en un lugar donde tú estás teniendo resultados visibles debido a que todavía estás en el tiempo de estar plantando o sembrando. Espera un poco de tiempo. La cosecha se acerca. O tal vez en la actualidad tú te encuentras experimentando "la cosecha". Todo aquello en lo que tú has trabajado y todo aquello que tú necesitas se encuentra fluyendo abundantemente. Disfruta la cosecha. Al mismo tiempo, prepárate para el término de esta temporada o estación, cuando tú vas a pasar por la transición hacia un nuevo periodo de volver a sembrar semillas.

Algunos de ustedes se encuentran en la estación o temporada "de invierno", y por lo tanto la promesa del cambio suena especialmente buena para ustedes. Tú no puedes esperar a que la nieve se derrita y que el pasto se torne verde en tu vida otra vez. Otros de ustedes se encuentran en medio "del verano" en este mismo momento; las cosas van muy bien, y tú tienes muy pocas preocupaciones. Cuando nos encontramos en medio del verano, podemos tener la tendencia a despreciar a todos aquellos que se encuentran pasando por el invierno, olvidándonos de nuestros propios inviernos pasados, o del hecho de que van a existir otros inviernos que tarde o temprano llegarán a nuestra vida. Esta es la razón de por qué, tal y como lo mencioné anteriormente, las estaciones o temporadas son el más grande marcador del empate. Algunos de nosotros muy probablemente vamos a permanecer más tiempo en ciertas estaciones o temporadas que otros, pero en algún punto, nuestras estaciones o temporadas van a cambiar. Vamos a aprender a reconocer cada estación y la forma como la gente las experimenta, de tal manera que podamos obtener entendimiento en nuestro corazón hacia los demás.

Algunos de ustedes se encuentran en la temporada de "la noche" en este momento. La vida parece algo muy confuso o incluso sin esperanza alguna. Parece que tú no puedes ver muy lejos hacia el futuro, y que todo aquello que tu vez se encuentra en tinieblas. Dios te asegura lo siguiente, "si, la noche es parte de lo que tú tienes que experimentar, pero debes recordar que después de cada noche, llega el día". *"El llanto puede durar toda la noche, pero a la mañana vendrá el grito de alegría"* (Salmo 30:5).

La gente que llega a entender los principios del cambio puede manejar las estaciones de transición sin tener que titubear en sus propósitos, debido a que ellos conocen a Aquel que es Inmutable. Ellos pueden entender que hasta en tanto ellos pongan su fe en Dios, ellos también, van a poder permanecer firmes y seguros.

En esencia, Dios nos está diciendo a través de las Escrituras, "Cálmate. Si en este momento la noche está sobre tu vida, no te llenes de pánico. El día ya viene. Y si se siente como que el invierno en tus finanzas o en tu matrimonio está azotando tu vida, recuerda que la primavera está por llegar". Algunas veces tenemos la tendencia a recordar sólo ciertas promesas de Dios, tales como "Yo te bendeciré" y "Yo te sanaré". Sí, Dios nos va a bendecir, pero también Él dice que vamos a tener que experimentar la noche. Dios nos va a sanar, pero también vamos a tener que atravesar tiempos de invierno.

Para todo lo que existe hay una estación o temporada

Vamos a regresar a una de las declaraciones del rey Salomón que es mi favorita, la cual refuerza el mensaje del pasaje anterior que vimos el libro de Génesis: "*Hay un tiempo señalado para todo, y hay un tiempo para cada suceso bajo el cielo*" (Eclesiastés 3:1). Podemos leer esto esta manera, "para todo hay una temporada o estación, y para todo propósito, existe su tiempo".

El cambio nos mueve más cerca de las promesas de Dios para nuestra vida— si es que lo permitimos así.

Entiendo que esta declaración significa lo siguiente, "para todo lo que existe, hay una *sola* temporada". Debido a que todo tiene su tiempo, entonces las cosas no van a durar tanto como nosotros necesariamente pensábamos que iban a durar. Si esperamos el tiempo suficiente, las cosas van a volver a cambiar. El cambio nos mueve más cerca de los propósitos que Dios tiene para nuestra vida—si es que permitimos esto.

Vamos a volver a mirar al ejemplo que vimos anteriormente acerca del trabajo. Existe un tiempo cuando tú tienes que estar trabajando en el trabajo en que te encuentras actualmente. En tu mente, ésta parece ser la carrera de toda tu vida. Pero Dios Creador tal vez está diciendo, "Tú no sabes cuánto tiempo va a durar esta estación o temporada". Cuando llegue el tiempo de dejar esa compañía, tal vez la empresa va a realizar un despido en masa, se va a reducir el tamaño, o incluso va a despedir a ciertas personas, pero Dios llama a todo esto "ir hacia adelante". La perspectiva que tú vas a llegar a tener, tal vez va a depender en la forma en que tú puedas entender la vida y la naturaleza del cambio.

De nuevo, debemos establecer la verdad en nuestra mente y nuestro corazón acerca de que todo en esta vida es temporal y para una sola estación. Debemos dejar de estar mirando a esta vida desde un solo punto de vista. Por ejemplo, algunos de ustedes solían ser gerentes y ejecutivos en varias corporaciones; cada uno de ustedes tenía su lugar de estacionamiento privado cerca de la puerta principal. Tú nunca tenías que interactuar con los empleados que usaban el autobús y que llegaban a su trabajo a través de la entrada de la bodega. Ahora, tú fuiste despedido o perdiste tu trabajo, y ahora eres tú quien te encuentras tomando el autobús para ir a trabajar. Debes darle gracias a Dios por aquello que tú tienes en este momento. Debido a que nada es permanente. Debes aprender a ser agradecido cuando tienes solamente poquitas cosas. Tienes que permanecer humilde. No importa lo que sucede en tu vida, debes luchar para que tu actitud sea la siguiente, "gracias Dios por todo lo que tengo". Entonces, debes esperar pacientemente hasta que tu temporada o la estación por la cual estás pasando cambie y se convierta en tiempos que sean mejores.

Los tiempos, las estaciones, y los gobernadores

"Daniel habló, y dijo: Sea el nombre de Dios bendito por los siglos de los siglos, porque la sabiduría y el poder son de Él. Él es quien cambia los tiempos y las edades; quita reyes y pone reyes; da sabiduría a los sabios, y conocimiento a los entendidos" (Daniel 2:20–21). Dios *cambia* los tiempos y las estaciones. Yo no solo tomo esto en forma literal, sino también en forma figurativa. Dios está a cargo de todo el universo, y Él está obrando en la vida de hombres y mujeres, a fin de que se cumplan Sus propósitos divinos. Si Él quiere crear una nueva oleada en la ruta y en el flujo de la historia humana, Él acabará por hacerlo. Si Él decide cambiar el liderazgo de una nación, Él acabará por hacerlo. Por lo tanto, todo lo que la Biblia dice acerca del cambio, es mucho más importante que lo que dicen los noticieros diariamente, debido a que Dios es quien se encuentra en absoluto control. Nunca debemos poner nuestra confianza en ninguna persona—o en ninguna cosa—sino en Dios.

Las lluvias de bendición en la estación o temporada

"Y haré de ellos y de los alrededores de mi collado una bendición. Haré descender lluvias a su tiempo; serán lluvias de bendición" (Ezequiel 34:26). Debes notar que *"las lluvias de bendición"* vienen en temporadas o estaciones. Debemos poder entender que cuando las bendiciones están comenzando a llegar, ésta no va a ser una condición permanente. Cuando las lluvias de bendición se detienen, ¿acaso tú vida va a permanecer intacta? ¿O acaso tú vas a pensar que Dios ya no está interesado en ti? Podemos llegar a tener la tendencia a pensar que Dios nos ha olvidado, pero lo único que está sucediendo es que estamos pasando por una temporada o estación.

Mientras que yo era un adolescente, me encontraba leyendo la sabiduría del rey Salomón, y yo era ya un joven cuando llegué a leer el primer versículo anterior. Mis padres me habían enseñado a mí, tanto como a mis hermanos y hermanas, la forma para poder leer la Biblia y memorizar los pasajes de las Escrituras. Uno de los primeros capítulos de la Biblia que nos hicieron memorizar fue el Salmo uno, el cual incluye los siguientes versículos:

¡Cuan bienaventurado es el hombre que no anda en el consejo de los impíos, ni se detiene en el camino de los pecadores, ni se sienta en la silla de los escarnecedores, sino que en la ley del Señor está su deleite, y en su ley medita de día y de noche! Será como árbol firmemente plantado junto a corrientes de agua, que da su fruto a su tiempo, y su hoja no se marchita; en todo lo que hace, prospera. (Salmo 1:1–3)

"A su tiempo". De la misma forma como va a haber lluvias en una estación o temporada, también va a haber temporadas o estaciones donde se tiene que llevar mucho fruto. Tal y como lo discutimos anteriormente, tal vez has estado trabajando muy duro pero no has visto ningún tipo de resultados. Esto solamente es una parte normal de la estación o temporada. Tú vas a poder traer mucho fruto en el tiempo correcto.

"Cuya hoja no cae". Las hojas tienen una importante función, incluso siendo que ellas en sí mismas no son el fruto. Las hojas son la señal de que el árbol se encuentra vivo y saludable, y que es capaz de dar fruto. Si tu vida en el presente se encuentra manifestando "hojas", esto significa que tus "raíces", o tu fe, todavía está fundamentada con buenas raíces. Tú estás tomando agua viva directamente de Dios tu Creador, lo cual te va a permitir llevar buen fruto en el futuro. Este es el tiempo para confiar en Dios, para planear fuertemente, y para trabajar en forma muy diligente. Muy pronto, va a llegar una temporada o estación cuando tú puedas "alimentar" a otros a través del fruto que tú estás llevando.

"Todo lo que haga prosperará". Esta es la temporada o estación de la cosecha—es un tiempo de abundante prosperidad y de llevar mucho fruto. Todos vamos a ser bendecidos *"en nuestro tiempo"*.

El significado de las estaciones y los tiempos

Las siguientes descripciones nos resumen el significado de las estaciones y tiempos:

+ *Los cambios en las condiciones temporales:* los ritmos naturales existen alrededor de todos nosotros. Existen estaciones en la naturaleza, las cuales tienen sus cambios correspondientes en el clima, y de la misma manera, existen estaciones o temporadas en nuestros cuerpos. Existen temporadas y estaciones en nuestra vida personal, existen temporadas dentro de las oleadas de cambio de la historia de la humanidad. La naturaleza misma de las estaciones implica cambio. Las estaciones indican la naturaleza no permanente de las condiciones en el tiempo, y nos aseguran que nada permanece igual.

+ *La transición y la convergencia:* el cambio en las estaciones denota transiciones en el tiempo, así como puntos de convergencia donde dos estaciones se llegan a encontrar.

+ *Diferencias:* las estaciones involucran el reemplazo de un medio ambiente o condición, con otro diferente al anterior.

+ *Período de tiempo:* la realidad de las estaciones sugiere que las condiciones presentes existen dentro de los parámetros de un lapso de tiempo finito.

Características inherentes de las estaciones ordenadas por Dios

Finalmente, si vamos a ser capaces de supervisar el cambio en esta vida personal, así como ser capaces de penetrar en el cambio que Dios está orquestado a larga escala en el mundo, debemos llegar a reconocer las siguientes características inherentes de las estaciones ordenadas por Dios.

Las estaciones generacionales son naturales

Yo creo que cuando una generación de gente experimenta una temporada o estación nueva en la sociedad o en forma espiritual (estas dos pueden estar conectadas), esto es un cumplimiento natural del avance del propósito de Dios en el mundo. Debido a que estos cambios se producen en lo natural, los efectos se sienten primeramente en el corazón de la gente, y entonces esto puede ser reflejado en las acciones de la gente. Por ejemplo, en la introducción yo estoy hablando acerca de lo que yo veía en el cambio actual del mundo entero, transfiriendo la atención de las naciones industrializadas hacia los países del tercer mundo y todas las gentes oprimidas. Este cambio comenzó alrededor de todo el mundo al mismo tiempo. El

Espíritu Santo de Dios comenzó a preparar a la gente en el tercer mundo para las posiciones de liderazgo en este siglo veintiuno. Yo he podido visitar más de cincuenta naciones, y he descubierto el mismo tipo de fenómeno— un repentino sentido de confianza, de destino, y de responsabilidad, así como liderazgo en el corazón de miles de héroes olvidados. Voy a discutir esta tendencia con mucho mayor detalle en el siguiente capítulo.

Al mismo tiempo, he podido descubrir un cambio en el corazón de muchos líderes de naciones industrializadas, quienes han llevado las riendas de liderazgo, de influencia, y de autoridad por décadas. Muchos de ellos han llegado a admitir que sienten que se está llevando a cabo este cambio en responsabilidad, e incluso han llegado a anunciarlo en forma pública.

Las estaciones o temporadas ordenadas por Dios no pueden ser detenidas, ni resistidas, ni controladas

El hecho de reconocer que las estaciones ordenadas por Dios no pueden ser resistidas es vital a fin de que podamos responder ante ellas. Nada puede detener una temporada o estación que ha sido ordenada en forma divina. El poder que impulsa este tipo de estaciones va mucho más allá de nuestro entendimiento y comprensión. Incluso aunque Dios nos ha creado a cada uno de nosotros con un libre albedrío, aún así seguimos estando sujetos a la voluntad divina de Dios y a los propósitos que Él tiene para este mundo. Algunos han tratado de dirigir o controlar algún mover providencial de Dios. Otros han tratado de tomar crédito por ello, e incluso, han tratado de etiquetar estos movimientos como un logro personal. Pero Dios Creador no va a permitir que esto suceda. La nueva temporada o estación de Dios no va a ser controlada. Tampoco va a constituirse en el trofeo de ningún grupo o, individuo, u organización. Porque éste es el cambio que viene directamente de Dios.

Muchos son los planes en el corazón del hombre, mas el consejo del Señor permanecerá.   (Proverbios 19:21)

No importa cuáles sean nuestros deseos o actitudes personales, nunca podemos llegar a controlar el desenvolvimiento de una estación o temporada de destino divino. De la misma manera que no podemos detener al invierno llegando después del otoño, tampoco podemos impedir los propósitos de una temporada o estación de Dios, sin importar que tanto nos elogiemos por ello o hagamos planes para esto. El cambio es inevitable. El cambio ha llegado en el tiempo de su cumplimiento. El comienzo y el final de una temporada o estación no son determinados por el hombre sino por la agenda soberana de Dios.

Si el Señor de los ejércitos lo ha determinado, ¿quién puede frustrarlo? Y en cuanto a su mano extendida, ¿quién puede volverla atrás?

(Isaías 14:27)

Las estaciones enviadas por Dios no consideran el estado humano

Hay gentes que se oponen a una nueva estación o temporada de Dios, y estas gentes puede ser muy inteligentes o muy poderosas ante los ojos del mundo, tales como un abogado muy famoso, un hombre de negocios que es multimillonario, un pastor conocido a nivel nacional, un científico ganador del Premio Nobel, un autor ganador del premio Pulitzer, el líder de una nación, o un banquero internacional. Pero las estaciones enviadas por Dios no consideran el estado humano. No van a ser impresionadas por posiciones, títulos o realizaciones humanas. Al contrario, ellas requieren de la aceptación y de la cooperación, para que se realice "la cosa nueva" que Dios está obrando.

Algunas gentes contemplan sus posiciones presentes e incluso sienten que sus convicciones están siendo amenazadas por una nueva temporada o estación que ha sido ordenada por Dios. Ellos quieren dictar y manipular la soberana voluntad de Dios. Por consecuencia, ellos tal vez quieren predecir "movimientos de Dios" que son contrarios a lo que Dios realmente está haciendo dentro de una nación o alrededor del mundo. Pero, otra vez, estas estaciones son controladas por Dios, y ellas no requieren del permiso de ningún grupo de líderes distinguidos, poderosos, a fin de iniciarse. Todos nosotros somos solamente jugadores que nos encontramos en una muy breve porción de la historia. Como tales, deberíamos dedicarnos a cumplir las funciones que Dios nos ha dado dentro de nuestra generación, la cual se está desvaneciendo muy

Deberíamos dedicarnos a cumplir la función que Dios nos ha dado para nuestra generación.

rápidamente. Debemos darnos cuenta que el término de una estación, y la llegada de una temporada nueva no requieren de nuestra bendición; ellas contienen su propia bendición.

Sin embargo, también tenemos que darnos cuenta que el comienzo de una nueva estación o generación no niega las funciones que hemos jugado en nuestras propias estaciones o generaciones, y bajo la dirección de Dios. *"Porque Dios no es injusto como para olvidarse de vuestra obra y del amor que habéis mostrado hacia su nombre, habiendo servido, y sirviendo aún, a los santos"* (Hebreos 6:10).

Moisés fue honrado, y de la misma manera lo fue su sucesor Josué.

Elías fue honrado, y de la misma manera lo fue su sucesor Eliseo.

Pablo fue honrado, y de la misma manera lo fue su *"verdadero hijo en la fe"*, Timoteo (1ª Timoteo 1:2). No hemos sido "olvidados" por Dios—a menos que actuemos activamente en contra de Él. Vamos a recibir nuestra recompensa en la medida en que seamos fieles para seguir los propósitos de Dios en nuestros tiempos de cambio.

Cada nueva generación crece desde los sobrantes del pasado. Esta es la esencia del cambio, y el cambio es la ley fundamental.
—Hal Borland, periodista y autor

LAS OLAS DE CAMBIO ALREDEDOR DE TODO EL MUNDO
Díez áreas que están convergiendo para transformar nuestro mundo

Dondequiera que nos encontremos, esto solamente es una parada en el camino hacia algún otro lugar, y cualquier cosa que estemos haciendo, sin importar que tan bien la hagamos, es solamente preparación para hacer otra cosa que va a ser completamente diferente.
—Robert Louis Stevenson, autor

Yo escribí en el prefacio de este libro, que estamos viviendo en un tiempo donde existe una convergencia de cambios en el mundo entero, lo cual está creando una oleada de transición en la historia de la humanidad. Yo he definido el término *convergencia histórica* como un período estratégico de la historia, donde ocurren grandes eventos, los cuales traen con ellos transformaciones trascendentales en las condiciones sociales, económicas, políticas, y espirituales.

Los tiempos de cambio ocurren periódicamente en las sociedades. Éstos a su vez llevan, por ejemplo, a cambios en la forma en que funcionan los gobiernos o las economías. Pero una convergencia histórica va mucho más profundo, y mucho más amplio que estos parámetros. Las oleadas de transición incorporan tendencias que se han estado edificando y manifestando por algún tiempo, y que están trayendo una transformación muy importante al mundo, por lo menos en la forma como ha sido conocido hasta este punto.

El progreso generacional de la raza humana

Anteriormente, yo escuché acerca de la relación que existe entre el propósito, los tiempos, y las estaciones o temporadas. El mundo de cambio que estamos experimentando hoy en día, puede ser entendido bajo el contexto del desarrollo de la suprema voluntad de Dios para la tierra. Yo creo que existe un orden providencial en el progreso generacional de la raza humana. El hecho de poder entender los principios y beneficios del cambio, especialmente con relación a las temporadas y los tiempos es crítico, para que seamos capaces de interpretar las actividades de Dios en nuestra generación.

Algunos de los cambios que estamos experimentando alrededor del mundo han sido motivados por los diseños de hombres malvados, y esto ha involucrado mucho dolor en la vida de las gentes. Por lo tanto, es muy importante que podamos entender que, cuando Dios está obrando Sus propósitos, Él no está *causando* esta maldad. Al contrario, Dios *usa* todas las cosas—tanto lo bueno, como lo malo—con el propósito de mover al mundo hacia Su supremo propósito. Esta es la razón de que José pudo decirle a sus hermanos, quienes lo vendieron a la esclavitud, e incluso a su propio padre, que él se encontraba muerto, *"Pero José les dijo: No temáis, ¿acaso estoy yo en lugar de Dios? Vosotros pensasteis hacerme mal, pero Dios lo tornó en bien para que sucediera como vemos hoy, y se preservara la vida de mucha gente"* (Génesis 50:19–20).

Continuación de tendencias

En este capítulo, vamos a estudiar diez áreas de definición de la vida que están convergiendo, para traer una oleada de transición en la historia de la humanidad. El hecho de responder solamente, en lugar de reaccionar ante estos cambios tan trascendentales es crucial para nosotros, sin importar donde vivamos en el globo terráqueo, a fin de poder cosechar los beneficios de ellos, y poder cumplir los propósitos que Dios nos ha dado. Hace quince o veinte años, yo pude reconocer las señales de varias áreas de estos cambios, y comencé a hablar acerca de ellas en conferencias y muchos otros lados, a fin de ayudar a la gente para que pudieran prepararse para todo esto. Algunos de estos incluían la creciente influencia de China en el escenario mundial, y el crecimiento en el liderazgo de varios países del tercer mundo.

Antes de que veamos estas áreas específicas, vamos a revisar las esferas generales de la vida, donde todas estas transiciones están sucediendo, así como algunas de sus implicaciones.

Esferas de transición

1. *Transición generacional:* muchos fundadores y líderes de organizaciones, instituciones, ministerios religiosos y gobiernos muy influyentes están entrando al ocaso de sus vidas. Su partida está abriendo la brecha para el surgimiento y el ascenso de nuevos liderazgos, los cuales vienen de las generaciones más jóvenes.

Tal vez te encuentres en un punto en la vida, donde tú estás delegando el liderazgo de un cuerpo político, una organización comunitaria, un negocio, un ministerio o incluso una familia. O tal vez te encuentras en un lugar donde las riendas del liderazgo te acaban de ser entregadas. ¿Cómo es que vas a poder manejar este cambio? ¿Acaso te encuentras reaccionando o respondiendo ante este cambio? Tu respuesta ante la transición generacional es fundamental a fin de poder llevar hacia adelante la obra de Dios en el mundo.

2. *Transición política*: el balance internacional de poder está sufriendo un cambio de todo aquello que se conocía en las generaciones anteriores. El poder político global parece estarse moviendo del oeste hacia el este, y del norte hacia el sur. Un mundo que antes había estado dominado por la guerra fría y las amenazas de las superpotencias ha sido transformado en una nueva alineación de naciones, así como el surgimiento del terrorismo internacional. Los Estados Unidos de América ya no son considerados el policía más grande que tiene que ver en todos los asuntos del globo terráqueo. El creciente rol de las Naciones Unidas a través de la mediación de disputas internacionales, así como poniendo atención en las preocupaciones sociales, es parte de este nuevo mundo tan complicado y político al que estamos entrando. El surgimiento de una multiplicación de estados pequeños y más grandes para ser colocados en posiciones importantes en la ecuación de todo el mundo, también demanda que pongamos mucha atención a esto.

Tú tal vez vas a vivir en un país donde el poder político está declinando cuesta bajo o tomando una nueva forma. O tal vez ú estás viviendo en una nación que está tomando mayor influencia y poder en este mundo. Tal vez tu país todavía mantiene bastante peso dentro de la comunidad internacional, pero está luchando para poder tener algún tipo de reconocimiento. ¿Cómo vas a poder asimilar la atmósfera política del mundo de hoy en día, así como en el país en que vives? El hecho de buscar y tratar de entender el surgimiento de todo este mundo político, así como las formas en que Dios está obrando en todo este medio ambiente es algo crucial, a fin de que podamos convertirnos en participantes de los propósitos que Dios tiene en esta hora.

3. *Transición económica:* la economía a nivel internacional ha causado que las finanzas de las naciones de todo el mundo lleguen a estar entrelazadas en una forma mucho estrecha, más que en ningún otro tiempo en la historia de la humanidad. Los efectos económicos después del impacto del año 2008 con la crisis en el mercado de valores, y sus fluctuaciones continuas, la recesión internacional, y el crecimiento de los porcentajes de desempleo, han desestabilizado a las naciones y a los mercados en todo el mundo. La duración y el impacto total de estos factores todavía es algo que se desconoce completamente. La apertura de China en los ámbitos políticos y económicos, así como el levantamiento de economías en otros países asiáticos, así como en varios países de Sudamérica, Centroamérica y de naciones africanas, han contribuido a un medio ambiente de comercio mucho más complejo en todos los asuntos internacionales. Más aún, el terrorismo nacional e internacional tiene el potencial de desgastar y desestabilizar la paz social y económica de las naciones.

¿Cómo es que tú vas a poder relacionarte con la realidad económica del mundo de hoy en día? Mientras que algunas gentes están tratando de negar o de ignorar todo esto, el hecho de tratar de responder en forma sabia y constructiva, como fruto de que a final de cuentas tienes tu confianza puesta en Dios para tu provisión, te va a capacitar para que puedas beneficiarte durante estos tiempos de incertidumbre y de economía tan compleja.

4. *Transición religiosa:* las naciones que por mucho tiempo han sido consideradas como fuertes fortalezas cristianas han visto un descenso en la afiliación y asistencia a las iglesias. La expansión de las religiones orientales y místicas, tales como el hinduismo y el budismo, y el levantamiento del islam, son componentes importantes en esta nueva ecuación. La migración de gentes de África, del oriente, y del Medio del Oriente hacia las naciones

europeas y hacia los Estados Unidos de América es algo que también está contribuyendo a este clima de cambios. ¿Acaso tú cuentas con una perspectiva realista acerca de los cambios en las afiliaciones religiosas y el crecimiento de las religiones en el mundo? El hecho de poder conocer todos estos factores te va a capacitar para que puedas entender el estado en que se encuentra el mundo de hoy en día, y te va a dar la visión correcta de la naturaleza de algunos de estos cambios culturales, y de las luchas que se están llevando a cabo. Este conocimiento es vital para poder tener una perspectiva bien informada del mundo y de la función que tú juegas en todo esto.

5. *Transición espiritual:* es necesario hacer una distinción entre la transición religiosa y la transición espiritual en el mundo, debido a que la transición espiritual involucra directamente la actividad divina, mientras que la transición religiosa puede ser el resultado de simple actividad humana. La transición espiritual parece estarse efectuando del norte hacia el sur, de los viejos a los jóvenes, de lo conocido hacia lo desconocido, y de lo esperado hacia lo inesperado.

Muchos países del tercer mundo están desarrollando sus propios líderes espirituales, así como ministerios muy efectivos. La iglesia en el mundo occidental necesita nuevas actitudes y posiciones que tienen que ver con su relación a la iglesia en el medio ambiente del tercer mundo. Los mayores avivamientos espirituales alrededor del mundo parecen estar siendo enfocados en las naciones que se encuentran en desarrollo, y esta tendencia parece ser algo continuo. Yo creo que Dios se está moviendo entre las naciones, produciendo "un sentimiento espiritual de nacionalismo". Por esto, yo quiero decir un sentido de responsabilidad para orar y trabajar hacia la salvación de sus propios pueblos y gentes.

Es vital contar con el conocimiento de la actividad del Espíritu Santo de Dios para que puedas tener participación con la obra divina en el corazón de hombres, mujeres, y niños alrededor de todo el mundo. ¿Acaso puedes entender las formas en que Dios está atrayendo gente a Sí Mismo en diferentes naciones? ¿Y acaso estás entendiendo lo que Dios está haciendo en tu propia nación?

6. *Transición social y cultural:* en los años recientes, la infraestructura social de muchas naciones ha sido transformada por el aumento en el acceso a la educación formal y a los programas educacionales de larga distancia,

la explosión de la era de la información, y la expansión de los medios para poder viajar. Estos factores han producido ciudadanos mucho mejor educados a nivel internacional. El individuo promedio del mundo hoy en día es mucho más sofisticado y tiene mucho más conocimiento acerca del mundo que el individuo promedio de hace cincuenta años.

Además de esto, la facilidad para la transportación global en nuestro mundo que se está encogiendo rápidamente, ha producido una población en el mundo con mucha mayor movilidad. Esta movilidad ha diluido la distinción y el aislamiento entre culturas y naciones en toda la tierra. La exportación de la cultura occidental a través de la televisión, las películas, el comercio internacional es algo que está cambiando familias y dinámicas sociales en todas las naciones. El mundo verdaderamente se ha convertido en "una gran ciudad".

¿Cómo es que vas a poder responder ante las transiciones sociales y culturales que se están llevando a cabo en el mundo hoy en día? ¿Acaso te encuentras cómodo interactuando con otras culturas? ¿Qué tanto sabes tú acerca de grupos de gente que son diferentes de ti—ya sea que se trate de tu propia nación o de alguna otra nación? A medida que tú buscas ser parte de los propósitos de Dios para el mundo de hoy en día, ¿acaso tú vas a ignorar o vas a aceptar la realidad del cambio cultural?

> *Dios nos va a dar la fuerza y la sabiduría en todos los cambios que tengamos que experimentar en nuestro mundo.*

Todas estas son algunas de las mayores esferas en la vida donde la transición se está llevando a cabo. Leer acerca de todo esto tal vez te emocione o te dé alguna esperanza. O tal vez te ponga muy nervioso y muy preocupado. Pero, aun en medio de los cambios que parecen muy confusos, incómodos, o incluso destructivos, podemos confiar que Dios va a estar trabajando en nosotros, y a través de nosotros. Tal y como Pablo escribió, *"Porque no nos ha dado Dios espíritu de cobardía, sino de poder, de amor y de dominio propio"* (2ª Timoteo 1:7).

Dios nos va a dar la fortaleza y la sabiduría en todos los cambios que tengamos que experimentar en nuestro mundo. Él nos va a capacitar para que podamos ser transformadores del mundo en medio de nuestro mundo cambiante.

Una convergencia histórica de las diez áreas principales de la vida

¿Cuáles son algunos de los aspectos que definen la vida, y que están convergiendo para transformar nuestro mundo en algo tan diferente de lo que era en el pasado reciente? A continuación vas encontrar las diez áreas principales de transformación, muchas de las cuales tú vas a poder reconocer como algo que tiene muy alta influencia y que caracteriza tu vida diaria.

Estas diez áreas son muy complejas, y por lo tanto todo lo que vas a leer a continuación son simplemente rasguños en la superficie acerca de lo que realmente está sucediendo. Existen muchos otros factores que están involucrados. Sin embargo, este resumen te va a poder dar una idea general del mundo en que estamos viviendo y del mundo que está surgiendo. También debemos mantener en mente que estas áreas muy frecuentemente se encuentran relacionadas entre sí. Por ejemplo, la globalización, comunicación, movilización, tecnología, y la transformación política, todas estas tienen un efecto en los cambios económicos.

Los tiempos en que estamos viviendo pueden ser resumidos como la era de...

1. Globalización
2. Información
3. Comunicación
4. Movilización
5. Diversificación cultural
6. Fusiones de empresas y redes de comercialización
7. Longevidad de vida
8. Tecnología
9. Transición política y religiosa
10. Transformación rápida

La era de la globalización

Por el término "la era de la globalización", me estoy refiriendo a los mercados económicos y a la competencia, así como el impacto social que tiene la economía internacional en la vida de las gentes.

Las economías en todo el mundo se encuentran en un estado de cambio, lo cual está produciendo repercusiones que van a ir mucho muy lejos. La crisis financiera del año 2008 y del año 2009 han apuntado y acelerado todo este cambio. Las implicaciones de largo tiempo que todo esto tiene, todavía no han podido ser determinadas. Lo que es abundantemente claro, es que la interdependencia económica ahora es una realidad en nuestro mundo. En adición a esto, estamos viendo un cambio de los mercados locales a los mercados nacionales, y de los mercados nacionales a los mercados mundiales.

Al mismo tiempo, el crecimiento de algunas naciones en desarrollo ha producido medio ambientes más fuertes económicamente para ellos, dando como resultado mercados de dinero mucho más fuertes. Este cambio en la economía también incluye una mejor administración de recursos, en aquellos países donde las habilidades efectivas de administración habían estado faltando durante muchos años. Sin embargo, la crisis financiera del año 2008 y del año 2009 está impactando negativamente el nivel de crecimiento en naciones en desarrollo tales como Nigeria, que es el más grande exportador de petróleo en el continente africano. De nuevo, todavía es muy temprano para poder decir la forma como todo esto va a impactar a estos países a largo plazo.

Yo recuerdo muy vivamente cuando la realidad de la globalización entró en mis sentidos por primera vez. Era un tiempo cuando los japoneses realmente estaban expandiendo sus mercados de comercio, y se estaban convirtiendo en personas muy ricas a medida que dominaban las exportaciones en todo el mundo. Yo me encontraba en Los Ángeles, California, para compartir una conferencia, y estaba viajando en un taxi. A medida que miré hacia arriba a todos estos rascacielos, le dije a mi chofer, "es un edificio hermosísimo", y él me dijo, "sí, no es nuestro". Yo dije, "¿qué es lo que tú quieres decir?" El dijo, "los japoneses acaban de comprarlo". *¿Los japoneses compararon ese edificio enorme justo en medio del centro de Los Ángeles?* Me puse a pensar.

Entonces, cuando tuve que viajar a la ciudad de Seattle, en el estado de Washington, llegué a notar otro rascacielos especialmente impresionante mientras que me encontraba viajando en otro taxi. Le dije al chofer, "es un edificio muy hermoso", y él me dijo, "los japoneses acaban de comprarlo". Tuve que ir a la ciudad de Omaha, en el estado de Nebraska a dar otra conferencia, y le hice un comentario acerca de los edificios que yo veía en ese lugar, al chofer que me estaba llevando. El dijo, "los japoneses acaban de comprarlo". Yo pensé, *los japoneses están comprando terrenos en los Estados Unidos. ¿Qué es lo que está sucediendo aquí?*

La adquisición por parte de extranjeros de terrenos en Estados Unidos de América tal vez sea algo que se mira mucho más común el día de hoy, pero al mismo tiempo, fue algo especialmente importante como el indicativo de una tendencia económica que estaba surgiendo. Ahora, China es el país que la gente está observando, a medida que crece económicamente, y que llega a ejercer mucho más influencia en todo el mundo.

¿Qué es lo que el término "la era de la globalización" significa para ti? Esto impacta los bienes que tu nación vende en los mercados de todo el mundo, y los bienes que tú compras a través del comercio internacional. Llega a afectar el equilibrio de comercio en el mundo entero, y las ganancias comerciales o las pérdidas que tu nación pueda sufrir. También puede llegar a impactar tu nivel de vida. Vamos a suponer que tú eres una persona de negocios que está acostumbrado a competir con la compañía que se encuentra del otro lado de la calle o del otro lado del estado. Ahora, tu tal vez te vas encontrar compitiendo por negocios con alguien que se encuentra del otro lado del mundo. ¿Acaso te encuentras preparado para poder responder a este cambio con estrategias y planes prácticos y efectivos?

¿Acaso te encuentras preparado para poder responder ante los cambios, con planes y estrategias prácticas y efectivas?

La era de la información

Desiderio Erasmo era un estudiante holandés que murió en el siglo XVI. En sus aproximadamente setenta años de vida, él tenía la reputación de haber sido la última persona capaz de haber leído todo (lo que todavía se encontraba preservado) que había sido escrito durante su vida. Después de esto, ¡la información registrada se convirtió en algo demasiado grande para que cualquiera pudiera competir con esta hazaña!

Pero hoy en día, existe mucha más información, cubriendo muchos más asuntos, y se encuentra disponible para mucha más gente que en ningún otro tiempo en la historia de la humanidad. Todo esto se encuentra accesible a través de libros (impresos y electrónicos), revistas, televisión, radio, colecciones en las bibliotecas, clases en DVD, programas de colegios y universidades, escuelas de negocios y de tecnología, clases comunitarias, discursos, programas de computación, la Internet, cursos y clases a través de la Internet, y la lista sigue y sigue. Esta es la era de las noticias veinticuatro horas al día y de un bombardeo total de información.

¿Qué es lo que el término "la era de la información" significa para ti? Por un lado, tú tienes una excelente oportunidad para poder educarte a ti mismo, y poder disfrutar una extensa variedad de conocimiento, noticias, las artes, y muchas otras cosas por el estilo. Por el otro lado, tú vas a necesitar mucho discernimiento. Por ejemplo, aunque una gran variedad de información está disponible a través de la Internet, no siempre puede ser verificada para asegurar que todo lo que dice es verdad y acertado. En adición a esto, con la cantidad de información que está llegando a nosotros cada día a través de toda esta variedad de fuentes de información, necesitamos aprender a filtrarla, o de otra manera va a ser muy fácil que esto se convierta en una muy grande distracción o en algo sumamente sobrecogedor para nosotros. El tiempo que normalmente necesitamos para enfocarnos en tareas importantes y proyectos que debemos ejecutar podría ser robado muy fácilmente por todas esas distracciones. Podríamos llegar a sentir una creciente demanda para que nosotros tengamos que responder a cada nueva noticia o cada crisis que se atraviesa en nuestro camino, siendo que la cantidad que puede ser manejada por una persona tiene un límite, si es que queremos poder manejar esto en forma efectiva. Como respuesta ante esta era de la información, diversidad de tareas y obtención de conocimiento, nuevo recursos, así como entretenimientos a través de diferentes medios de comunicación, la gente está dedicando sus vidas enteras a todo esto. A medida que esta tendencia continúa, los beneficios de poder llegar a cumplir un gran número de tareas van a necesitar ser equilibrados con la habilidad de poder enfocarse y explorar diferentes asuntos con mucho más detalle. La profundidad y la complejidad—a través de las cuales las perspectivas balanceadas y las soluciones posibles se pueden adquirir— muy frecuentemente se pierden en medio de toda esta era de la información.

La era de la comunicación

En la última década del siglo XVIII, se desarrolló el telégrafo, y en el siglo XIX, se inventó el teléfono. En el siglo XX, nuevas formas de comunicación explotaron a través de todo este siglo. Pero debemos considerar esto: durante el tiempo que duró el imperio romano, cuando alguien quería enviar un mensaje a un comandante militar, el mensaje tenía que ser entregado por medio de un mensajero que montaba a caballo—o iba a pie. La misma cosa fue verdad hasta la guerra de la revolución en los Estados Unidos de América. Esta fue la manera como el general George Washington recibió todos sus mensajes. No se llegó a inventar ninguna innovación para la comunicación rápida o más eficiente durante todo este tiempo de la historia—y tampoco antes. Esto nos da una perspectiva de todo el cambio que han tenido los nuevos medios de la comunicación y como han influenciado nuestro mundo, y la forma tan rápida como están siendo desarrollados y refinados.

Ahora nos encontramos viviendo en un tiempo donde no sólo existe abundante información sino también existe una amplia diseminación de información en todas sus formas. "La era de la comunicación" tiene más que ver con la disposición de información. Se trata acerca de conectar a la gente—muy frecuentemente en forma instantánea—en todo el mundo. Se trata acerca de una comunicación constante a través de teléfonos celulares, Blackberries, Twitter, y muchos otros tipos de tecnología. Se trata acerca de negocios y mercados en crecimiento constante. Es acerca de la difusión de ideas y el reportaje de eventos a nivel mundial. Las siguientes son algunas de las características y resultados de esta tendencia.

Aumento en la velocidad: muy poca gente está usando el correo regular que es "sumamente lento", siendo que tienen la oportunidad de enviar sus mensajes vía el correo electrónico. Piensa que la gente estaba acostumbrada a recibir cartas en dos o tres días, y ahora ellos pueden recibir correos electrónicos en milésimas de segundos. Esto es extremamente cómodo, pero también colocan nuevas demandas de nosotros debido a que los negocios, los miembros de la familia, y muchos de nuestros amigos, ahora quieren que nosotros le respondamos de inmediato. Puede llegar a ser sobrecogedor el hecho de tratar de mantenernos al día con toda esta correspondencia. (¿Cuántos correos electrónicos son los que llegan a tu correo cada día?).

De forma similar, siendo que la gente estaba usando el teléfono para mantenerse en contacto con otras personas en forma menos regular— muy posiblemente a través de llamadas en sus teléfonos por las noches, o a través de tarjetas postales o cartas—hoy en día, la gente puede llamar unas a otras frecuentemente a través del día sólo para preguntar, "¿qué es lo que estás haciendo ahorita?" El aumento de conexiones motiva las relaciones entre las gentes, pero también pone presión en la gente para que permanezcan en constante contacto con otros, mientras que al mismo tiempo están trabajando y tratando de llevar a cabo los negocios de la vida.

El aumento de velocidad también tiene que ver con la rapidez con que podemos mandar paquetes alrededor del mundo, la habilidad para firmar contratos y llenar solicitudes a través de la Internet, y muchas comodidades similares a estas.

El aumento de la inseguridad: a través de la comunicación de larga distancia, algunas compañías ahora se encuentran contratando gentes en diferentes continentes para que trabajen para ellos. Esto puede traer un sentido de inseguridad para el lugar de trabajo en un sinnúmero de gente. Por ejemplo, el tele mercadeo y la ayuda técnica de computación muy frecuentemente son contratadas fuera del país. Empleados en los Estados Unidos de América tal vez estén perdiendo sus trabajos ante trabajadores en Asia quienes son contratados para sustituir el trabajo que éstos hacían. Para poder usar otra ilustración, tal vez tú eras un artista gráfico trabajando por tu cuenta, que acostumbrabas tener una muy cómoda cartera de clientes en tu comunidad. Ahora, muchas compañías están haciendo el trabajo de artes gráficas que necesita ser hecho por medio de artistas que trabajan por su cuenta a través de la Internet—y que pueden vivir en cualquier parte del mundo. A menos que tú puedas ser capaz de desarrollar una dirección en la Internet y trabajar a través de estos medios, la profesión que tú has escogido tal vez se encuentre en peligro. Por lo tanto, la era de la comunicación puede traer un incremento en la inseguridad, tanto como en la comodidad para muchas otras gentes.

Mayores mercados que van a ser más accesibles y con menores barreras: tanto los grandes como los pequeños negocios pueden mercadear sus productos a sus clientes en países alrededor de todo el mundo obteniendo mayores ganancias. Ellos pueden vender sus productos a través de la Internet a gentes que se encuentran en cualquier lado y en cualquier momento. De la misma manera, los consumidores individuales pueden comprar productos en la Internet de cualquier lado y en cualquier momento. Adicionalmente a los negocios, las organizaciones pueden conectarse con otros alrededor del mundo con menos barreras culturales y logísticas.

La era de la movilización

Esta es una era de un incremento en la movilización, incluso aunque ciertos aspectos de la movilización han sido amenazados por cierto tipo de retos. Por un lado, el poder viajar a otros países es mucho más accesible y cómodo, y mucha más gente tiene los recursos para tomar este tipo de viajes. La gente también ha aumentado su acceso a la transportación personal. Por ejemplo, el número de automóviles vendidos en el país en desarrollo de China ha aumentado en forma muy importante. Automóviles baratos, eficientes para el combustible, y amigables para el medio ambiente están siendo producidos en grandes cantidades. El comercio nacional e internacional está promoviendo la transportación rápida y eficiente de bienes alrededor de todo el mundo.

Por el otro lado, el viaje en avión se encuentra mucho más vulnerable debido a muchos problemas que tienen las líneas aéreas en sus finanzas. Cuando ocurrieron los actos terroristas y todas las amenazas que involucraron los aviones, tales como lo que ocurrió en el 9–11, todo esto hizo que el tráfico aéreo haya bajado dramáticamente—creando grandes pérdidas financieras para las líneas aéreas. El aumento de costos en los combustibles y muchos otros factores han causado una reducción en el número de vuelos que se encuentran disponibles. Más aún, la transportación en masa—tales como los autobuses—se ha reducido muy frecuentemente en las ciudades que están atravesando por graves dificultades económicas.

Aún así, los inventos y los nuevos desarrollos, tales como las redes de trenes ultrarrápidos, como la (AVE) Alta Velocidad Española que está siendo construida en España, están cambiando los panoramas culturales—y en algunas ocasiones físicos—de nuestras naciones. El periódico Wall Street Journal reportó lo siguiente,

> Muchos españoles se encuentran fuertemente aferrados a las regiones donde viven, y existen estudios que muestran que ellos no están dispuestos a vivir o incluso a viajar a otros lugares. Pero esos hábitos de los siglos pasados están comenzando a cambiar...

"Nosotros como españoles no acostumbrábamos movernos mucho de acá para allá", dice José María Menéndez, quien encabeza el departamento de ingeniería civil en la Universidad de la Castilla-La Mancha... "El AVE ha cambiado radicalmente la actitud de esta generación con relación a viajar".[1]

Por lo tanto, "la era de la movilización", es una tendencia que tenemos que seguir observando muy de cerca. Mientras que siempre va a existir un mercado para la movilización de gentes y de productos, la reducción de demanda de viajes en todo el mundo puede llegar a poner más énfasis en la comunicación. La gente puede decidir conectarse a través de los medios electrónicos de comunicación—como lo es la teleconferencia para efectos de negocios, por ejemplo—en lugar de gastar todo el tiempo y el dinero teniendo que viajar.

¿Qué es lo que la era de la movilización significa para ti? Te va a poder proveer con la oportunidad de visitar otros países y otras culturas. Si eres una persona de negocios, te va a capacitar para que puedas comercializar en áreas del mundo que tú jamás pudiste soñar que ibas a ser capaz de alcanzar. Si tú tienes un ministerio o una organización que desea mejorar las vidas de otras gentes en otros continentes, te va a dar un mucho más fácil acceso a otras naciones, así como la habilidad de llevar recursos y personas que te ayuden en esas áreas. En general, le da a mucha más gente la libertad de ir donde quieran, y cuando quieran hacerlo.

La era de la diversificación cultural

"La era de la diversificación cultural" se trata acerca de conectar gentes, culturas y naciones. Las culturas que en una ocasión eran extrañas para algunos, ahora permiten que se familiaricen unos con los otros. Además de esto, el conocimiento cultural dentro de los países también está cambiando. Esta transición está sucediendo en una forma muy especial y muy dramática dentro de los Estados Unidos de América. De acuerdo con el periódico *New York Times*,

---

[1] Thomas Catan, "El tren bala de España ha transformado a una nación—y muy rápido," *Wall Street Journal*, abril 20, 2009, http://online.wsj.com/article_email/SB124018395386633143-lMyQjAxMDI5NDIwMDEyODAzWj.html.

La oficina de censos proyecta que para el año 2042, los americanos que se van a identificar a sí mismos como hispanos, negros, asiáticos, e indios americanos, hawaianos nativos, isleños del pacífico, todos conjuntamente van a superar el número de la población blanca no hispana.

En otras palabras, en un poquito más de tiempo que una generación, los Estados Unidos de América se van a convertir en un país de "una mayoría minoritaria", con las minorías étnicas y raciales constituyendo la mayoría de la población de este país.

"Ningún otro país ha experimentado un cambio racial y étnico tan rápido", dice Mark Mather, que es un demógrafo con la Oficina de Referencias para la Población en la ciudad de Washington, D.C.

La razón principal para este cambio tan acelerado, de acuerdo a la Oficina de Censos, es el mayor número de nacimientos entre los inmigrantes, junto con un aumento en el número de extranjeros que están llegando a los Estados Unidos de América.[2]

¿Qué es lo que "la era de la diversificación cultural" significa para ti? Significa que es vital que tengas un entendimiento de todos los asuntos interculturales y de los métodos que existen entre las diferentes culturas. Aquellos que rehúsen a aventurarse a explorar y a aprender acerca de otras naciones y acerca de las formas de vida de sus ciudadanos, van a convertirse en personas analfabetas culturalmente en el siglo XXI, y van a llegar a experimentar eventualmente un completo shock cultural.

En ese sentido, debemos convertirnos en ciudadanos internacionales, a fin de poder ser efectivos en los tiempos que vivimos. El analfabetismo cultural va a tener un efecto directo en la habilidad que tengas para poder entender, comunicarte, involucrarte con, y poder influenciar culturas diferentes a la tuya. El hecho de tener que vivir en una era de diversidad cultural significa tener que hacer a un lado el temor a otras naciones y grupos étnicos, mientras que al mismo tiempo te tienes que mantener informado acerca de ellos, y estando dispuesto a conectar todas las diferencias

---

[2] Sam Roberts, "El Nuevo Rostro de los Estados Unidos de América: Por 2042, las Minorías Harán la Mayoría de la Población de EEUU. ¿Qué es lo que este mar de cambio significa demográficamente?" *New York Times Upfront*, septiembre 22, 2008, http://www.thefreelibrary.com/-a0186224296.

culturales, a fin de poder llevar a cabo una comunicación efectiva, expresando el amor de Dios a los demás, y compartiendo el Evangelio.

Debemos estar dispuestos a cambiar los métodos, las modalidades, y las actitudes carentes de efectividad, a fin de poder llegar a suplir las necesidades del presente.

Más aún, la era de la diversificación cultural significa que los líderes entrenados en los negocios, la educación y la iglesia, deben preparar a la gente para experiencias multiculturales. La orden que la iglesia siempre ha recibido ha sido de tipo multinacional y multicultural en toda su perspectiva. La iglesia del siglo veintiuno por lo tanto, requiere un tipo de estrategia que sea multinacional, interracial, inter generacional, que pueda trascender más allá de cualquier agenda política y social de cualquier nación. Debemos estar dispuestos a cambiar los métodos viejos, que ahora carecen de efectividad, así como las modalidades y las actitudes, a fin de poder suplir las necesidades que existen en el presente.

Fusiones de empresas y redes de comercialización

En el pasado, la mayoría de las compañías permanecían independientes y sus dueños eran ciudadanos de los países en los cuales ellas estaban ubicadas. Hoy en día, de todas formas esto no es una garantía. Las compañías se están fusionando con otras compañías, ya sea por un acuerdo mutuo o por conquistas forzosas. Las conexiones entre negocios similares y diversos han creado sociedades innovadoras. Las compañías o naciones extranjeras están comprando terrenos y negocios en otros países. En adición a esto, el mercado internacional y la facilidad de comunicaciones están conectando a las gentes que tienen los mismos intereses y creencias, y que viven en diferentes áreas alrededor del mundo.

¿Qué es lo que "la era de fusiones de empresas y redes de comercialización" significa para ti? Por un lado, está asegurando la continuación del cambio en tu vida diaria. Una compañía extranjera bien puede llegar a comprar el negocio donde tú trabajas. Tu compañía puede llegar a experimentar una conquista hostil un día, y llegar a ser desmantelada al día siguiente. ¿Cómo es que tú vas a responder ante esto?

Por el otro lado, el aumento en la habilidad para fusionarse y para formar redes de comercialización puede significar que tú has logrado realizar una conexión a través de la Internet con un ciudadano de otro país que tiene la misma visión acerca de la vida que tú tienes. A través de la correspondencia electrónica, llegas a formar una amistad muy fuerte que puede llevar al establecimiento de un ministerio que se llegue a hacer cargo de las necesidades de huérfanos en un país que fue azotado por la guerra. O tal vez, la era de fusiones de empresas y de redes de comercialización puede significar que tú eres capaz de conectar tu negocio con otro negocio que puede ayudarte a manejar un aspecto de tu compañía en una manera más eficiente. De nuevo, tenemos la elección de tratar de escondernos de la realidad de los cambios, o de confrontarlos abiertamente y con la dedicación que nos lleve a tener beneficios de Dios y que nos capacite a cumplir nuestro propósito en este mundo.

La era de la longevidad de vida

Teniendo a la disposición una mejor nutrición y el acceso a mejores servicios de salud, mucha gente, en forma muy particular en los países occidentales, está viviendo vidas más largas y más productivas. Al mismo tiempo, mientras que para mucha gente, el cuidado de la salud también está constituyéndose en un problema, en las naciones occidentales todavía tenemos acceso al más moderno cuidado médico y medicinas que existen en el mundo. La longevidad de vida significa que mucha gente va estar saludable y productiva por un mayor número de años que las generaciones anteriores. La longevidad también significa que la gente va a necesitar recursos financieros para poder sobrevivir sus años posteriores, los cuales se van a extender hacia los ochentas, noventas, y mucho más.

¿Qué es lo que significa "la era de la longevidad de vida" para ti? Esto significa que tú vas a tener que hacer decisiones acerca de lo que tú vas a hacer con tu salud y con el aumento de años que vas a gozar. ¿Acaso vas a usar esto para llegar a cumplir y realizar tu visión y promover los propósitos de Dios en el mundo, o acaso los vas a desperdiciar en la búsqueda de cosas egoístas y frívolas? ¿Acaso tú vas a llegar a tomar ventaja de la variedad de alimentos nutritivos que se encuentran disponibles, o vas a decidir consumir comida chatarra, y comida que tiene aditivos químicos, aumentando tus probabilidades de tener enfermedades y muchos otros problemas físicos? ¿Acaso tú vas a realizar planes financieros saludables a fin de aho-rrar suficientes reservas para tu futuro, teniendo en consideración la in-certidumbre del sistema del seguro social y de inversiones en los mercados bursátiles? Todas estas son preguntas que implican un reto futuro, que es necesario que contestemos en este presente.

La era de la tecnología

Alrededor de todo el mundo, la tecnología sigue desarrollándose rápi-damente, especialmente en áreas como las computadoras, los teléfonos ce-lulares, y muchos otros artículos electrónicos. Tan pronto como un invento o una innovación es aceptada y absorbida por la gente, entonces parece que llega otra a reemplazarla. Si tú eres joven, muy probablemente eres capaz de integrar todas estas innovaciones en forma muy rápida. Si eres una per-sona mayor de edad, todos estos cambios pueden parecer amenazadores, y muchos de estos artículos electrónicos tal vez parezcan no tener valor algu-no para ti. Sin embargo, esta perspectiva no siempre es el caso. La gente que se encuentra en sus años setentas, ochentas, y noventas están registrándose para tener cuentas de correo electrónico—y esto muy frecuentemente se debe a que quieren mantenerse en contacto con sus hijos y con sus nietos. Los amantes de la música de todas las edades están pudiendo disfrutar la tecnología y la comodidad de los iPods.

Cualquiera que sea tu edad o tu situación, el reto que tienes enfrente es permitir que la tecnología te beneficie—en lugar de que llegue a controlarte.

¿Qué es lo que "la era de la tecnología" significa para ti? Cambios muy rápidos en la tecnología están teniendo ramificaciones en muchas áreas de nuestra vida, los cua-les incluyen la salud (lo cual va desde la falta de sueño de-bido al constante uso de aparatos de comunicación, hasta el extremo de la ansiedad y confusión debido al hecho de tenerse que adaptar a todos estos nuevos productos), los negocios (colocando a tu compañía como una de los negocios más eficientes en sistemas y servicios), y la edu-cación (el hecho de obtener conocimientos y habilidades para los trabajos que están surgiendo).

Cualquiera que sea la situación en que te encuen-tras, el reto consiste en permitir que toda esta tecnolo-gía te llegue a *beneficiar*—pero sin llegar a *controlarte*.

¿Acaso tú te encuentras a cargo de la tecnología que usas, o es la tecnología la que se encuentra a cargo de ti? ¿Acaso siempre tienes la necesidad de ir a la Internet o de hablar en el teléfono con alguien, o podrías poner estas cosas a un lado, a fin de atender otros asuntos que son más necesarios? ¿Acaso estás tratando de evitar toda esta tecnología, o te encuentras dispuesto a contemplar sus positivas contribuciones? Debemos descubrir la forma como responder en forma eficiente y sabía ante la era de la tecnología.

La era de la transformación política y religiosa

¿Qué clase de cosas están afectando la atmósfera política y religiosa de nuestro mundo? La transformación *política* que se está llevando a cabo es una transición que viene del dominio de súper poderes hasta la idea de una comunidad de naciones. Una de las manifestaciones de esta tendencia es un movimiento que existe en algunos países para extender el Consejo de Seguridad de las Naciones Unidas, de tal manera que incluya más que sólo las cinco naciones permanentes que existen en la actualidad—que son China, Francia, la Federación Rusa, la Gran Bretaña, y los Estados Unidos de América—y entonces, poder rotar a los miembros no permanentes, los cuales en la actualidad tienen un término de sólo dos años. Existen 192 naciones que pertenecen a las Naciones Unidas, pero todas estas tienen que permanecer y obedecer las decisiones que realiza el Consejo de Seguridad. El argumento que algunas naciones están realizando es que este arreglo ya no funciona. Ellos están diciendo, "nosotros también queremos tener el derecho a votar; necesitamos ser capaces de contribuir a todo aquello que sucede en el mundo". Muchas de las estructuras del liderazgo que se encuentran activas en nuestro mundo todavía están reflejando la era de la posguerra después de la segunda guerra mundial, así como la era del colonialismo, y ambas eras son ahora cuestión del pasado. ¿Qué es lo que va a tomar el lugar de estas eras?

Todos los países alrededor del mundo están pidiendo ser respetados como socios igualitarios y naciones soberanas dentro de la comunidad de naciones—sin importar su tamaño o su poder económico. Ellos desean tener igual acceso, oportunidades iguales y un valor equitativo. La idea es que este liderazgo debería ser compartido como una responsabilidad conjunta, contando con la colaboración y cooperación de todas las naciones, en lugar

de que sean solamente unas cuantas naciones las que estén dictando órde-
nes a todos los demás.

El otro componente muy importante de la transformación es el hecho de que Dios está levantando a las gentes que anteriormente recibieron
oposición, fueron rechazadas e ignoradas, y los cuales pertenecen al tercer
mundo, y Dios los está colocando en lugares del liderazgo, influencia y ministerios efectivos en el mundo. Voy a regresar a estudiar este concepto en
mayor detalle en un capítulo posterior.

¿Qué es lo que todos estos cambios políticos significan para ti? Si todo
esto prueba que son tendencias que tienen una continuidad en el mundo,
¿vas a ser capaz de poder responder ante ellas, en lugar de simplemente
reaccionar ante ellas? Tanto los líderes tradicionales del mundo, como los
líderes que están surgiendo, van a necesitar ser capaces de responder bajo
estas circunstancias de cambio. Todos estos asuntos no son fáciles de tratar—pero en primer lugar debemos tratar con el mundo político tal y como
se encuentra, en lugar de querer tratar con él en la manera *que deseamos* que
fuera. Entonces, podemos empezar a construir algo a partir de este punto.

Las transformaciones *religiosas* que están ocurriendo en nuestro mundo son trascendentales. En primer lugar, el cristianismo a nivel global está
pasando por una serie de cambios que requieren una valoración y un entendimiento urgente. De nuevo, hemos estado viendo el levantamiento de ministerios nacionales muy importantes y muy efectivos en muchos países del
tercer mundo. Estas áreas tradicionalmente eran campos misioneros para
las denominaciones y las iglesias que tenían sus oficinas principales en las
naciones industrializadas. Este cambio requiere una nueva forma de aproxi-
mación para las estrategias de las misiones internacionales, y hace completamente obsoleto un sinnúmero de métodos de evangelización tradicionales.

Por ejemplo, algunos de esos que venían de naciones industrializadas
y que dirigían esfuerzos misioneros solían creer—o por lo menos daban la
impresión que creían—que los líderes indígenas no eran capaces de tomar
responsabilidad espiritual de sus propias naciones. Vamos a suponer que
tú eres un padre, y que tú has estado observando que tus hijos no han
estado madurando, sino que han estado permaneciendo dependientes de
ti incluso hasta llegar a sus primeros años de vida adulta. Tú tal vez comiences a cuestionar la efectividad de tu labor como padre, debido a que la

independencia (seguida de una interdependencia) es un signo de madurez. De la misma manera, las iglesias indígenas en países que habían sido alcanzados por medio de los grupos misioneros occidentales están madurando, y sus "padres espirituales" deben aceptar y deben ajustarse a este cambio. Por el otro lado, los líderes espirituales en estas naciones que están surgiendo deben prepararse activamente para la responsabilidad de guiar y discipular a su propia gente.

Una segunda tendencia es que las iglesias más grandes y de más rápido crecimiento en el mundo se encuentran en el continente asiático y entre las naciones que se encuentran en desarrollo. Mientras que la iglesia más grande en los Estados Unidos de América tiene cerca de cincuenta mil gentes, la iglesia más grande en el mundo—que se encuentra en Corea, y bajo el liderazgo del pastor David Yonggi Cho—tiene una membrecía estimada de 830,000 miembros.[3] África y Sudamérica son otras áreas donde existe un tremendo crecimiento en las iglesias.

Una tercera tendencia es la migración de gente con adherencias a las religiones orientales y del medio oriente, y que están yendo a Europa y a los Estados Unidos de América. ¿Acaso los europeos y los americanos van a reaccionar o van a responder ante estos nuevos ciudadanos o residentes de estos países? Los mismos asuntos se aplican a otras naciones. Por ejemplo los países islámicos están diciendo que no quieren la cultura occidental ahí. Sin embargo, Arabia Saudita está trayendo grandes números de filipinos para que trabajen en su nación, mientras que al mismo tiempo, quiere que todos ellos abandonen las creencias que trajeron de sus lugares de origen. ¿Pero qué tan realista es traer gente a tu país, y entonces decirles que no vivan de acuerdo a sus propias convicciones? O la gente es invitada a un nuevo lugar a fin de poder vivir y trabajar—y en especial, en forma temporal—ellos inevitablemente van a estar trayendo su cultura y sus creencias con ellos. Una buena respuesta al

Si el Evangelio esta supuesto a ser para el mundo entero, ¿cómo es que podemos llevar el Evangelio a todas las naciones y gentes, si es que decidimos separarnos de las otras culturas?

[3] Stephanie Modkins, "El pastor de la iglesia más grande del mundo visita El noroeste," associatedcontent.com, marzo 26, 2008, http://www.associatedcontent.com/article/679331/pastor_of_the_largest_church_in_the.html.

cambio religioso es estar seguro de que tus propias creencias y valores son suficientemente fuertes para mantenerse firmes, mientras interactúas con otras culturas que son muy diferentes a la tuya.

Una cuarta tendencia es que la iglesia está pasando una transformación con relación a la diversificación cultural. La formación étnica de muchas iglesias está cambiando. Mientras que muchas iglesias en el occidente solían ser principalmente de origen caucásico, un creciente número ahora tienen una mezcla de blancos, negros e hispanos.

Debemos descubrir, por lo tanto, cómo podemos responder a las realidades religiosas que están cambiando en nuestro mundo. Podríamos seguir tratando de escondernos de todas estas realidades. Pero si el Evangelio es para todo el mundo, ¿cómo vamos a poder llevar el Evangelio a todas las naciones y a todas las gentes si decidimos separarnos de todas las otras culturas? Jesús hizo un número de cosas admirables con relación a los tiempos en que Él vivió. En una ocasión, Él guió a Sus discípulos a través del territorio de Samaria en su camino a Galilea. Culturalmente, los judíos y los samaritanos no se llevaban unos con los otros. Quería que sus discípulos pudieran llegar a entender que el mensaje del Evangelio no es un mensaje judío, sino un mensaje para todas las gentes del mundo. (Favor de ver Juan 4:1–42). ¿Acaso podemos tomar alguna otra actitud en nuestro tiempo, diferente a la que Jesús tuvo con relación a las gentes de diferentes razas y religiones?

Las Escrituras dicen en que en el cielo va a haber gente de *"todas las naciones, tribus, pueblos y lenguas"* (Apocalipsis 7:9). ¿Acaso tú vas a reaccionar o tú vas a responder ante la formación cultural de tu iglesia, si ésta se convierte en una iglesia multiétnica? ¿Acaso vas a cambiar tu perspectiva en la comunidad de la fe, pidiéndole a Dios que te ayude a vencer todos tus temores y tus prejuicios? Pablo fue uno de los primeros creyentes en Cristo Jesús que activamente buscó predicar el Evangelio entre todos los gentiles. ¿Acaso tú vas a poder afirmar juntamente con él, *"Os habéis vestido del hombre nuevo, el cual se va renovando hacia un verdadero conocimiento, conforme a la imagen de aquel que lo creó; una renovación en la cual no hay distinción entre griego y judío, circunciso e incircunciso, bárbaro, escita, esclavo o libre, sino que Cristo es todo, y en todos"* (Colosenses 3:10–11)?

La era de la transformación rápida

El cambio hoy en día está sucediendo en forma exponencial. Un video muy popular que se encuentra en la página de la Internet llamada YouTube nos da vivo ejemplo del rápido cambio que se está llevando a cabo en todo el mundo:

+ China muy pronto se va a convertir en el país con el más alto número de gente hablando el idioma inglés.

+ Los trabajos más importantes que van a estar en gran demanda en el año 2010 no existían en el año 2004.

+ El departamento del trabajo de los Estados Unidos de América estima que los estudiantes de hoy en día van a tener de diez a catorce trabajos cuando lleguen a la edad de 38 años.

+ Uno de cuatro trabajadores ha estado en su empleo actual por menos de un año.

+ En el año 2008, hubieron 31 millones de millones de búsquedas cada mes en la página de Internet de Google. En el año 2006, el número fue 2.7 millones de millones.

+ El primer mensaje de texto comercial fue enviado en el año 1992. Hoy en día, el número total de mensajes de texto equivale a la población total de este planeta.

+ A la radio promedio le tomó treinta y ocho años para poder alcanzar el mercado de audiencia de 50 millones de gentes. A la televisión tomó solamente trece años. A la Internet, sólo cuatro años. Al iPod tres años. A Facebook, sólo dos años.

+ El número de aparatos para la Internet en el año 1984 fue mil. En el año 1992, fue un millón. En el año 2008, fue un millón de millones.

+ Una semana completa de información en el periódico New York Times contiene más información que lo que la gente acostumbraba encontrar a lo largo de toda su vida en el siglo dieciocho.

+ Cuatro exabytes de información exclusiva son generados cada año, lo cual es mucho más que los anteriores cinco mil años.

* La mitad de lo que los estudiantes a nivel tecnológico en programas de cuatro años aprenden, es actualizado para cuando llegan a su tercer año de estudios.

* Una compañía japonesa probó exitosamente un cable de fibra óptica que puede enviar 14 trillones de millones de bytes de información por segundo. Éste es el equivalente a 2660 CD's o 210 millones de llamadas telefónicas.[4]

El listado anterior es una conclusión definitiva a lo que hemos estudiado con relación a las oleadas de cambio en el mundo entero que estamos experimentando actualmente. ¿Cómo vas a poder responder ante la rápida transformación que se está llevando alrededor de ti? Aquí vas a poder ver dos tipos de estrategias: comprar nueva tecnología que te va a ayudar a llevar hacia adelante tu visión. O, tú puedes encontrar tu función por medio de enseñarles a otros el valor de filtrar "el ruido" de todas estas comunicaciones constantes, para que ellos puedan mantenerse enfocados en Dios y los planes que Dios tiene para sus vidas. Cualquiera de estas dos respuestas son válidas—y necesarias. Debes buscar la forma en que puedas descubrir como poderte beneficiar mayormente de los cambios trascendentales, y que puedas usarlos para contribuir de alguna manera positiva hacia los demás.

El paradigma del cambio

Las estadísticas que mostramos anteriormente marcan la necesidad que tenemos de responder, en lugar de simplemente reaccionar ante el cambio, y nos dan una perspectiva mucho más grande, ¿o no? El cambio tan drástico es algo emocionante para algunas personas. Para otros, este tipo de cambios amenaza su equilibrio mental y emocional. No importa de qué nación, cultura o educación vengamos, todos nosotros debemos saber la forma como responder ante el cambio rápido que está sucediendo alrededor de nosotros, a nosotros, a través de nosotros, y dentro de nosotros. Tenemos que llegar a reconocer la ola transicional de cambio y poder tratar con esto, en lugar de solamente permitir que esta oleada se levante sobre nuestra cabeza y acabe por ahogarnos por completo.

Algunas veces, vamos a mantenernos de pie en un solo lugar—hablando figurativamente—y vamos a tratar de decir, "hasta aquí. Esto es lo

---

[4] http://www.youtube.com/watch?v=UIDLIwlzkgY.

máximo hasta donde yo puedo llegar". No queremos movernos con toda la corriente de la historia de la humanidad. Sin embargo, también necesitamos recordar que la historia de nuestro mundo, a final de cuentas no tiene que ver nada con historia solamente, sino con SU historia. Es la historia de Dios, y El siempre nos está moviendo hacia adelante en el cumplimiento de Sus propósitos.

Todos aquellos que se han entrenado a sí mismos para poder interpretar los tiempos de cambio pueden mirar las corrientes y decir, "yo puedo ver que se acerca una curva; no estoy seguro que es lo que se encuentra alrededor de esa curva, pero yo tengo que estar preparado para cualquier cosa que venga". Pero para mucha gente, *Podemos iniciar* el mundo ya les ha tirado una curva, y ellos no están se- *el cambio sólo* guros de que les agrada lo que han llegado a descubrir. *por medio de* Ciertamente existen tanto cosas positivas como cosas *movernos hacia* negativas que los cambios pueden traer. Pero nosotros *el futuro.* podemos iniciar el cambio solamente por medio de movernos hacia el futuro.

Existe una palabra que se ha convertido en una parte muy común de nuestro lenguaje diario en los recientes años, y esta palabra es *paradigma*. Un paradigma se refiere a un modelo, un patrón o una manera de pensar y de actuar. Cuando un cambio ocurre en un paradigma, esto es llamado *un cambio del paradigma*. Este tipo de cambio ocurre durante una transferencia generacional—cuando los viejos estilos se vuelven inadecuados como resultado de nuevas demandas y métodos obsoletos que no pueden ser usados para resolver los nuevos problemas. La oleada providencial presente de cambios transicionales requiere un cambio de paradigma en nuestra parte. Todos aquellos que fallen en poder entender los tiempos y estaciones, y que no puedan descubrir cómo participar en estos cambios, se van a encontrar a sí mismos irrelevantes en nuestro mundo cambiante.

Todo aquel que no aplica remedios nuevos, debe esperar nuevos males, porque el tiempo es el más grande innovador.
—Francis Bacon, filósofo, político y autor

EL CAMBIO Y PROPÓSITO PERSONAL

Permite que sea tu propósito lo que te guíe a través de
los tiempos de transición

*También hemos obtenido herencia,…habiendo sido predestinados según el
propósito de aquel que obra todas las cosas conforme al consejo de su voluntad.*
—Efesios 1:11

A través de todo este libro, he enfatizado que debemos perseverar en los propósitos que Dios nos ha dado en medio de todo el cambio, y que debemos usar el cambio para poder llevar estos propósitos a su realización. ¿Pero cómo es que podemos descubrir el propósito de Dios para nuestra vida, de tal manera que podamos iniciar y persistir en un cambio que sí tenga propósito para nuestra vida? Vamos a comenzar por explorar este asunto por medio de mirar las dos formas principales en que podemos entender los propósitos de Dios.

El cambio y los propósitos de Dios

Las promesas de Dios son Sus propósitos para ti

Las promesas de Dios son el centro de los propósitos que Dios tiene para tu vida. Cuando yo pude entender este principio por primera vez, me ayudó a progresar y a tener éxito en mi propósito. Vamos a mirar esta declaración de nuevo: las promesas de Dios son el centro de los propósitos que Dios tiene para tu vida—y no tus propios propósitos aparte de Dios. Aunque el amor de Dios por nosotros es incalculable, las promesas de Dios no sólo son para nosotros, sino mucho más importante, son para el cumplimiento de los planes de Dios en el mundo, y cada uno de nosotros formamos una parte muy importante en esto.

Me gusta usar esta ilustración cada vez que describo la intención de Dios: cada vez que tú compras un producto de un fabricante—por ejemplo, una cámara o un automóvil—te entregan un manual junto con ese producto. Este librito muy frecuentemente se llama *el manual*. El manual contiene "la mente" del fabricante con relación a ese producto, y todo está resumido en una publicación muy cómoda. Básicamente, el creador envía su mente junto con su producto, de tal manera que tú puedas entenderlo—por lo menos en cierto grado—de la misma forma como el fabricante lo entiende. Los manuales muy frecuentemente contienen esta advertencia, "antes de usar este producto, favor de leer este manual por completo". En otras palabras, "por favor, usted debe aprender mi mente con relación a este producto por completo. Entonces usted va a ser capaz de usarlo de la forma para la cual fue inventado".

¿Acaso tú acostumbras leer los manuales que acompañan a los productos que compras—*todo por completo?* La mayoría de la gente no lo hace.

Trata de encontrar un manual en tu casa de cualquier producto y mira en las últimas páginas. Muy frecuentemente, tú vas a poder encontrar una sección que se titula "garantías". Existen dos tipos de garantías. Un tipo de garantías tiene que ver con la promesa y otro tipo tiene que ver con el respaldo. El fabricante está prometiendo que puedes confiar tanto en el producto individual que acabas de comprar, así como la confianza que puedes tener en la marca del producto. En muchos casos, los fabricantes realmente no les interesan los clientes. Ellos ni siquiera los conocen. La gente entra a las tiendas y compra sus productos pero los fabricantes no conocen en forma personal a los individuos que los están comprando. Pero cuando la gente abre estos manuales, estos se encuentran llenos con promesas: este producto va a hacer esto y esto, y también va a hacer aquello; puede hacer esto también; puede hacer aquello. Después de haber acabado de describir todas estas cosas, el fabricante dice, "lo garantizamos". De hecho está diciendo, "ahora, si tú sigues todas esas instrucciones para el mantenimiento del producto, nosotros te garantizamos que lo vamos a reponer, si el producto está defectuoso o si algo sucede y las cosas van mal". ¿Qué es lo que les interesa a los fabricantes? La integridad de su propio nombre. Ellos van a pagar el gasto de envío del producto defectuoso, lo van a reponer sin cargo adicional, y lo van a enviar de nuevo a ti costeando ellos todos estos gastos. ¿Qué es lo que en realidad están pagando? Están pagando a fin de proteger su nombre, debido a que hicieron una promesa. Su promesa es ésta: el producto está supuesto a proveer cierto tipo de funciones. Si esto está defectuoso ellos tienen que corregirlo.

Nosotros somos "los productos" de nuestro Dios Creador, y nos ha sido dado un manual interno, así como un manual externo. Dios colocó el manual interno dentro de cada uno de nosotros. El rey Salomón escribió lo siguiente, "(Dios) *ha hecho todo apropiado a su tiempo. **También ha puesto la eternidad en sus corazones**, de modo que el hombre descubra la obra que Dios ha hecho desde el principio y hasta el fin*" (Eclesiastés 3:11, se añadió énfasis). A través de esta *"eternidad"* que se encuentra en nuestro corazón, tenemos algún tipo de conocimiento interno acerca de la existencia de nuestro Dios Creador y todos Sus estándares. El Manual externo es la Palabra de Dios revelada—la cual es "Su Mente", la cual Dios desea que nosotros lleguemos a conocer. Además de ser llamada la Palabra de Dios, este manual también es conocido como las Escrituras, o la Biblia.

Después de haber sido creados, los seres humanos abusaron del producto—de ellos mismos—ignorando el conocimiento de Dios que está dentro de su corazón. Pero el manual externo incluye los dos tipos de garantías. Dios le ha hecho promesas a Su producto en las cuales Él nos asegura, "si algo no funciona, regrésamelo a Mí, que soy El Fabricante, y yo voy a reemplazar todas las partes defectuosas sin cargo alguno". Entonces, el producto va a ser capaz de funcionar en la manera como fue creado. ¿Por qué es que Dios hace esto? Él lo hace a fin de proteger Su nombre. El respalda todo aquello que El ha creado—y que fue creado para bien, y no para mal, y para el cumplimiento de los propósitos de Dios en este mundo. Cuando venimos a ofrecer nuestras vidas destrozadas delante de Dios, Él lo restaura a través del sacrificio de Su Hijo Cristo Jesús, y podemos entonces aprender la forma y el propósito para el cual originalmente fuimos creados.

Jesús dijo,

Por tanto, no os preocupéis, diciendo: "¿Qué comeremos?" o "¿qué bebe-
remos?" o "¿con qué nos vestiremos?" Porque los gentiles buscan ansiosa-
mente todas estas cosas; que vuestro Padre celestial sabe que necesitáis
todas estas cosas. Pero buscad primero su reino y su justicia, y todas
estas cosas os serán añadidas. Por tanto, no os preocupéis por el día de
mañana; porque el día de mañana se cuidará de sí mismo. Bástele a
cada día sus propios problemas.   (Mateo 6:31–34)

Cuando nos encontramos alineados con los propósitos de Dios, *"todas*
estas cosas" que necesitamos en la vida vienen junto con las garantías. No
importa qué cosas cambien en nuestra vida; Dios nunca cambia, y Él siempre cumple Sus promesas. El nombre de Dios se encuentra grabado en ti, y
Dios Mismo va a proteger Su nombre.

Después de que Moisés guió a los israelitas fuera de Egipto, a través de
las poderosas señales y milagros de Dios, Moisés fue a un lugar apartado,
acompañado por su ayudante Josué, a encontrarse con Dios en el monte
Sinaí, y a recibir instrucciones para los israelitas. Mientras que Moisés y
Josué estaban lejos, el resto de los israelitas pensaron que Moisés se había
tardado mucho. Ellos se imaginaron que tal vez Moisés había muerto o había decidido ya no regresar. Por lo tanto, ellos construyeron un becerro de
oro y comenzaron a adorarlo, diciendo que eso—en lugar de Dios, el Gran
Yo Soy—los había liberado de Egipto. Lo que sigue a continuación en este
relato refuerza el hecho de que Dios protege Su Propio Nombre.

Entonces el Señor habló a Moisés: Desciende pronto, porque tu pueblo,
que sacaste de la tierra de Egipto, se ha corrompido. Bien pronto se
han desviado del camino que yo les mandé. Se han hecho un becerro
de fundición, y lo han adorado, le han ofrecido sacrificios y han dicho:
"Este es tu dios, Israel, que te ha sacado de la tierra de Egipto." Y el
Señor dijo a Moisés: He visto a este pueblo, y he aquí, es pueblo de dura
cerviz. Ahora pues, déjame, para que se encienda mi ira contra ellos
y los consuma; mas de ti yo haré una gran nación. Entonces Moisés
suplicó ante el Señor su Dios, y dijo: Oh Señor, ¿por qué se enciende tu
ira contra tu pueblo, que tú has sacado de la tierra de Egipto con gran
poder y con mano fuerte? ¿Por qué han de hablar los egipcios, diciendo:

"Con malas intenciones los ha sacado, para matarlos en los montes y para exterminarlos de la faz de la tierra"? Vuélvete del ardor de tu ira, y desiste de hacer daño a tu pueblo. Acuérdate de Abraham, de Isaac y de Israel, siervos tuyos, a quienes juraste por ti mismo, y les dijiste: "Yo multiplicaré vuestra descendencia como las estrellas del cielo, y toda esta tierra de la cual he hablado, daré a vuestros descendientes, y ellos la heredarán para siempre." Y el Señor desistió de hacer el daño que había dicho que haría a su pueblo. (Éxodo 32:7–14)

De hecho, Dios dijo lo siguiente, "Moisés, esta gente Me ha rechazado. Yo voy a matarlos". Los registros indican que Moisés apeló a Dios en la base de Su Nombre y de Su Promesa. "Señor, Tú les dijiste a todas las otras naciones que estas gentes son Tu producto, y que Tú has puesto Tu Nombre en ellos. Si Tú lo destruyes, ¿qué es lo que todas las naciones van a decir acerca de Tu Nombre?" Dios aceptó la apelación de Moisés. El continuó trabajando con los israelitas, incluso cuando ellos eran *"duros de cerviz"*. Dios hizo todo esto no por causa de los israelitas, sino por causa de la reputación de Dios en el mundo y de los planes que Dios tenía para el mundo, a través de los israelitas. Los propósitos supremos de Dios para la tierra toman precedencia sobre los propósitos que cualquier individuo pueda tener.

La visión que Dios tiene para ti es tu propósito

La primera forma en que podemos saber los propósitos que Dios tiene para nosotros, es a través de las promesas que Él nos ha dado, las cuales corresponden al cumplimiento de Sus planes para el mundo. Podemos contar en el hecho de que todo lo que Dios ha dicho, Él lo va a realizar, debido a que Dios es verdadero a Su Propio Nombre. La segunda forma en que podemos saber acerca de los propósitos de Dios, es por medio de descubrir las visiones individuales o destinos que Dios tiene para cada uno de nosotros.

Tu presencia en la tierra no se debe a un accidente biológico, sin importar las circunstancias que hayan rodeado tu nacimiento. Tú estás aquí debido a que tienes un deber divino. Tu concepción es prueba de que Dios, básicamente, ya ha completado algo en la eternidad, lo cual Dios desea manifestar en la tierra a través de ti y de toda tu vida.

Yo quiero volver a enfatizar que tú no eres un accidente. Tú no eres un error. Tú llegaste a este planeta debido al destino—la suprema intención de Dios para ti. El *destino* se refiere a la razón suprema de tu creación.

En términos de un producto, el propósito se refiere a las expectativas originales que el fabricante tenía para ese producto. Los constructores no comienzan a edificar sus productos, sino hasta que las estructuras ya han sido acabadas en sus mentes. Cuando tú solicitas un permiso para construir una casa, los oficiales locales quieran ver los planos que tienes para esa construcción: ellos tienen ver la arquitectura, la plomería, el sistema eléctrico y todas estas cosas. Ellos quieren ver todo esto "terminado" antes de que ellos puedan poner el sello de aprobación. Cuando ellos se encuentran satisfechos y piensan que tú plomería no se va a tapar, y que tu construcción no va a causar ningún tipo de erosión dañina, ellos dicen, "ahora, tú ya puedes comenzar". Por lo tanto, cuando tú ves un producto que ha comenzado a ser producido, esto es prueba de que el producto se encuentra "terminado" en la mente de alguna persona.

En Proverbios 19:21 dice lo siguiente, *"Muchos son los planes en el corazón del hombre, mas el consejo del Señor permanecerá* (el final y el destino que Dios tiene para esta persona)". Esta declaración nos muestra que el propósito es mucho más poderoso que los planes. El propósito precede a los planes. De hecho, Dios dice, "tú tienes muchas ideas acerca de tu propia vida, pero es Mi propósito para tu vida, la intención original que Yo tengo para tu vida, la que va a prevalecer". Así que, aún si todos tus planes fallan, los propósitos de Dios van a tener éxito. El propósito es la prioridad de Dios. Esta verdad es muy afirmante. Cada fracaso que experimentamos es temporal, debido a que Dios dice que es Su propósito lo que va a prevalecer.

El Señor va a guiar nuestros pasos de acuerdo a los propósitos que El tiene para nosotros. Nuestra responsabilidad es aprender a sintonizarnos con la dirección de Dios.

Vamos a mirar un versículo muy similar: *"La mente del hombre planea su camino, pero el Señor dirige sus pasos"* (Proverbios 16:9). El Señor va a guiar a nuestros pasos de acuerdo a los propósitos que El tiene para nosotros. Nuestra responsabilidad es aprender a sintonizarlos con Su dirección:

"Porque yo sé los planes que tengo para vosotros"- declara el Señor- "planes de bienestar y no de calamidad, para daros un futuro y una esperanza. Me invocaréis, y vendréis a rogarme, y yo os escucharé. Me buscaréis y me encontraréis, cuando me busquéis de todo corazón.
(Jeremías 29:11–13)

Vamos a explorar algunas verdades adicionales en la Palabra de Dios acerca de sus propósitos divinos:

"El consejo del Señor permanece para siempre, los designios de su corazón de generación en generación" (Salmo 33:11). El término *"de generación en generación"* podría incluir todos los cambios y las oleadas transicionales en la historia de la humanidad.

"Que [Dios] te conceda el deseo de tu corazón, y cumpla todos tus anhelos" (Salmo 20:4). Cuando tú te encuentras alineado con los propósitos de Dios, Él va a hacer que tus planes tengan éxito, aún cuando haya otros que traten de impedirlos.

"Del hombre son los propósitos del corazón, mas del Señor es la respuesta de la lengua" (Proverbios 16:1). Yo interpreto que esto quiere decir que cuando tú te das cuenta de los planes que Dios ha colocado en tu corazón, tú tal vez llegues a sentir que son tan grandes, que tú no vas a ser capaz de realizarlos. Tú no crees que tienes el dinero suficiente, las propiedades, el equipo, así como muchos otros recursos que te pueden permitir poder realizarlos. Pero Dios dice, de hecho, "no te preocupes acerca de esto; Yo voy a responder por todas estas cosas. Escribe tu plan, y Yo me voy a hacer cargo de la forma como todo esto se va a pagar".

En mi experiencia, al principio tal vez Dios no te va a dar todos los recursos. Dios te va a dar un propósito, una visión, un sueño que solamente Él es capaz de cumplir. Él toma toda la responsabilidad para asegurarse que todo sea pagado, producido, desarrollado, equipado, que tengas la gente necesaria, y muchas otras cosas por el estilo. Por lo tanto, ¡no te preocupes acerca de hacer grandes planes! Si Dios ha colocado una visión grande en tu vida, y todo el mundo alrededor te está diciendo que la reduzcas, debes confiar que Dios va a dar la explicación necesaria, y que va a suplir todo aquello que se necesite.

Bendito sea el Dios y Padre de nuestro Señor Jesucristo, que nos ha bendecido con toda bendición espiritual en los lugares celestiales en Cristo, según nos escogió en El antes de la fundación del mundo, para que fuéramos santos y sin mancha delante de Él. En amor nos predestinó para adopción como hijos para sí mediante Jesucristo, conforme al beneplácito de su voluntad, para alabanza de la gloria de su gracia que gratuitamente ha impartido sobre nosotros en el Amado. También hemos obtenido herencia, habiendo sido predestinados según el propósito de aquel que obra todas las cosas conforme al consejo de su voluntad.

(Efesios 1:3–6, 11)

Dios te ha escogido aún mucho antes de que tú nacieras, a fin de llegar a cumplir algo para Él. Tú fuiste escogido aún antes de la creación, y naciste justo en el tiempo en que tú debías llegar a la tierra, para poder realizar tu propósito. Pablo escribió que Dios *"en amor...nos predestinó"*. El término pre significa "desde antes". El término *destino* significa "determinar", "especificar", o "marcar los límites". Esto significa que mucho antes que tú y que yo naciéramos, Dios nos escogió especialmente para que fuéramos parte de Su plan. Dios sabe exactamente la forma como cada uno de nosotros encajamos en Su plan. Dios dice, "primero, yo te terminé, y entonces yo regresé y te comencé". Dios, *"obra todo de acuerdo con el propósito perfecto de Su voluntad"*. Este es un versículo muy poderoso. Dios obra *"todo"*—todas las cosas—a fin de que todo se conforme para el propósito que Él tiene para tu vida. Él no dijo que solamente se haría cargo de las cosas buenas o de las cosas justas. Dios obra en todas las cosas. Esto significa que si tú echas a perder algo, o experimentas fracasos, o fallas cuando intentas algo—ya se trate de tu matrimonio, tu negocio, tu educación, tu estilo de vida—Él va a mantener Su promesa completamente firme. Dios va a decir, "Ven a Mí, y no te estés aferrando a todo esto. Tú todavía puedes realizarlo. Voy a usar toda esta situación para bien. Juntos, vamos a hacer de esto un testimonio de Mí gracia y de Mi poder". No importa qué tipos de cambios sucedan entre el momento donde tú te encuentras y el momento cuando tú tienes que realizar tu destino, porque todos estos cambios son temporales. Dios todavía se va a hacer cargo de todo esto y lo va a conformar. En otras palabras, tus errores no son más poderosos que tu propósito.

Josué tuvo un sueño en donde *"el sol, la luna, y once estrellas se inclinaban ante él"* (Génesis 37:9). Aunque este sueño significaba la alta posición que algún día él iba a obtener en Egipto, en el tiempo cuando él tuvo el sueño, él se encontraba cuidando rebaños de animales. Cuando Dios te muestra tu destino, El tal vez no te va a mostrar la ruta por la cual tú vas a llegar a alcanzarlo. ¿Por qué? Porque Dios ha diseñado la ruta de acuerdo al plan que Él tiene, y a fin de prepararte para tu destino, y toda esa preparación tal vez no sea lo que a ti te gusta o lo que tú estás esperando. Josué se emocionó mucho cuando él se dio cuenta de lo que iba a ser su destino. Pero El no sabía que a fin de poder llegar a realizarlo, él iba a tener que soportar el hecho de ser vendido para ser un esclavo por sus propios hermanos, y que iba a ser traicionado, y ser puesto en prisión. Sin embargo, José creyó en su sueño mucho más que en sus circunstancias. Y Dios lo trajo a través de todas sus difíciles circunstancias y lo puso como el equivalente de un príncipe. A través de esta posición, él pudo preservar a los habitantes de Egipto—y a su propia familia—durante un período de hambruna muy severa.

No importa qué tantas cosas tan malas parezcan estarte sucediendo, tú debes mantenerte diciéndote a ti mismo, *Esto no es lo que yo he visto con relación a la visión que Dios tiene para mi vida.* Si lo que tú estás experimentando en este momento no es el propósito que te ha sido enseñado, entonces se trata de algo que es temporal, porque Dios te va a ver como un vencedor después de esto. Incluso si tú estás experimentando algo bueno en este momento, y esto no es parte de la visión, entonces también esto es algo temporal. No existe nada que pueda detener tu destino, si es que tú te mantienes cerca de tu Dios Creador, debido a que Él creó el propósito para el cual tú tenías que nacer desde antes de la fundación del mundo.

El rey David escribió lo siguiente,

Por el Señor son ordenados los pasos del hombre, y el Señor se deleita en su camino. Cuando caiga, no quedará derribado, porque el Señor sostiene su mano. (Salmo 37:23–24)

Otra versión de la Biblia enfatiza lo siguiente, *"los pasos de un hombre bueno son ordenados por el Señor".* Si tú estás caminando en la voluntad de Dios con todas tus fuerzas y con toda tu capacidad, entonces no importa los cambios que lleguen, Dios te tiene cubierto. Si tú pierdes tu trabajo, debes estar seguro que eso no sucedió sin que Dios ya lo supiera. Si tú eres fiel a Dios y estás obedeciendo la Palabra de Dios con tu mejor esfuerzo y con todas tus fuerzas, ese despido del trabajo, en realidad se trató de Dios poniendo Sus manos en tu camino y cambiándolo de dirección. El Señor te va a sostener.

Me gusta muy en particular el Salmo 57:2–3, que dice lo siguiente, *"Clamaré al Dios Altísimo, al Dios que todo lo hace para mí. El enviará desde los cielos y me salvará; El reprocha al que me pisotea. Dios enviará su misericordia y su verdad".* Dios estableció tu destino desde antes que tú fueras creado. El te dio un propósito, y entonces te permitió nacer, y ahora Dios está entregado a la tarea de hacer cumplir este propósito para ti. Si alguien intenta detenerte, Dios se va a encargar de *él*. Dios va estar protegiéndote a medida que tú desarrollas todo aquello para lo cual naciste. El cielo se encuentra del lado del propósito que Dios te dio para tu vida.

Mi esposa y yo una vez tuvimos la oportunidad de ir a visitar el país de Egipto. Tomamos un tour por el desierto del Sinaí, donde pudimos ver las pirámides y nos mostraron la larga ruta que usó la gente para viajar desde Israel hasta Egipto. Pudimos aprender que en el desierto algunas veces ocurren inundaciones. Esto puede suceder cuando llueve en las montañas, y el agua corre hacia abajo desde las montañas y a través del desierto. De repente el agua aparece en medio del desierto, como si fuera traída de la nada. Pero los habitantes del desierto usan estos cambios para su beneficio por medio de excavar grandes pozos y poder atrapar esta agua cada vez que llega. Ellos usan estas cisternas para poder tener agua para beber y para poder dar agua a sus camellos. Por lo tanto, estos pozos los encuentran por todo el desierto. En cualquier momento dado, un pozo puede estar lleno o vacío. Muy probablemente éste fue el tipo de pozo donde los hermanos de José lo echaron. El punto importante en todo esto es que ese fue el pozo correcto. La cisterna se encontraba cerca del camino que iba de Israel a Egipto. Y parece ser una coincidencia que una caravana venía justo en ese momento a lo largo del camino y muy cerca de ese pozo en ese camino especialmente, dándoles la oportunidad a los hermanos de José para qué lo vendieran a los comerciantes que se dirigían a Egipto, haciendo de él un esclavo. Pero esto que parecía una calamidad, fue el viaje gratis de José hacia su posición de príncipe.

¿Por qué es que Dios nos coloca en diferentes lugares a través de la vida? Dios nos coloca para que podamos influenciar a otros, para que

podamos cambiar el curso de los eventos, y para poder proteger los propósitos divinos. Esta es la razón
de que una de las cosas más importantes que tú debes
hacer es descubrir cuál es tu posición en la vida. ¿Para
qué naciste?

> *Dios nos coloca para que influenciemos a otros, para que cambiemos el curso de eventos, y para proteger los propósitos divinos.*

Algunos de nosotros nos toca que nos pongan dentro de estos pozos, pero estos pozos son los correctos,
si es que en nuestros pasos han sido ordenados por el
Señor. Si José hubiera estado en un pozo diferente, esos
comerciantes en especial, nunca hubieran podido comprarlo, y él nunca hubiera llegado a Egipto para convertirse en un gobernador. A medida que esperamos en el
pozo para que Dios comience a obrar, debemos siempre recordar que existe
una caravana que viene en el camino. Es la forma como Dios obra a través
de los cambios. Ya sea que tú te encuentras en el pozo o en el palacio en
este momento, el Señor está ordenando tus caminos en la medida en que
tú confías en El.

El Salmo 138:8 dice lo siguiente, *"El Señor cumplirá su propósito en mí"*.
Continua diciendo, *"Eterna, oh Señor, es tu misericordia—no abandones las
obras de tus manos"*. En otras palabras, Dios nunca va a abandonar o a cancelar aquello que El creó o Le dio nacimiento. Dios se encuentra entregado
a esto. Esto muestra lo fuerte que es el propósito. Dios no va a abandonar
tu propósito, pero la pregunta que surge aquí es ésta, ¿acaso tú sí lo vas a
abandonar? ¿Acaso tú te encuentras dedicado tu propósito? Tú tienes que
contestar esta pregunta por ti mismo. Ninguna fuerza externa ni circunstancia alguna puede detener el destino que Dios tiene para tu vida. Sólo tú
puedes detenerlo—por medio de ignorarlo, revelándote en contra de ello,
o rindiéndote por completo. Dios no quiere que tú te pierdas todo aquello
que Él ya ha garantizado para qué tú lo cumplas.

Dios pone muy claro en el libro de Isaías, *"Que declaro el fin desde el
principio y desde la antigüedad lo que no ha sido hecho. Yo digo: 'Mi propósito
será establecido, y todo lo que quiero realizaré'....En verdad he hablado, ciertamente haré que suceda; lo he planeado, así lo haré"* (Isaías 46:10–11). De
nuevo, lo que Dios está diciendo es que Él siempre establece el final antes
del principio. Cada vez que yo me encuentro en medio de dificultades, yo

trato de recordarme a mí mismo esta verdad y trato de motivarme con ella. Si tú te olvidas que tu final se encuentra ya terminado y completado, tú te vas a desanimar mientras que te encuentras en tu camino para llegar a tu final. Tú tienes que recordar lo que Dios ha dicho. Debes decirte a ti mismo, *Mi propósito ya ha sido completado. Me encuentro en mi camino para llegar allá.* Algunas veces, no existe nada alrededor de nosotros que nos ayude a motivarnos, e incluso la gente se apresura para mandar el desaliento para que te encuentre en medio del camino. Pero Dios no se preocupa acerca de tu futuro, porque en cuanto a Él concierne, ya se encuentra completado. Tu futuro está en el "pasado de Dios".

El propósito, el tiempo, y el cambio

En el capítulo anterior, estuvimos hablando acerca de la naturaleza y características de las estaciones o temporadas, y la forma como el tiempo es el recurso del cambio. Vamos a recordar estos principios:

1. Todo lo que ha sido creado—todo lo que existe debajo del medio ambiente invisible y eterno de Dios—existe en el tiempo.

2. Todo lo que existe en el tiempo tiene un propósito, y para esos propósitos existe una estación o temporada de su cumplimiento.

3. Los propósitos de las actividades de Dios dentro del tiempo, fueron diseñados para temporadas o estaciones, las cuales a su vez requieren del cambio.

Vamos a mirar algunos principios adicionales con relación al tiempo, y a la forma como se relacionan a los propósitos que Dios nos ha dado.

El tiempo es uno de los dones más grandes que tenemos en la tierra

*E hizo Dios las dos grandes lumbreras, la lumbrera mayor para dominio del día y la lumbrera menor para dominio de la noche; hizo también las estrellas. Y Dios las puso en la expansión de los cielos para alumbrar sobre la tierra, y para dominar en el día y en la noche, y para separar la luz de las tinieblas. **Y vio Dios que era bueno.***

(Génesis 1:16–18, se añadió énfasis)

El tiempo es uno de los dones más grandes que Dios le ha dado a la humanidad. Dios afirmó que el tiempo es bueno, y necesitamos poder apreciar aquello que nos ha sido dado. Dios colocó a los seres humanos en la tierra para que ellos pudieran disfrutar los beneficios del tiempo a medida que ellos aprenden a conocer, a amar, y a imitar a Dios. La eternidad no tiene principio ni final. El tiempo, en mi punto de vista, es un pedazo de la eternidad que Dios "sacó" y al cual Dios le dio un principio y un final. Entonces, Él nos colocó en el tiempo para que nosotros también, pudiéramos experimentar un principio y un final en todas las cosas, y que pudiéramos crecer en madurez y en el carácter de Dios, aprendiendo acerca del proceso creador y del poder del cambio. Yo le doy gracias a Dios que yo vivo en el tiempo correcto ahora mismo. En un sentido, el tiempo nos da la oportunidad de prepararnos para "la eternidad".

El tiempo nos permite vivir en estaciones o temporadas

En segundo lugar, el tiempo nos permite vivir en estaciones o temporadas, y nos permite poder supervisar nuestras visiones en incrementos constantes. ¿Acaso no es bellísimo que tú no tienes que vivir toda tu vida en un solo momento todo junto? Dios nos permite esparcir nuestras vidas en días, meses, y en años. En cualquier momento dado, podemos tener un pasado, un presente, y un futuro. Debemos darle gracias a Dios por este privilegio tan grande.

El tiempo nos da la oportunidad de poner nuestras prioridades en orden y de poder establecer el cambio en nuestras vidas. Tú puedes decir y hacer algo este año en forma diferente de lo que lo hiciste el año pasado. El tiempo te permite hacer este tipo de decisiones. Por lo tanto, el tiempo es un beneficio en el sentido que podemos decir, "yo solía hacer esto de esta manera en años pasados, pero ya no lo hago más". De la misma manera, todo aquello que tú no estabas haciendo el año pasado, a fin de iniciar el cambio que pueda realizar tu propósito, tú puedes tomar la decisión de hacerlo *ahora*. Tú puedes cambiar tu comportamiento a fin de poder tener una experiencia diferente. Yo aprecio mucho estas dimensiones. En el pasado, yo solía

> *El tiempo nos da la oportunidad de poner nuestras prioridades en orden, y de poder establecer el cambio en nuestra vida.*

ser de cierta manera. En el presente, soy de una manera diferente. En el futuro, estoy planeando poder ser diferente. Es lo que el tiempo nos permite. Muchos de nosotros nos sentimos felices acerca de esta realidad, debido a que estamos contentos de que nuestro pasado ya haya pasado.

Por supuesto, nuestro tiempo en la tierra se encuentra limitado, y la realidad del tiempo no debería hacernos comportar en forma descuidada y perezosa, pensando, *Siempre voy a poder hacer eso* (buscar una relación más cercana con Dios, y voy a ir en busca de mi propósito, y llegar a desarrollar mi madurez) *en el futuro*. Nunca sabemos cuándo se va a terminar nuestro tiempo en esta tierra. Pero, mientras tanto, nos ha sido dado el tiempo a fin de que hagamos un progreso continuo y estable para poder crecer en el carácter de Dios, y para poder llevar a cabo nuestras visiones hacia una completa realización.

El tiempo es nuestro indicador de que nada en la tierra dura para siempre

En tercer lugar, el tiempo es la garantía que tenemos de que nada en esta tierra dura para siempre. Dios nos ha dado el tiempo para que podamos tener un principio y un final. Tú vas a atravesar por ciertas cosas en este momento que el tiempo va a tener para ti. Tú dolor, tu frustración, y tus desilusiones van a llegar a un final. Escuchamos a la gente decir cosas como estas, "yo me lesione el año pasado, pero ahora me encuentro completamente sano", "yo me divorcié hace dos años, pero ahora siento que puedo proseguir hacia adelante con mi vida", "yo fui acusado hace veinte años, pero ahora yo puedo tener paz en mi mente". El tiempo nos permite ser removidos del pasado. Un pasado que no fue bueno, por cualquier tipo de razones, ahora tú tienes la oportunidad de vivir una nueva vida.

De modo que si alguno está en Cristo, nueva criatura es; las cosas viejas pasaron; he aquí, son hechas nuevas. Y todo esto procede de Dios, quien nos reconcilió consigo mismo por medio de Cristo, y nos dio el ministerio de la reconciliación. (2ª Corintios 5:17–18)

Bendito sea el Dios y Padre de nuestro Señor Jesucristo, Padre de misericordias y Dios de toda consolación, el cual nos consuela en toda tribulación nuestra, para que nosotros podamos consolar a los que están en cualquier aflicción con el consuelo con que nosotros mismos somos consolados por Dios. (2ª Corintios 1:3–4)

El tiempo nos fue dado para que los propósitos pudieran llegar a realizarse

Vamos a regresar al libro de Eclesiastés 3:1, que dice lo siguiente, *"Hay un tiempo señalado para todo, y hay un tiempo para cada suceso bajo el cielo"*. Podemos ver aquí que el tiempo fue creado con un propósito. A continuación, vamos a mirar este mismo libro de Eclesiastés 3:10, que dice, *"He visto la tarea que Dios ha dado a los hijos de los hombres para que en ella se ocupen"*. ¿Cuál es esta *"tarea"*?

> *El ha hecho todo apropiado a su tiempo. También ha puesto la eternidad en sus corazones, de modo que el hombre no descubra la obra que Dios ha hecho desde el principio y hasta el fin.* (Eclesiastés 3:11)

La tarea que Dios ha colocado en todos los seres humanos—por lo menos, un aspecto de ella—es que Dios ha diseñado todo para que ocurra dentro de cierto tiempo. Esto significa que tenemos que encontrar tan pronto como sea posible, el propósito para el cual nacimos en esta vida, porque ya le ha sido asignado cierto tiempo para que sea realizado. Necesitamos poder llegar a cumplir nuestro propósito en esta tierra antes de morir. Por lo tanto, la "tarea", es la presión que está sobre nosotros para que podamos encontrar nuestras tareas o propósitos, y que podamos realizarlas dentro del tiempo que tenemos destinado para hacerlo.

Pero otra parte de este mismo versículo dice lo siguiente, *"Dios ha colocado la eternidad en el corazón de los hombres"*. Junto con varias advertencias que Dios nos ha dado acerca de lo que es bueno y de lo que es malo, Dios ha colocado dentro de cada ser humano Su propósito para esta persona. Debemos recordar lo que dice en Isaías 46:10, *"Que declaro el fin desde el principio y desde la antigüedad lo que no ha sido hecho. Yo digo: 'Mi propósito será establecido, y todo lo que quiero realizaré'"*. Dios ha colocado "tú principio" y tú "final" dentro de ti. Tú eres un destino caminante. Debemos mantener en mente, a medida que cumplimos nuestro propósito este profundo dicho de Ralph Waldo Emerson, poeta y ensayista: "todo aquello que yace delante de nosotros y detrás de nosotros son asuntos insignificantes comparado con aquello que se encuentra dentro de nosotros. Y cuando sacamos aquello que está dentro de nosotros hacia el mundo, los milagros comienzan a realizarse". Todo aquello que se encuentra dentro de nosotros va a formar el futuro.

Podemos resumir estas ideas en los siguientes principios:

1. El tiempo fue dado a fin de que el propósito pueda ser realizado.

2. Tú no tienes toda la eternidad para cumplir tu propósito. Existe una estación o temporada para todas las cosas.

3. Tu propósito es "el final" que ha sido establecido por Dios, el cual tú tienes que comenzar y completar.

Las estaciones tienen sus propias bendiciones inherentes

En las islas de las Bahamas, los mangos son una fruta muy común y muy popular. ¿Alguna vez has intentado probar un pedazo de una fruta cuando todavía no estaba madura? Tú puedes tomar un mango cuando está verde—y va a estar muy duro y muy pequeño. Tú puedes hacerlo: el árbol no va a pelear contigo para impedírtelo. El problema es que tú no vas a ser capaz de disfrutar la experiencia si tú tratas de comerlo de esta manera.

En forma similar, tú puedes tomar las cosas de esta vida fuera de su estación o temporada, y no importa que sea lo que tú hagas, nunca van a funcionar para ti. Las estaciones o temporadas traen sus propias bendiciones inherentes. Si tú sabes que todo en tu vida tiene una estación o temporada, y si tú sigues estudiando y discerniendo tus estaciones o temporadas, a medida que tú buscas la dirección de Dios, todo en esta vida va a obrar a tu favor. Cuando llega tu estación o temporada, incluso tus enemigos se van a convertir en tus amigos—o si no lo hacen, ellos no van a ser capaces de detenerte. Cuando estás en tu temporada o estación, las puertas que se habían cerrado van a comenzar a abrirse. Cuando estás en tu temporada o estación, la gente a la que no le agradabas, va a estar comenzando a querer ayudarte, y ellos no van a ser capaces de explicarse porque están haciendo esto. Cuando llega tu temporada, todas las cosas que habían sido difíciles se convierten en algo fácil. Las cosas que tú habías estado peleando para que pudieran realizarse, van a luchar a fin de *poder llegar* hacia ti. Esta es la razón de que yo me encuentro abierto a todo aquello que está en su temporada dentro de mi vida.

En Proverbios 20:5 dice lo siguiente, *"Como aguas profundas es el consejo en el corazón del hombre, y el hombre de entendimiento lo sacará"*. Yo deseo ser *"un hombre de entendimiento"* en tu vida a través de este libro, ayudándote a sacar los propósitos que Dios te ha dado, para que tú puedas verlos, y que puedas actuar basado en ellos en el tiempo correcto. Los propósitos que se encuentran dentro de nosotros son muy profundos. A medida que tú lees y entiendes la Palabra de Dios, Sus palabras van a ser como cubetas de agua que llegan muy profundo dentro de ti—donde Él ya ha colocado la eternidad en tu corazón—y va a estar sacando ideas y sueños que tú nunca sabías que tenías. El Salmo 37:4 dice, *"Pon tu delicia en el Señor, y El te dará las peticiones de tu corazón".* Dios te va a capacitar para que puedas cumplir los deseos que El ha planeado para ti desde antes de la fundación del mundo—que son todos los deseos que Dios ha colocado en tu corazón.

Tu destino ya ha sido establecido y cumplido en la eternidad, pero tú naciste para comenzarlo. Tú te encuentras en el principio de tú "final" en este momento. Tú estás avanzando hacia ese final, y tú tienes que mantenerte en curso. Sigue moviéndote firmemente hacia tu propósito, no importa qué cosas sucedan. Permite que tú propósito te lleve a través de las presiones, retos, y cambios de esta vida.

¿Acaso no sabíais que me era necesario estar en los negocios de mi Padre?
—Cristo Jesús (Lucas 2:49)

LA ATADURA MÁS GRANDE PARA EL CAMBIO POSITIVO
Los métodos y tradiciones anticuados sofocan la innovación

En tiempos de cambio, aquellos que están dispuestos a aprender van a heredar la tierra, mientras que aquellos que sienten que todo lo saben, se van encontrar a sí mismos equipados hermosamente a fin de poder tratar con un mundo que ya no existe.
—Eric Hoffer, escritor, filósofo
y recipiente de la medalla presidencial de la libertad

Mientras que el cambio es el motivador más grande de la innovación, *la tradición* (incluyendo la dependencia en experiencias pasadas) es la atadura más grande para los cambios positivos que tú deseas—para tu vida, la comunidad, nación y el mundo. Por *tradición*, no me estoy refiriendo a las verdades eternas. El buen juicio y los buenos principios nunca cambian. Muchos de los puntos que estoy discutiendo en este libro se aplican a todos los tiempos, debido a que están basados en la verdad de la Palabra de Dios, y en principios fuertemente probados. Pero el hecho de hacer algo solamente porque "siempre se ha hecho de esta manera", o de involucrarse en prácticas que no tienen un fundamento sólido real, es una forma de perpetuar la tradición en tiempos cuando se está llamando a la innovación.

Para poder ilustrar esto, vamos a considerar algunos de los factores que rodearon la crisis financiera que golpeó a los consumidores en el año 2008.

Las prácticas irresponsables de los fondos monetarios se habían convertido en la norma para algunas de estas instituciones financieras, y ciertos bancos mantuvieron la expedición de préstamos muy riesgosos. Su falta de responsabilidad los atrapó. No sólo números récord de dueños de casas que fallaron en pagar sus préstamos, pero muchas compañías también llegan a sufrir daños irreversibles. Mucha gente fue despedida de sus trabajos debido a las consecuencias directas o indirectas de estas prácticas. Lo que mucha gente pensó eran los procedimientos normales de operación resultó que era un desastre en proceso.

En contraste, otras instituciones financieras—tanto grandes como pequeñas—no se involucraron en estas o en otras prácticas riesgosas. Ellos siguieron los principios ya probados y las políticas monetarias, y no sufrieron ninguna sacudida a través de esta crisis financiera. Ellos continuaron teniendo dinero suficiente para prestar, y no tuvieron que preocuparse acerca de despedir empleados o cerrar sus puertas.

Existen prácticas sanas de negocios que deberían ser pasadas a las futuras generaciones, y de la misma forma, existen prácticas anticuadas o tontas que nunca deberían ser heredadas. Por lo tanto, cuando consideramos el cambio en contra de la tradición, debemos discernir muy agudamente, y permitir que sea la sabiduría quien nos dirija.

La presión de la tradición

Teniendo todo esto como antecedente, quiero discutir acerca de la seducción de la tradición, lo cual nos va a impedir realizar progresos en esta vida. Cuando hemos estado usando un método que ha sido efectivo y exitoso, siempre vamos a ser tentados a seguir usándolo, ya sea que se trate de un programa, un sistema, un proyecto, un estilo o un modus operandi. De nuevo, existen prácticas y métodos que trascienden el cambio y las generaciones. Las formas tradicionales de pensamiento o de hacer ciertas cosas pueden impedirnos pensar en forma creativa cuando estamos tratando de suplir las necesidades del presente. Anteriormente, pude dar el ejemplo de aquellos que todavía tienen esperanzas de volver a recuperar sus antiguos trabajos cuando las industrias donde ellos solían trabajar ahora están completamente obsoletas. Sus formas de pensar tradicionales con relación a estas industrias—siempre tratando de recordarlas cuando se encontraban en sus mejores días, en lugar de observarlas bajo su realidad presente—les impide que puedan pensar en nuevas oportunidades vocacionales, y los atrapa dentro del enojo y del resentimiento.

Bajo ese contexto, la tradición está tomando algo que en alguna ocasión tuvo éxito, y está intentando pasarlo hacia la siguiente generación. Pensamos que debido a que algo tuvo éxito para nosotros, entonces esto siempre debe y va a funcionar. Algo muy interesante, es que las palabras en el idioma inglés *traición* y *tradición* tienen el mismo origen, debido a que ambas se refieren a "pasar" algo. Vamos a considerar esto: cuando estamos tratando de pasar tradición, en lugar de pasar la verdad, ¿acaso no estamos traicionando a la siguiente generación? ¿Acaso no estamos limitando la habilidad de la siguiente generación para poder responder a los nuevos retos y cambios? ¿Acaso no estamos limitando sus propias habilidades para poder suplir las necesidades del presente?

> *Existen prácticas que trascienden los cambios y las generaciones. Pero las formas tradicionales pueden impedirnos pensar en forma creativa, cuando estamos tratando de suplir las necesidades del presente.*

La tradición y el temor al cambio

El temor al cambio muy frecuentemente se encuentra motivado por la tendencia a aferrarse desesperadamente a las tradiciones. La tradición es buena hasta que se convierte en algo inútil. La tradición es valiosa hasta en tanto da lugar para el futuro. Pero cuando la tradición amenaza el surgimiento del futuro, debe ser enterrada. A medida que marcha hacia el progreso, el cambio demanda la completa rendición de todas las tradiciones humanas obsoletas.

Debes deshacerte de tus "quijadas de burro"

Uno de los personajes más conocidos en la Biblia es Sansón. Entre sus más grandes hazañas se encuentra el hecho de que destruyó mil filisteos usando el hueso de la quijada de un burro como arma. Sansón usó este instrumento para proteger a los israelitas de sus enemigos.

> [Sansón] *al llegar él a Lehi, los filisteos salieron a su encuentro gritando. Y el Espíritu del Señor vino sobre él con poder, y las sogas que*

estaban en sus brazos fueron como lino quemado con fuego y las ata-
duras cayeron de sus manos. Y halló una quijada de asno fresca aún, y
extendiendo su mano, la tomó y mató a mil hombres con ella. Entonces
Sansón dijo: Con la quijada de un asno, montones sobre montones, con
la quijada de un asno he matado a mil hombres.   (Jueces 15:14–16)

Si Sansón viviera hoy en día, el tal vez habría tenido que contratar a un
gerente de mercadeo, quien le hubiera podido ayudar a patentar su quijada
de burro, fabricarla en masa, y venderlo al mejor postor como un arma muy
efectiva—independientemente de que esto funcionara para la persona que
la compró, tan bien como funcionó para él.

Pero aparentemente Sansón no pensaba en estos términos. El relato
del incidente concluye diciendo, *"Y al terminar de hablar, arrojó la quijada
de su mano"* (versículo 17). Sansón no necesitaba poner ese hueso de quijada
de burro en un nicho, incluso aunque él había ganado una gran victoria con
ello. El se dio cuenta que no fue el hueso de la quijada sino el poder de Dios
que lo había capacitado para tener éxito.

¿Acaso tú te encuentras idolatrando tus "huesos de quijada" del pasado, o acaso estás dispuesto a tirarlos, incluso cuando previamente han
funcionado para ti, debido a que reconoces que el cambio demanda que se
utilice un nuevo método? La tradición puede ser definida como el éxito que
ha sido congelado en el tiempo, pero que tú estás tratando de traerlo hacia
el futuro, incluso cuando el cambio está haciendo que los viejos caminos se
vuelvan algo completamente irrelevante.

Invención correctiva

Tal y como hemos discutido anteriormente, existen gentes que reaccionan ante el cambio por medio de no hacer nada. Pero incluso cuando el
cambio está forzando una transformación en tu vida o en la sociedad, el hecho de mantener el mismo estatus quo no va a ser suficiente. Cuando tenemos que encarar lo inesperado o incluso problemas que ya anticipamos en la
sociedad, el cambio básicamente nos está diciendo, "tienes que inventar algo
para corregirme". Vamos a regresar al ejemplo de la crisis financiera que
golpeó en el año 2008. Con la red de bancos nacionales e internacionales
conectados con tanta dependencia uno de otro, así como otras instituciones

financieras, y al mismo tiempo, el peligro del colapso total de algunas de estas instituciones, el gobierno de los Estados Unidos de América entró en escena para poder garantizar la solvencia de las compañías, o básicamente para llegar a comprarlas. Algunas gentes apoyaron esta acción, mientras que otros sintieron el temor de que el gobierno de los Estados Unidos de América se estaba convirtiendo en una nación socialista. La idea de nacionalizar los recursos principales en la economía fue descrita por el gobierno como una respuesta de emergencia para prevenir una calamidad mayor. O se continúa con este tipo de prácticas, o el cambio va a representar un reto para la gente, de tal manera que los obligue a pensar en una solución diferente. De nuevo, el cambio te lleva a considerar, crear, inventar y construir potenciales que no habías explorado antes, y que ni siquiera sabías que tenías dentro de ti. Tal y como lo dicho antes, yo tengo una gran fe en el espíritu humano, debido a que ese espíritu está hecho a la imagen de Dios, y es la naturaleza de Dios el ser creativo y creador. De una o de otra manera, vamos a encontrar una forma, debido a que vamos a ser creativos.

Maneras en que nos aferremos a la tradición

El hecho de aferrarse a la tradición, siendo que deberíamos integrarnos al cambio, puede tomar varias formas o modelos. Vamos a mirar algunos de los modelos o expresiones principales este punto de vista.

Dependiendo en los éxitos del pasado

Pude mencionar brevemente en un capítulo anterior, mientras estaba enlistando "los beneficios del cambio" que nos podemos convertir en personas exageradamente confiadas o satisfechas por nuestros éxitos pasados. Podemos llegar a sentirnos tan halagados con la historia que hemos podido crear, que llegamos al punto de detenernos y no poder crear más historia. Muy tristemente, nuestra complacencia muy frecuentemente menosprecia nuestro potencial para el presente y para el progreso del futuro. Celebramos nuestras realizaciones al costo de nuestros nuevos logros.

Sin embargo, aunque tenemos la tendencia de enfocarnos en todo aquello que ya hemos completado, el cambio tiene la manera de apartarnos de todos nuestros logros anteriores. Evita que nos enamoremos sobremanera de las "grandezas" de nuestro pasado. Y debido a que la mayoría de

El cambio nos impide que nos mantengamos estancados en un nivel de éxito y de logros, que va a negar o a suprimir nuestro verdadero potencial.

nosotros no podemos soltar los éxitos pasados fácilmente, el cambio evita que nos mantengamos estancados en un nivel de éxito y de logros, que negaría o suprimiría nuestro verdadero potencial.

El éxito se puede convertir en una prisión cuando lo ponemos, como lo hacemos muy a menudo, en un gran monumento. También se puede convertir en una casa en la cual el espíritu creativo de la humanidad decide estancarse. Eventualmente, se puede convertir en la dirección permanente de un potencial fracasado y que nunca podrá llegar al máximo. La historia ha probado una y otra vez, que la única manera de poder liberar al espíritu humano que se encuentra atrapado en esa casa, es por medio de alguna forma drástica de cambio que venga a destruir la casa—en forma figurativa sería lo equivalente a un huracán, un tornado, o un incendio. De las ruinas de esa casa va a emerger un espíritu humano que ha sido reactivado para ser creativo, progresista, que va a poder pensar en nuevos caminos, que va a poder inventar nuevas respuestas ante la vida, y que va a poder desarrollar nuevas soluciones para los nuevos problemas que fueron criados por el cambio. Hemos escuchado el dicho tan famoso que dice, "la necesidad es la madre de las invenciones". Ésa declaración es verdaderamente cierta en este contexto. En otras palabras, el espíritu humano normalmente no parece progresar, a menos que se encuentre bajo presión, y que esta presión normalmente sea iniciada o introducida por el cambio.

Manteniéndose preocupados con los métodos pasados

La persona común y corriente no dirige el cambio—él o ella es dirigido por el cambio. Muy frecuentemente esto es debido a que la persona se encuentra preocupada con la tradición—con las formas y maneras pasadas de hacer las cosas. No debemos de estar preocupados *conscientemente* con la tradición, adoptando este tipo de mentalidad. Simplemente, podemos tomar ciertos métodos y prácticas establecidas como algo rutinario, y por lo tanto, esto nos mantiene ciegos para que no podamos ver otras maneras de pensar y otras nuevas posibilidades.

Continuamente me estoy asombrando cuando veo inventores, artistas, y gentes de negocios que se están moviendo siempre de una cosa a la siguiente, haciendo grandes cosas y grandes logros. Bill Gates, cofundador de la compañía Microsoft, posee esta cualidad. El parece que nunca para de estar innovando o forjando nuevos métodos y caminos. Esta es la razón de que él dirige el cambio, y el cambio no lo dirige a él.

Después de haber obtenido mi título en la Universidad y maestría en los Estados Unidos de América, yo regrese a las islas de las Bahamas en el año 1980 con la visión de crear Bahamas Faith Ministries International (BFMI), y poder desarrollar líderes del tercer mundo. A medida que avanzaba hacia adelante con mis planes, yo pude encontrar resistencia y muchos malos entendidos, debido a que estaba intentando algo de lo cual no se había escuchado en ese tiempo. Lo que yo estaba haciendo no era algo tradicional para un ciudadano de las Bahamas. Yo estaba dirigiendo el cambio, por medio de crear "un nuevo producto" en un medio ambiente que no estaba acostumbrado a esto.

Las fuerzas del cambio que yo inicié, dieron como resultado la creación de una organización con sus oficinas principales en una pequeña isla, que al presente es capaz de alcanzar naciones alrededor de todo el mundo. Las oleadas de cambio transformaron mi vida, así como las vidas de cientos de miles que han sido educados e inspirados a través de las conferencias de esta organización, y por medio de mis programas de radio televisión y de Internet, mis libros, así como los discursos que he podido compartir en el ámbito internacional.

Si yo hubiera estado preocupado con el pasado, nunca hubiera sido capaz de comenzar BMFI, ni el trabajo que comencé con los líderes del tercer mundo. De hecho, muy probablemente jamás hubiera tenido ganas de ir a la universidad o de realizar la misión que Dios me había dado. Todos aquellos que se encuentran atrapados en el pasado, y que simplemente aceptan el estatus quo, van a ser dirigidos por el cambio y no al revés. Pero todo aquel que dirige el cambio va a contribuir significantemente a su generación.

Una manera en que podemos definir la grandeza es por la cantidad del cambio positivo que una persona ha creado. ¿Cómo sería el mundo sin la influencia de patriarcas como Abraham y Moisés, o de los monarcas David y Salomón, o de los líderes de la iglesia primitiva quienes *trastornaron a todo el mundo"* (Hechos 17:6)? ¿Qué hubiera sido de los Estados Unidos de América sin las influencias de George Washington y Abraham Lincoln? ¿Qué hubiera sido de la segunda mitad del siglo veinte sin la influencia de Martín Luther King Jr., Madre Teresa, Nelson Mandela, y Ronald Reagan? Todas estas gentes fueron en un sentido, grandes revolucionarios. Ellos forjaron nuevas fronteras.

Y por supuesto, Aquel que más ha influenciado al mundo es nuestro Señor Jesucristo. La cantidad de cambio positivo que Jesucristo ha iniciado jamás va a poder ser calculada humanamente.

Las gentes que pueden forjar nuevas fronteras—ya sea en pequeña o en gran escala—van a ser muy exitosas a través del cambio. La clave para el fracaso en el futuro, por lo tanto, es mantenerse preocupados con el pasado y aferrarse a las formas y maneras tradicionales de hacer las cosas.

Dependiendo en la experiencia como nuestro mejor maestro

Cuando la experiencia se convierte en nuestro *mejor* o *único* maestro, el progreso que puedes tener en la vida va a ser frustrado. Nuestros padres y nuestra cultura nos han estado enseñando que la experiencia es nuestro instructor más valioso. La experiencia es un muy buen maestro, especialmente cuando podemos aprender de nuestros errores. Pero mi estudio de la historia me ha llevado a creer que todos aquellos que dirigen el cambio, muy frecuentemente tienen que "pasar por alto" la experiencia, a fin de poder intentar algo que jamás han intentado antes. Aquellos que dependen solamente en la experiencia pueden acabar por menospreciar e inutilizar su futuro. Si tú te aferras a una experiencia que no se puede acomodar al cambio, esto puede hacer que tú te conviertas en una víctima de ese cambio. Todo aquel que adora el pasado va a permanecer en el pasado.

Cuando tú estás atravesando por el cambio, tú simplemente te encuentras atravesándolo

La más grande tentación que un ser humano puede tener, es el hecho de creer que ya ha llegado a su destino. Todos tenemos la tendencia a movernos hacia la seguridad, pero la seguridad en sí misma es sólo una ilusión. Por ejemplo, vamos a considerar el término *Seguro Social*. La palabra *social* se refiere a la sociedad; la palabra *seguridad* se refiere a permanencia. Pero esta idea es algo imposible: la sociedad nunca puede ser algo permanente. Nada en esta vida puede ser asegurado. Por algunos años, el programa de las Oficinas del Seguro Social en los Estados Unidos de América ha pasado por gran incertidumbre. Incluso mucho antes de la crisis financiera del año 2008, se decía que el programa se encontraba en peligro. En primer lugar, el gobierno ha estado pidiendo dinero prestado al Seguro Social para usarlo en otros propósitos. En segundo lugar con una población senil mucho más grande y una población joven mucho más pequeña los fondos no van a existir cuando las jóvenes generaciones lleguen a la edad para retirarse. En el presente, la suerte del Seguro Social es todavía más incierta. El gobierno en verdad no puede garantizar que la gente va recibir dinero alguno como seguridad de su retiro, incluso aunque la gente ha pagado a este programa durante toda su vida laboral. Los programas del sector privado, tales como las inversiones en los fondos mutualistas también son algo no confiable. Siempre existe el riesgo de que estos fondos vayan a perder dinero, lo cual es una realidad que muchos inversionistas en los planes de retiro pudieron experimentar en los años 2008 y 2009.

Pero debido a que la mayoría de la gente tiene la tendencia a gravitar alrededor de la idea de la seguridad, ellos piensan que existe un lugar o una condición donde ellos pueden llegar en la vida, y que pueden detener el cambio. Ellos tal vez no se dan cuenta, que si esto fuera posible, ellos también dejarían de crecer, de expandirse, de progresar, de moverse, y de desarrollarse. Éste lugar o condición de seguridad muy frecuentemente se llama "retiro o jubilación". Ellos creen que cuando llegan a ir después de haber trabajado muy fuerte durante toda su vida, van a encontrarse seguros. De hecho, si tú has llegado a un lugar donde ya no existe cambio alguno, tú acabas de entrar al "cementerio" de la humanidad. Es un cementerio viviente, pero cuando tú te encuentras a través del cambio, tú todavía te estás moviendo "a través" del mismo.

Nadie se puede "retirar" del cambio. Pero el retiro o jubilación ha sido definido por mucha gente como el

> *La mayoría de la gente cree que existe un lugar donde ellos pueden llegar para detener el cambio. Si esto fuera posible, ellos también estarían deteniendo el crecimiento y el desarrollo.*

tiempo cuando yo ya no tienen que pensar acerca del cambio, sino que pueden buscar el placer. Por ejemplo, alguien que está pensando acerca de retirarse puede pensar, lo siguiente, *ya no voy a ir a trabajar, ya no voy a tener que estar pensando activamente, ya no voy a tener que estar haciendo nada a fin de crear cosas. Solamente me voy a dedicar a jugar golf. Voy a tener los mismos amigos, todos perteneciendo al mismo club de retiro, y me voy a reunir con ellos y a jugar golf todos los días por el resto de mi vida.* Dado este escenario, mi conclusión es que esta persona básicamente ha terminado de funcionar como un ser humano. Lo único que necesita es que le cantemos el himno final en su funeral.

El deseo de seguir creciendo como persona, y la voluntad para seguir respondiendo ante el cambio, son evidencia de que alguien todavía se encuentra vivo entre nosotros. La habilidad que tenga para seguir cambiando hasta que abandone la tierra, es nuestro único indicativo de que él todavía se encuentra vivo. "Cuando tú te encuentras atravesando en medio del cambio, tú estás 'atravesándolo'". Esto es una verdad que se aplica a las compañías, los países, comunidades, las familias y a los individuos. Si una compañía cree que tiene *la* fórmula para el éxito, y que nunca necesita cambiar, esa compañía ha acabado de sellar su propia destrucción. Si una comunidad piensa que ha llegado a un estado de perfección en su gobierno o crecimiento, esto significa que ha comenzado a declinar. Si tú piensas que tienes tu vida perfectamente planeada sin cambio alguno, tú has comenzado "a morir".

Yo sugiero que mientras más avances en tu edad, mucho mayor cambio deberías ser capaz de iniciar, debido a que el cambio te va a mantener vivo. Te va a capacitar a ser un miembro contribuyente de la familia humana. Tú ya no puedes darte el lujo de estar esperando que las cosas sucedan por sí solas. Tú tienes que *hacerlas* suceder. Para poder hacer esto, tú tienes que trabajar en contra de la perspectiva tradicional de nuestra cultura, la cual promueve lo opuesto. Mientras más avanza la gente en edad, ellos rehúsan involucrarse en el cambio. La gente comienza a buscar seguridad y estabilidad—en esencia, "buscan la tradición".

Pero los ancianos de 80 y 90 años que siempre se encuentran activos y viajando, visitando nuevos lugares, son normalmente aquellos que tienen mentes sanas y mucha energía física. Más aún, todos aquellos que no pueden estar activos físicamente pero tienen espíritus llenos de energía, siempre son personas muy inspiradoras con quien la gente siempre quiere tener relación. Ellos continuamente están hablando de experiencias que los han motivado. Ellos son la vida de la fiesta, sin importar lo viejos que ellos sean, porque de alguna manera ellos han podido aprender el secreto que el cambio es para la vida, igual que el oxígeno es para el cuerpo. Te sigue dando una nueva energía interna continuamente.

La meta en la vida no es poner en un trono la historia de nuestras vidas, sino crear historia adicional. El tipo de historia que leemos en los libros y que podemos ver en los documentales y en los dramas muy bien puede ser definido como "cambio registrado". Normalmente no registramos cosas comunes y corrientes de la vida cotidiana. Al contrario, la historia es un registro de gentes y eventos que han cambiado la vida humana de alguna manera. Por lo tanto, si tú quieres dejar una marca en la historia, y no quedar perdido en medio de la maquinaria de la tradición, tú debes *iniciar o llevar al máximo* el cambio.

De nuevo, la historia en realidad se trata acerca de cambios que han sido registrados o agentes de cambio que han quedado en los anales de la historia. Históricamente, podemos recordar a aquellos—ya sea en forma positiva o en forma negativa—que llegaron a transformar nuestro mundo. Por ejemplo, vamos a pensar acerca de los grandes guerreros en la historia. ¿Por qué la gente todavía escribe y habla acerca de Alejandro Magno? Porque él llegó a conquistar el mundo conocido en aquel entonces. ¿Por qué la gente todavía escribe y habla acerca de Napoleón? Debido a que él convirtió a Francia en un imperio y estuvo muy cerca de derrotar a Rusia.

El mismo principio funciona en los tiempos modernos. Sin importar la opinión que tú tengas del presidente Barack Obama, él hizo historia debido a que trajo cambio. La palabra *cambio* se convirtió en el lema de su campaña presidencial.

Yo quiero retarte a que te salgas fuera de las limitaciones de la tradición. Debes estar dispuesto a pagar el precio, a fin de poder crear algo nuevo o mejorar algo hasta el punto de que pueda funcionar efectivamente en una nueva forma. Eso es de lo que la vida se trata. No se trata acerca de mantener el mismo estatus quo, sino que es acerca de crear un nuevo estatus.

El hecho de iniciar el cambio te va a garantizar un lugar en la historia. Mi oración es que el cambio que inicies sea para el mejoramiento de la humanidad, y no para su destrucción. Todos recordamos a Adolfo Hitler por el cambio destructivo que trajo. Todos recordamos a Nelson Mandela porque estuvo dispuesto a pagar el precio de veinticinco años de prisión, a fin de poder mejorar la vida de su pueblo y hacer avanzar la humanidad con más dignidad en este mundo. Todos recordamos a Cristo Jesús por el cambio redentor y eterno que Él trajo a través de Su vida, muerte, y resurrección.

Olvidando el pasado, y lo que dejamos atrás

La gente que inicie el cambio debe, de alguna manera, tener poca memoria. Ellos no deben estar casados con el pasado o la tradición hasta el punto de que estén arrastrándolos con ellos todo el tiempo. Los agentes de cambio, por lo tanto, necesitan aprender a olvidar "la manera en que las cosas siempre se han hecho".

Pablo escribió lo siguiente,

No que ya lo haya alcanzado, o que ya haya llegado a ser perfecto, sino que sigo adelante, a fin de poder alcanzar aquello para lo cual también fui alcanzado por Cristo Jesús. Hermanos, yo mismo no considero haberlo ya alcanzado; pero una cosa hago: olvidando lo que queda atrás y extendiéndome a lo que está delante, prosigo hacia la meta para obtener el premio del supremo llamamiento de Dios en Cristo Jesús.

(Filipenses 3:12–14)

> *Necesitamos convertirnos en personas pro activas, progresistas, y de una respuesta activa. De esa manera, vamos a convertirnos en diseñadores del cambio y no en víctimas de él.*

Necesitamos convertirnos en personas que no están temerosas de explorar lo desconocido, y quienes planeamos para el cambio, en lugar de llenarnos de pánico cuando el cambio se presenta.

Para que tú te conviertas en una persona que sabe responder en forma efectiva al cambio, debes estar dispuesto a olvidar los efectos del cambio anterior y poder alcanzar aquello que está delante de ti. Debemos notar que el apóstol Pablo no dijo que debemos *mantener lo que tenemos al presente, sino que debemos alcanzar aquello que se encuentra delante de nosotros.* Necesitamos convertirnos en personas pro activas, progresistas, y de una respuesta activa. De esa manera, vamos a convertirnos en diseñadores del cambio y no en víctimas de él.

El beneficio de la inexperiencia

El clamor por el cambio muy frecuentemente comienza en el corazón de todos aquellos que son inexpertos, debido a la aspiración que tienen por lo desconocido, lo cual genera en ellos un espíritu de cambio. Por ejemplo, la falta de experiencia fue identificada durante las elecciones presidenciales del año 2008 en los Estados Unidos de América como la más grande debilidad del aquel entonces candidato presidencial Barack Obama. Un número de otros candidatos usó la experiencia como su primera cualidad para poder dirigir. Pero tal vez la falta de experiencia de Barack Obama se convirtió en su más grande cualidad entre los votantes, porque le permitió tener la visión y poder hablar acerca del cambio—y esa idea del cambio tuvo resonancia con mucha gente. En una forma paralela, su oponente, el senador John McCain, promovió su propio punto de vista no tradicional con relación a su partido y a diversos asuntos, conjuntamente con su experiencia, tratando de llegar al corazón de los votantes.

Yo no estoy diciendo que la experiencia no pueda ser útil en algunas ocasiones o incluso importante para poder iniciar el cambio. Debemos pensar, por ejemplo, acerca del inventor Tomas Edison quien siguió experimentando, basado tanto en sus fracasos pasados, como en su mente ingeniosamente creativa para que al final de cuentas llegara a inventar el bulbo eléctrico, entre muchos otros grandes inventos. Sin embargo, algunas veces la experiencia puede menospreciar tus sueños, debido a que tú comienzas a hablar de aquello que no puede ser realizado, y das todas las razones para respaldar esto. Una falta de experiencia puede permitir que una persona crea en posibilidades sin estar obstaculizándolo con el conocimiento de aquello que fue posible en el pasado. En esencia, él o ella no tienen referencia alguna para tener restricciones.

Tal vez por esta razón, es que a través de toda la historia, el cambio siempre ha sido el rito de la oportunidad para los jóvenes. Muy frecuentemente cuando el Creador implementó el cambio, Él buscó alguien que no tuviera experiencia en los asuntos de la tradición. Por ejemplo, aunque en alguna ocasión el rey Saúl había podido ver a Dios realizando cosas

milagrosas, su experiencia humana y sus limitaciones le robaron la confianza de que tanto él, como el resto de los israelitas podrían derrotar al gigante
Goliat, en contraste a esto, el joven muchacho David no tenía temor alguno.
Él no tenía precedentes de haber peleado en contra de los filisteos, y él no
tenía ningún tipo de pensamientos acerca de que fuera imposible derrotar
a este gigante. David estaba convencido del poder de Dios y deseaba darle
honor al nombre de Dios.

La innovación de David consistió en usar un arma completamente nueva en el campo de batalla—un arma que él solía usar anteriormente para
proteger a sus ovejas. El tuvo que usar su resortera y apuntar certeramente
a fin de poder matar leones y osos que intentaban atacar a su rebaño. Por
lo tanto, el no vio razón alguna de por qué él no podía usarla en contra de
Goliat. La tradición decía que David tenía que usar una armadura para ir
a pelear en contra del filisteo, y Saúl trató de darle su propia armadura.
Pero David le dijo a Saúl, de hecho, "Yo no puedo pelear con tu armadura.
Yo debo usar lo que yo conozco". (Favor de ver 1ª Samuel 17:21–54). Los
innovadores siempre van a emplear herramientas que no han sido probadas
en el campo de la tradición. Ellos están dispuestos a tratar todo aquello que
no ha sido probado, a fin de poder lograr realizar lo desconocido.

Ninguna persona se acerca a la vida sin tener algún tipo de experiencia
y tradición detrás de él o ella—¡a menos que esa persona sea un bebé! Al
contrario, los agentes de cambio mezclan su experiencia y la posibilidad de
de una *nueva* experiencia. Por lo tanto, el cambio simplemente puede ser la
introducción de una experiencia que es diferente de las que tú has tenido
anteriormente. La capacidad que tú tengas para aprender cómo aplicar en
forma efectiva las nuevas formas de pensamiento, como usar nuevas herramientas, y cómo usar las viejas herramientas en una nueva manera, van a
determinar si tú te conviertes en el iniciador del cambio, o en la victima del
cambio.

Tú puedes juzgar tu edad por la cantidad de dolor que tú sientes cuando tú
tienes que entrar en contacto con una nueva idea.
—Pearl S. Buck, escritora,
ganadora del premio Pulitzer y del Premio Nobel

El reto del cambio

El cambio prueba y revela quiénes somos realmente

La cosa más importante que debemos recordar es ésta: debemos estar listos en
todo momento para soltar lo que somos, a cambio de aquello
que podemos llegar a ser.
—W. E. B. Du Bois, activista de derechos civiles y
cofundador de NAACP

El cambió nos afecta de muchas maneras, pero todas estas formas pueden ser destiladas en un reto principal: una prueba de madurez. Es esto a lo que yo me estaba refiriendo anteriormente cuando estuve hablando acerca de la diferencia que existe entre *reaccionar al cambio* y *responder ante el cambio* en la vida.

El apóstol Pablo escribió lo siguiente, *"Y sabemos que para los que aman a Dios, todas las cosas cooperan para bien, esto es, para los que son llamados conforme a su propósito….Entonces, ¿qué **diremos a esto?** Si Dios está por nosotros, ¿quién estará contra nosotros?"* (Romanos 8:28, 31, se añadió énfasis). Tenemos que buscar en forma muy activa lo que significa responder al cambio que trata de sacudirnos, en lugar de simplemente reaccionar ante él. Debes notar que aunque Dios es por nosotros, y está trabajando a nuestro favor, esto no es una garantía de que las cosas en nuestra vida no van a cambiar. Cuando el apóstol Pablo dijo, *"si Dios por nosotros"*, él se estaba refiriendo a todas las dificultades que nos suceden—y también a la forma cómo podemos ser vencedores sobre todas ellas. El enlistó los problemas, las dificultades, persecuciones, hambruna, desnudez, peligros, y espada (que significa muerte). (Favor de ver versículo 35). De nuevo, mucha gente hoy en día está enseñando que si Dios está contigo, tú no tienes que pasar por ningún tipo de dificultades o experiencias difíciles. Esta es una teología muy débil; hace que la gente se encuentre totalmente sin preparación para todas esas temporadas de problemas y cambios.

Pablo indicó que dado que Dios estaba con él, él podía tener y pasar todas estas experiencias, y aún así ser una persona madura en la forma como él podía responder ante ellas. ¿Cuál era la base para este tipo de confianza? *"Entonces, ¿qué diremos a esto? Si Dios está por nosotros, ¿quién estará contra nosotros? El que no eximió ni a su propio Hijo, sino que lo entregó por todos nosotros, ¿cómo no nos concederá también con El todas las cosas?"* (Romanos 8:31–32). Dios en ninguna manera trató de evitar el sacrificio de la muerte de Su propio Hijo a favor nuestro. Por lo tanto, podemos saber que Dios de igual manera nos da todo lo que necesitamos en esta vida. Como resultado de esto, *"En todas estas cosas somos más que vencedores por medio de aquel que nos amó"* (versículo 37).

Poco antes de que fuera arrestado y crucificado, Jesús les habló a Sus discípulos acerca del tiempo de presión y de pruebas que ellos iban a encarar en un futuro próximo. Jesús les dijo que ellos iban a sufrir debido a la muerte de Él, pero que su sufrimiento iba a ser convertido en gozo por medio de Su resurrección. Entonces, Jesús les dijo, *"Estas cosas os he hablado para que en mí tengáis paz. En el mundo tenéis tribulación; pero confiad, yo he vencido al mundo"* (Juan 16:33). Jesús venció al mundo, y por lo tanto ellos no tenían por qué tener temor, incluso cuando se encontraran en medio de este cambio tan crítico.

¿Puedes recordar la parábola que Jesús contó acerca de la casa que se encontraba edificada en la roca y la casa que se encontraba edificada en la arena? La tormenta azotó las dos casas por igual. El cambio le sucede a todo el mundo—a aquellos que se encuentran preparados para él, y aquellos que no se encuentran preparados para ello; para aquellos que reconocen a Dios, y para aquellos que no reconocen a Dios.

Por tanto, cualquiera que oye estas palabras mías y las pone en prácti-ca, será semejante a un hombre sabio que edificó su casa sobre la roca; y cayó la lluvia, vinieron los torrentes, soplaron los vientos y azotaron aquella casa; pero no se cayó, porque había sido fundada sobre la roca. Y todo el que oye estas palabras mías y no las pone en práctica, será semejante a un hombre insensato que edificó su casa sobre la arena; y cayó la lluvia, vinieron los torrentes, soplaron los vientos y azotaron aquella casa; y cayó, y grande fue su destrucción.   (Mateo 7:24–27)

Las dos casas llegaron a ser confrontados con el mismo tipo de lluvia, el mismo tipo de agua en torbellino, y el mismo tipo de vientos. La decisión que tú hagas de edificar tu vida sobre la roca, en lugar de edificarla sobre la arena, no te va a hacer inmune de la tormenta—pero si va a afectar el resultado; va a afectar la forma como tú vas a poder sobrevivirla. Tu fe no siempre va a poder repeler el cambio. Al contrario, el cambio *va a proveer* la realidad de tu fe.

> *Tu fe no siempre va a poder repeler el cambio. Al contrario, el cambio va a probar la realidad de tu fe.*

Esta es la razón de que yo dije que la madurez de tu sistema de creencias va a ser probada por medio del cambio. Por lo tanto, podemos enlistar estos principios del cambio y madurez como sigue:

1. El cambio viene a probar quiénes somos y quienes decimos ser.
2. La madurez de una persona se mide por medio de la respuesta que muestre ante el cambio.
3. El cambio siempre va a poder manifestar nuestra madurez, si es que tenemos alguna.
4. El cambio es el medio por el cual podemos aprender la respuesta madura ante los tiempos de incertidumbre.

El cambio prueba quiénes somos en realidad

Yo pienso que el apóstol Pablo fue uno de los más grandes ejemplos y maestros, con relación a la forma en que podemos medir la madurez en la experiencia humana. Por ejemplo, él escribió esto a los Filipenses:

No que hable porque tenga escasez, pues he aprendido a contentarme cualquiera que sea mi situación. Sé vivir en pobreza, y sé vivir en prosperidad; en todo y por todo he aprendido el secreto tanto de estar saciado como de tener hambre, de tener abundancia como de sufrir necesidad. Todo lo puedo en Cristo que me fortalece.

(Filipenses 4:11–13)

En esencia, todas las circunstancias significaban lo mismo para Pablo. El nunca permitió que los buenos tiempos o los tiempos difíciles le impidieran seguir buscando su propósito en la vida. *"¿Quién nos separará del amor de Cristo? ¿Tribulación, o angustia, o persecución, o hambre, o desnudez, o peligro, o espada?"* (Romanos 8:35). Esta lista de dificultades incorpora todo aquello que podemos llegar a experimentar en la vida—¡y mucho más!—y esto también implica todas las emociones que los acompañan, tales como el temor, terror, enojo, vergüenza, y dolor. Vamos a considerar la forma como estas áreas se pueden traducir en los problemas que experimentamos, a medida que vivimos y trabajamos en nuestras diferentes naciones. Tú puedes añadir tus propias aplicaciones.

+ *Problemas:* enfermedades temporales; accidentes; malos entendidos entre las gentes; las dificultades de aprendizaje de un niño; las presiones en las familias, tales como infidelidad, embarazos no deseados, o conflictos entre padres e hijos; viviendo en medio de la influencia de pandillas callejeras.

+ *Privaciones:* daños o pérdidas que sufra tu propiedad; teniendo que trabajar más de un solo trabajo para poder pagar todas tus deudas; tener que tomar la responsabilidad del cuidado a largo plazo de algún ser querido; no poder tener acceso al agua potable; tener que viajar muchos kilómetros para poder obtener algún tipo de ayuda médica.

+ *Persecuciones:* ser excluido por otras personas; ser acusado falsamente de algo; ser víctima del chisme de los demás; ser discriminado o castigado de alguna manera debido a tus creencias; tener que sufrir la prohibición de no poder votar; ser presionado para que apoyes algo en lo cual tú no crees.

+ *Hambre y desnudez:* ser despedido del trabajo y no tener ningún medio para obtener dinero; no poder contar con el amor de ningún tipo de familiares; sequías que afectan las cosechas que tú ibas a vender o a comprar; no ser capaz de poder obtener la educación que tú deseabas.

+ *Peligros:* vivir en una comunidad con un alto índice de crímenes, donde frecuentemente ocurren ataques, violaciones, robos a las viviendas; ser atrapado por algún desastre natural, tales como los huracanes o inundaciones; vivir con la amenaza del terrorismo o de otros actos violentos; tener un trabajo que involucra el riesgo de daño o lesiones físicas.

+ *Espada:* experimentar la muerte de algún ser querido, un amigo o algún miembro de la comunidad donde vives, ya sea por medios naturales o que no sean naturales—lo que significa el cumplimiento de su deber, accidentes automovilísticos, asesinatos, o genocidio.

Esta es la lista. Se pueden añadir muchos más ejemplos. Pero Pablo dijo que él era más que un vencedor a través de todo este tipo de cosas, porque él tenía confianza en que *"para los que aman a Dios, todas las cosas cooperan para bien, esto es, para los que son llamados conforme a su propósito"* (Romanos 8:28). Esto es la madurez.

La madurez se mide por medio de la respuesta que tengamos ante el cambio

Tu nivel de madurez va a ser medido por la forma como tú puedas manejar el cambio. En el capítulo anterior titulado "El Mayor impedimento para el cambio positivo", pudimos discutir que no debemos basar nuestras vidas en los resultados del pasado ni en los fracasos del pasado. Debemos mirar la declaración que hizo el apóstol Pablo, diciendo, *"Hermanos, yo mismo no considero haberlo ya alcanzado; pero una cosa hago: olvidando lo que queda atrás y extendiéndome a lo que está delante, prosigo hacia la meta para obtener el premio del supremo llamamiento de Dios en Cristo Jesús"* (Filipenses 3:13–14). De hecho, Pablo estaba diciendo, "Si tú puedes olvidar lo que hiciste anteriormente, y tratas de avanzar hacia delante haciendo algo que nunca habías hecho, eso es madurez".

Basados en la lista previa de pruebas que podemos tener en la vida, podemos agregar las tragedias y las privaciones que vienen con aquellas cosas a las que no debemos aferrarnos. ¿Quién es capaz de hacer esto en medio de los cambios y dificultades de la vida? Nuestra respuesta llega en la siguiente declaración del apóstol Pablo: *"Así que todos los que somos perfectos, tengamos esta misma actitud; y si en algo tenéis una actitud distinta, eso también os lo revelará Dios"* (versículo 15).

La madurez se refiere a poder responder en forma constructiva, en lugar de simplemente reaccionar ante el cambio, siendo que esto nos causa mayor desilusión, dolor, y pérdida de nuestro potencial.

Pablo dijo que solo la gente madura puede dejar de vivir en el pasado, para poder llegar a aceptar el futuro que se aproxima. Debes ver muy cuidadosamente la forma como estoy usando la palabra *madurez* en este contexto. Se refiere a la manera de responder en forma constructiva, sin importar qué es lo que estamos encarando en nuestra vida, en lugar de simplemente conformarnos con reaccionar, y por lo tanto causándonos a nosotros mismos más desilusión, dolor y mayores pérdidas en nuestro potencial. Pablo realmente no estaba diciendo—y tampoco digo yo—que es inmaduro el hecho de sentir pena o dolor. En algún lugar, Pablo escribió a los Filipenses acerca de su amigo y compañero Epafrodito, quien había caído enfermo, *"Pues en verdad estuvo enfermo, a punto de morir; pero Dios tuvo misericordia de él, y no sólo de él, sino también de mí, para que yo no tuviera tristeza sobre tristeza"* (Filipenses 2:27). Pablo sabía lo que era la pena y el dolor. El también sabía lo que era el sufrimiento:

Afligidos en todo, pero no agobiados; perplejos, pero no desesperados; perseguidos, pero no abandonados; derribados, pero no destruidos; llevando siempre en el cuerpo por todas partes la muerte de Jesús, para que también la vida de Jesús se manifieste en nuestro cuerpo.

(2ª Corintios 4:8–10)

Por lo tanto, la madurez se mide por medio de la capacidad que tú tengas para *soltar* o para *"olvidar"* el pasado, para poder *edificar* y *crear* el futuro. Algunas gentes pasan años llorando por aquello que ya sucedió, por aquello que nunca sucedió, por aquello que pudo haber sucedido, por aquello que solían hacer, y por la forma como las cosas solían ser. La madurez va a ser medida por la capacidad que uno tenga para poder responder en forma efectiva ante lo inesperado. Todos aquellos que son maduros miran hacia el futuro y se enfocan en la tarea de cumplir los propósitos que tienen para esta vida.

Yo viajo por todo el mundo, y tengo la oportunidad de encontrar y conocer todo tipo de culturas. Algunas veces, yo entro a un país y me pongo a pensar, *¿cómo es que estas personas pueden vivir bajo estas condiciones?* Cuando vemos la dificultad por la que otras personas atraviesan dentro de sus estilos de vida, sentimos lástima por ellos, pero ellos se encuentran felices y contentos debido a que el espíritu humano ha encontrado la manera de poder responder ante el cambio, y hacer que el cambio trabaje para su beneficio. Por ejemplo, cuando los precios de la gasolina subieron muy alto, la gente se estuvo quejando, pero todos ellos encontraron la manera de comprar gasolina para sus automóviles. O hicieron arreglos, tales como alternar automóviles con sus vecinos, tomar el autobús o el metro subterráneo, evitar largos viajes, y viajar solo cuando realmente necesitaban hacerlo. Por consecuencia, la gente fue forzada a realizar un cambio en la situación, porque cuando la demanda por la gasolina bajó, el precio también fue reducido en forma dramática.

La vida puede ser algo devastador para nosotros cuando nos ponemos a pensar que todo aquello que estamos experimentando es una condición permanente. Pero debes recordar que todo esto dura solo una temporada o una estación. Si tú te encuentras deprimido y cabizbajo en este momento, levanta tu mirada y sonríe. ¿Por qué? Sólo es una *temporada o estación*. La Biblia dice que existe tiempo para llorar y tiempo para reír. (Favor de ver Eclesiastés 3:4). Todas las circunstancias llegan a cambiar.

El cambio va a manifestar la madurez que existe dentro de ti

El cambio es el más grande revelador de la madurez interna y real que tú tengas. La madurez no tiene nada que ver con la edad. Tiene que ver con la habilidad que tú tengas para poder mantener el equilibrio, perspectiva y la paz interna en medio del caos inesperado. Si el cambio te llega a debilitar, te inmoviliza, o desarma tus facultades mentales hasta el punto en que no pueden responder y funcionar en una forma positiva y progresiva, tú entonces puedes ser descrito como una persona inmadura.

Mientras que muy frecuentemente a los niños se les describe como personas inmaduras, podemos notar algunas cualidades muy importantes que ellos poseen, y que los capacitan a para manejar el cambio en una mejor manera. Un niño pequeño no tiene la percepción sofisticada necesaria para poder entender e interpretar su medio ambiente, el cual puede estar infestado de cambios. Por lo tanto, El puede aparentar estar exhibiendo cualidades en el más alto nivel de madurez, lo cual busca el beneficio o la belleza en toda situación.

Por ejemplo, un niño puede ver un camión que está viniendo por la calle hacia él. ¿Cuál es su respuesta? El se para quieto e inmutable, fascinado por el tamaño tan grande o los colores tan brillantes del camión. O tal vez el niño puede ver un fuego ardiendo. Las flamas parecen ser hermosas para él, y él quiere involucrarse de alguna manera con ese fuego. Él todavía no tiene la experiencia en la vida como para poder conocer los peligros potenciales en estas cosas o para poder desarrollar un temor saludable para evitar ser lastimado a través de interacciones que no sean adecuadas con este tipo de elementos. Si miramos con cuidado, podemos observar a un niño reaccionando con esa curiosidad natural, en lugar de tomar las precauciones necesarias, y por lo tanto, lo removemos de ese peligro, pensando, *es que simplemente no puede entender esto porque es muy inmaduro.*

Pero Jesús hizo una declaración muy importante, la cual contiene una verdad impresionante que podemos aplicar cuando nos referimos al cambio: *"En verdad os digo: el que no reciba el reino de Dios como un niño, no entrará en él"* (Marcos 10:15). Por supuesto, Jesús nunca quiso decir que deberíamos caminar en la forma que los niños lo harían entre las llantas de un enorme camión o meter nuestras manos en el fuego. Yo creo que Jesús estaba sugiriendo que deberíamos ver la vida con la fresca perspectiva y la aceptación de un niño. Cuando los cambios ocurren, todo mundo alrededor de ti puede creer que esto se ha convertido en un caos total; ellos pueden pensar en todo ese peligro y destrucción. Pero tú puedes tener el punto de vista como si fueras un niño por medio de darte cuenta que, *Dios promete que todas las cosas van a funcionar para bien, y por lo tanto existe algo bueno que yo tengo que mirar en todo esto.*

Alguna gente puede llamar este punto de vista irreal, pero el punto de vista de Dios es maduro, porque se encuentra basado en nuestra confianza en Él. Jesús respondió de esta manera en medio de una tormenta muy violenta. Él y Sus discípulos se encontraban cruzando un lago en un barco cuando llegó la tormenta. Todos los discípulos se encontraban juntos y tenían el miedo de que todos fueran a ahogarse. Ellos voltearon a ver a Jesús ¡y vieron que Jesús estaba durmiendo en una almohada en la parte de atrás del barco! ¿Acaso no era esta una manera muy inmadura de reaccionar ante las circunstancias? Así parece hacerlo. Algunos niños han permanecido dormidos mientras que los tornados pasan alrededor y nunca llegaron a notar nada. ¿Pero acaso Jesús sabía algo que los discípulos no sabían? Absolutamente sí. Jesús sabía que él podía confiar en Dios en medio de cualquier tipo de circunstancias.

> *Ese día, caída ya la tarde, les dijo: Pasemos al otro lado. Despidiendo a la multitud, le llevaron con ellos en la barca, como estaba; y había otras barcas con Él. Pero se levantó una violenta tempestad, y las olas se lanzaban sobre la barca de tal manera que ya se anegaba la barca. Él estaba en la popa, durmiendo sobre un cabezal; entonces le despertaron y le dijeron: Maestro, ¿no te importa que perezcamos? Y levantándose, reprendió al viento, y dijo al mar: ¡Cálmate, sosiégate! Y el viento cesó, y sobrevino una gran calma. Entonces les dijo: ¿Por qué estáis amedrentados? ¿Cómo no tenéis fe? Y se llenaron de gran temor, y se decían unos a otros: ¿Quién, pues, es éste que aun el viento y el mar le obedecen?* (Marcos 4:35–41)

Los discípulos le preguntaron a Jesús, "*Maestro, ¿no te importa que perezcamos?*" Jesús respondió con otra pregunta: "*¿Cómo no tenéis fe?*"

Tanto Jesús como los discípulos, ambos experimentaron la misma situación, de la misma manera como la parábola que Jesús explicó acerca de las dos casas que fueron azotadas por la tormenta. Pero los discípulos estaban alarmados; Jesús estaba calmado. Ellos se llenaron de pánico; la fe de Jesús permaneció firme. La madurez no consiste en ignorar el peligro, sino por el contrario en poder interpretarlo en forma correcta para que éste se convierta en un beneficio para ti, en lugar de que sea una carga. El cambio puede convertirse en una fuente de valor, en lugar de ser una fuente de incomodidad. En esta ocasión, el poder de Dios se mostró trayendo paz en medio de un peligro natural que nunca hubiera podido ser solucionado sin la ayuda divina.

En otra ocasión, Jesús recibió un mensaje acerca de que Lázaro, un muy querido amigo de Él, se encontraba enfermo. Debido a que Jesús mantenía una relación muy estrecha con Dios el Padre Celestial, sabía cómo poder manejar ciertos tiempos específicos de cambios críticos. ¿Cómo es que Jesús respondió ante estas noticias? Él no dejó todo lo que estaba haciendo para salir corriendo, sino que ajustó Sus pensamientos para controlar Su respuesta, todo esto basado en la guía del Padre Celestial. *"Cuando Jesús lo oyó, dijo: Esta enfermedad no es para muerte, sino para la gloria de Dios, para que el Hijo de Dios sea glorificado por medio de ella"* (Juan 11:4). En otras palabras, "este cambio va a dar como resultado un beneficio". Entonces, se quedó donde estaba por dos días más. El continuó haciendo todo lo que estaba haciendo, en lugar de ir corriendo hacia dónde se encontraba Lázaro. Aparentemente, los discípulos creían que Jesús se estaba quedando en ese lugar a fin de evitar el peligro de sus enemigos. (Favor de ver versículo 8). Pero en realidad era una razón completamente diferente.

Fue solamente cuando Jesús supo que Lázaro había muerto, que Él les dijo a Sus discípulos de hecho, "bueno, es hora de ir". ¿Cuál fue la razón de permanecer en el mismo lugar mientras que Lázaro estaba enfermo, para después ir a verlo ya que había muerto? Esta parece ser una respuesta inmadura—o por lo menos muy confusa—con relación a la forma de responder ante esta situación tan trágica. Sin embargo, fue la mejor respuesta ante este cambio, y bajo esta circunstancia, debido a que se encontraba basada en el propósito de Jesús. Pero debes notar que incluso en medio de encontrarse realizando Su propósito, Jesús no fue inmune al dolor que acompañaba la muerte de Lázaro. *"Y (Jesús) dijo: ¿Dónde lo pusisteis? Le dijeron: Señor, ven y ve. Jesús lloró"* (Juan 11:34–35). Esto es lo que sucedió a continuación:

> *Entonces quitaron la piedra. Jesús alzó los ojos a lo alto, y dijo: Padre, te doy gracias porque me has oído. Yo sabía que siempre me oyes; pero lo dije por causa de la multitud que me rodea, para que crean que tú me has enviado. Habiendo dicho esto, gritó con fuerte voz: ¡Lázaro, ven fuera! Y el que había muerto salió, los pies y las manos atados con vendas, y el rostro envuelto en un sudario. Jesús les dijo: Desatadlo, y dejadlo ir.*   (Juan 11:41–44)

Algunas veces, la gente se apresura a venir hacia nosotros, o nos llama por teléfono, y dice, "¡apúrate! ¡Algo le ha sucedido a alguien! ¡Tenemos que ir de inmediato!" Algunas emergencias necesitan nuestra presencia inmediata, pero otras tal vez no. Dependiendo del tipo de necesidad, tú tal vez respondas, "debo terminar esto primero". Otros tal vez vayan a pensar que tú eres una persona irresponsable o sin sentimiento alguno. Pero la madurez algunas veces requiere que nosotros digamos, "yo entiendo que esto ha sucedido, pero yo no puedo cambiar nada en ese momento, y tampoco puedo contribuir con nada en forma constructiva a esta situación, así que simplemente debo continuar haciendo lo que estaba haciendo". Cada situación es diferente, y debemos discernirlas una por una. Pero el hecho de reaccionar con alarma y sin dedicar el pensamiento necesario es algo muy inmaduro, mientras que responder con un propósito y en forma productiva es algo maduro.

Vamos a suponer que el banco me dice, "tú te encuentras atrasado en el pago de hipoteca cuatro meses, y aparentemente no tienes solución alguna para producir el ingreso necesario, ni tienes poder alguno para poder solucionar esto. Vamos a tener que confiscar tu casa". Asumiendo que el dinero no va a ser provisto en forma milagrosa, y que mis parientes y amigos no tienen los fondos necesarios para ayudarme, ¿cómo es como yo debería responder ante la pérdida de mi casa? ¿Cómo debería yo manejar esta situación en una forma madura? Que no puedo imprimir dinero, ni robar un banco. Por lo tanto, yo permito que el banco tome la casa, decido ir de regreso a la casa de mis padres durante un tiempo, debido a que ellos me dicen que puedo estar ahí sin tener que pagar renta alguna. Aunque toda esta situación me costó perder mi propiedad—y tal vez mi orgullo—el hecho de tomar esta acción sería manejar esto con una respuesta madura. Una respuesta inmadura sería deprimirse totalmente, enojarse con todo el mundo, echarle la culpa al banco, echarle la culpa a Wall Street, y a todo el resto del mundo. Entonces, mi presión arterial se elevaría hasta el cielo (tal vez llevándome a tener otro tipo de problemas médicos), yo me encontraría enojado con todo el mundo, y estaría desperdiciando el tiempo que podría estar usando para iniciar nuevos planes para mi vida. ¿Cuál crees tú que es el mejor punto de vista ante este cambio?

El cambio nos enseña la respuesta madura para los tiempos de incertidumbre

Hemos podido ver que el cambio es el más grande motivador para el progreso y para el avance en nuestro mundo. Éste principio se aplica no solamente en una escala social, sino también en una escala individual. Podemos aprender a permitir que el cambio nos mueva hacia adelante en nuestros niveles de madurez personal, en nuestras habilidades, y nuestras capacidades. Ser maduro significa poder responder ante la vida desde un punto de vista y una mentalidad bien cimentados en el entendimiento de que la vida es impredecible. La madurez también es la respuesta constructiva ante el cambio inesperado.

Tal y como el escritor de la carta a los Hebreos dijo,

Al presente ninguna disciplina parece ser causa de gozo, sino de tristeza; sin embargo, a los que han sido ejercitados por medio de ella, les da después fruto apacible de justicia. Por tanto, fortaleced las manos débiles y las rodillas que flaquean, y haced sendas derechas para vuestros pies, para que la pierna coja no se descoyunte, sino que se sane.
(Hebreos 12:11–13)

Debes usar el cambio en tu vida de la misma manera como aplicas la disciplina. El apóstol Santiago escribió lo siguiente,

Tened por sumo gozo, hermanos míos, el que os halléis en diversas pruebas, sabiendo que la prueba de vuestra fe produce paciencia, y que la paciencia ha de tener su perfecto resultado, para que seáis perfectos y completos, sin que os falte nada. (Santiago 1:2–4)

¿Qué es una prueba? Es un cambio. Tú estabas muy contento, cuando de pronto el doctor te dijo que tenías un tumor en tu pecho o problemas en la próstata, y esa noticia trajo un cambio. Cada vez que te experimentes un cambio, Santiago dijo, *"Tened por sumo gozo"*. ¿Por qué? No porque tú te encuentres inmune al dolor o al sufrimiento, sino debido a que tú *conoces* algo. Tú conoces y sabes que esta prueba ha venido a probar tu fe, a desarrollar tu perseverancia, y a convertirte en una persona más madura. Cada vez que tú leas la palabra *tribulaciones* o *pruebas* en las Santas Escrituras, el concepto de madurez siempre va a estar implicado dentro del mismo contexto. Esto se debe, de nuevo, a que la madurez es probada y manifestada por medio del cambio. Cuando llega lo inesperado, cuando la adversidad viene en contra de ti, tu madurez va a ser probada.

Por lo tanto debes recordar este astuto dicho pronunciado por el comentarista de noticias David Brinkley: "una persona exitosa es aquel que puede establecer un fundamento firme usando los ladrillos que otras personas le arrojan". La vida te va a tirar muchos ladrillos. Atrápalos, y así vas a poder usarlos para construir un fundamento que te capacite para moverte un poquito más alto. Todos los críticos también son tiradores de ladrillos. Cacha y atrapa sus piedras y construye escalones. No permitas que las cosas negativas que ocurren en tu vida te conviertan en una persona negativa. Convierte todo esto en algo positivo y úsalo como el fundamento de tu siguiente movimiento.

> *"Una persona exitosa es aquel que puede establecer un fundamento firme usando los ladrillos que otras personas le arrojan".*

Una persona madura siempre va a usar la adversidad para poder avanzar.

Desarrolla todo tu potencial a través del cambio

¿Acaso te puedes dar cuenta que fuerza tan poderosa es el cambio en realidad? De hecho, puede manifestar realmente quién eres tú internamente, y no solo aquello que tú aparentas ante los demás. Va a manifestar el verdadero nivel de madurez que tú tengas. Va a retar tus tradiciones para ver si ellas pueden soportar la prueba del tiempo. Te va a hacer que te preguntes, *¿en qué puedo confiar* **realmente***?* Va a retar la fuerza de la determinación que tienes para cumplir tu propósito en esta vida. Y tiene el potencial para entrenarte en la madurez—si es que acaso tú le permites que te discipline en ello. Básicamente, tú puedes desarrollar y llevar tu potencial hasta el máximo solamente a través del cambio.

A través de todas estas experiencias que nos estiran y nos hacen crecer, podemos depender en nuestra Única Constante. Tal y como Pablo escribió,

> *Pero en todas estas cosas somos más que vencedores por medio de aquel que nos amó. Porque estoy convencido de que ni la muerte, ni la vida, ni ángeles, ni principados, ni lo presente, ni lo por venir, ni los poderes, ni lo alto, ni lo profundo, ni ninguna otra cosa creada nos*

podrá separar del amor de Dios que es en Cristo Jesús Señor nuestro.
(Romanos 8:37–39)

*Existir significa cambiar, cambiar significa madurar, madurar significa
continuar creciendo en uno mismo sin final alguno.*
—Henri Bergson, filósofo y ganador del Premio Nobel de literatura

Parte 3

Iniciando el cambio en tu mundo

LA MENTALIDAD DEL AGENTE DE CAMBIO
Actitudes para poder interactuar con el cambio

Los mayores peligros en esta vida son las gentes que quieren cambiarlo todo—o nada.
—Lady Nancy Astor, primera mujer que se convirtió en
miembro del parlamento británico

A medida que iniciamos y realizamos los propósitos que Dios nos ha dado, nos convertimos en agentes de cambio. Algunas veces, la manera en que ejercitamos el cambio va a parecer relativamente independiente de las transiciones que están ocurriendo nuestra cultura. *Nosotros* vamos a ser los que vamos estar trayendo algo completamente fresco y nuevo a nuestra vida, a la vida de los miembros de nuestra familia, a nuestras comunidades, y en nuestras naciones. En otras ocasiones, la manera como ejercitamos el cambio va a estar conectada muy estrechamente con las olas de transición que ya están sucediendo en nuestras naciones y en todo el mundo, y vamos estar integrando nuestros cambios dentro de estos cambios que son mucho mayores.

Tal y como mencioné anteriormente en el capítulo titulado "Oleadas de cambio a nivel mundial", yo creo que existen ciertos grupos de gentes que se están desarrollando como líderes en el mundo—gentes que anteriormente habían sido considerados como seguidores perpetuos. Se está dando un cambio continuó en el equilibrio de la influencia de liderazgo, y en el valor percibido de los grupos de gentes en todo el mundo. Se está creando un nuevo respeto y nuevas oportunidades para algunos de aquellos que pertenecen a las naciones del Tercer Mundo. El cambio ya está causando o va a llegar a causar el ascenso de gentes que no podían tener posiciones de liderazgo anteriormente. Estos grupos, especialmente deben poder entender la forma como interactuar adecuadamente con los tiempos de transición.

No importa quienes seamos o donde estemos viviendo, porque muchos de nosotros todavía estamos acostumbrándonos a la idea de *dirigir* el cambio. Por lo tanto, ya sea que tú te encuentres involucrado con el cambio en una esfera local de influencia o en una escala mucho más grande, tú debes saber la forma como conducirte cuando el cambio viene *a través* de ti. Tú necesitas llegar a entender verdaderamente la naturaleza del cambio y las perspectivas y actitudes que son esenciales para poder interactuar con el cambio en forma exitosa.

Tú debes tener la mentalidad de un agente del cambio.

El conocimiento, el entendimiento, y la sabiduría— son son "el elemento principal"

Uno de los más grandes enemigos en la vida es la ignorancia. Óseas fue un profeta en Israel que proclamó este mensaje a los israelitas, de parte de Dios después de que ellos habían rechazado cualquier tipo de conocimiento de Dios: *"Mi pueblo **fue destruido** por falta conocimiento"* (Óseas 4:6, se añadió énfasis). La falta de conocimiento nos puede disminuir, e incluso destruir completamente la oportunidad de llegar a realizar tu propósito en esta vida.

Sin embargo, algo que es peor que no conocer algo, ¡es el hecho de no saber que tú no sabes esto! Si tú estás consciente de la falta de conocimiento que tienes, entonces tú puedes ir a buscar la manera de aprender y poder entender el conocimiento que tú necesitas.

El rey Salomón escribió lo siguiente, *"Lo principal es la sabiduría; adquiere sabiduría, y con todo lo que obtengas adquiere inteligencia"* (Proverbios 4:7). Me gusta la manera como la versión antigua lo traduce: *"Lo principal es la sabiduría"*.

El entendimiento es la *comprensión* del conocimiento; la sabiduría es la *aplicación* del conocimiento. Durante los tiempos críticos de transición y de cambio de estaciones, no sólo debemos poder ver lo que está sucediendo alrededor de nosotros, sino que también debemos poder entender los tiempos, y debemos ser capaces de poder responder ante ellos en forma sabia.

El registro histórico de 1ª Crónicas describe a los hombres de Isacar, quienes eran *"expertos en discernir los tiempos, con conocimiento de lo que Israel debía hacer"* (1ª Crónicas 12:32). Estos hombres eran capaces de discernir los tiempos en que estaban viviendo. El hecho de poder tener entendimiento acerca de las situaciones nos ayuda a saber lo que debemos hacer en medio de ellas. Si queremos hacer y tomar las decisiones correctas, así como poder iniciar una acción efectiva, entonces debemos poder entender las estaciones o temporadas. Más aún, la sabiduría de Dios nos va a permitir poder supervisar los tiempos de cambio en forma exitosa. La sabiduría es "lo principal" debido a que inicia el cambio positivo, y para poder hacer esto, debemos poder aplicar nuestro conocimiento y entendimiento con buen juicio. De la misma forma, no debes ignorar las responsabilidades que tienes durante tu temporada o estación. El poder conocer, estudiar, y comprender lo que el cambio significa para ti, así como poder entender la responsabilidad que tú tienes para administrar lo que Dios desea que liberes a través del cambio.

> *La sabiduría es "lo principal" debido a que inicia el cambio positivo, y para poder hacer esto, debemos poder aplicar nuestro conocimiento y entendimiento con buen juicio.*

Tal y como lo hemos visto anteriormente, si nos falta sabiduría acerca de las temporadas o estaciones de Dios en nuestra vida, no vamos a poder estar preparados para participar en ellas, por lo tanto un agente de cambio:

- Debe estar abierto para poder escuchar al Espíritu Santo de Dios, Quien Es el que revela las estaciones y temporadas.
- Debe estudiar y poder entender los tiempos.
- Debe ampliar su conocimiento.
- Debe aplicar sabiduría.

Se han perdido muchas grandes posibilidades en el mundo debido a la ignorancia. Como agente de cambio, tú tienes que estar consciente de lo que está sucediendo *en ti y a través de ti*. De la misma forma, tú no debes ignorar las responsabilidades que tienes durante tu temporada o estación. Debes conocer, estudiar, y poder comprender lo que el cambio significa para ti, así como poder entender la responsabilidad que tienes de ministrar todo aquello que Dios desea que tú compartas a través del cambio.

Preparación mental para el cambio

Tal y como lo vamos a discutir en manera mucho más amplia en el siguiente capítulo, una vez que nos ha sido dado un propósito, el propósito en sí mismo no te prepara para que puedas llegar a realizar esta tarea o propósito. Y tampoco lo hace el surgimiento de una estación o temporada por sí misma, y esto no puede garantizar que tú vas a poder participar en esa temporada. Lo único que garantiza simplemente es el cambio. Tú tienes que prepararte en forma muy activa para poder involucrarte con el cambio, y esta preparación comienza con la *preparación mental*.

Si quieres poder utilizar la temporada o estación que se está avecinando, y que puedas ser capaz de participar de lleno en el propósito de Dios, entonces debes prepararte para las funciones que vas a desarrollar en ello. El rey Salomón escribió lo siguiente,

> *Hay un mal que he visto bajo el sol, como error que procede del gobernante: la necedad colocada en muchos lugares elevados, mientras los ricos se sientan en lugares humildes. He visto siervos a caballo y príncipes caminando como siervos sobre la tierra. El que cava un hoyo cae en él, y al que abre brecha en un muro, lo muerde la serpiente. El que saca piedras se lastima con ellas, y el que raja leños, peligra en ello. Si el hierro está embotado y él no ha amolado su filo, entonces tiene que ejercer más fuerza; la sabiduría tiene la ventaja de impartir éxito….¡Ay de ti, tierra, cuyo rey es un muchacho, y cuyos príncipes banquetean de mañana!* (Eclesiastés 10:5–10, 16)

El pasaje anterior implica que si tú promueves a una persona a una posición de liderazgo mientras que todavía tiene una mentalidad de seguidor—esto menciona lo "tonto" que es el hecho de poner en una posición alta, como un esclavo montado en un caballo, y el rey siendo su esclavo—y entonces toda la tierra se va a encontrar en problemas. Por supuesto, esto no quiere sugerir que alguien que ha sido esclavo o sirviente no pueda convertirse en un líder, al contrario, lo que está indicando es que alguien que tiene *la mentalidad* y *los hábitos* de un esclavo no está preparado adecuadamente para dirigir a otros.

La preparación mental incluye cosas tales como (1) una expectativa muy sólida, así como la aceptación de la inevitabilidad del cambio, (2) la seguridad del valor que tienes ante Dios, (3) la certeza del valor que tiene tu contribución a tu generación, como un instrumento de cambio, (4) la decisión de ir en busca de la visión de tu vida, y (5) la determinación necesaria para perseverar en esa visión, incluso cuando las circunstancias se convierten en algo muy difícil. El hecho de poder desarrollar una preparación mental antes de que llegues a experimentar el cambio es lo mejor, pero si al presente tú te encuentras en medio de la transición y te ha faltado este tipo de mentalidad, entonces tú tienes que buscar poder desarrollarla en medio del cambio.

La humildad en medio de tu temporada de cambio

Algunas veces, cuando hemos sido escogidos y levantados por Dios para que realicemos el cambio en medio del esquema de la historia, tal vez vamos a llegar a ser tentados a confundir el propósito para el cambio con nuestras posiciones dentro del cambio. Muy tristemente, éste parece haber sido el caso con muchos agentes de cambio en sus generaciones. Ellos olvidaron que eran meros instrumentos de los cambios, y no el Autor de los cambios. Ellos debieron haber recordado que en un sentido o ellos eran, "sistemas de entrega" temporales para estos cambios.

Debes considerar lo que le sucedió a la mentalidad de los israelitas sobre los años después de que habían sido llamados por Dios a través del siervo Abraham. El hecho de que ellos habían sido escogidos era algo muy claro. Cuando Dios llamó a Abraham, Dios dijo lo siguiente,

Y el Señor dijo a Abram: Vete de tu tierra, de entre tus parientes y de la casa de tu padre, a la tierra que yo te mostraré. Haré de ti una nación grande, y te bendeciré, y engrandeceré tu nombre, y serás

bendición. Bendeciré a los que te bendigan, y al que te maldiga, maldeciré. **Y en ti serán benditas todas las familias de la tierra.**

(Génesis 12:1–13, se añadió énfasis)

En otras palabras, Dios le estaba diciendo a Abraham, y de la misma manera y en el mismo sentido a la *"gran nación"* de descendientes que iban a venir a través de su hijo Isaac, "aquí está el propósito que Yo tengo para ti con relación a que inicies el cambio: yo quiero que tú seas un canal a través del cual Yo pueda revelarme a Mí Mismo a todas las naciones del mundo, y que pueda atraer a toda la gente de regreso a Mí Mismo". Dios les dio a los israelitas un lugar muy especial, de amor y protección, pero el cambio no tenía que ver solo con ellos, sino que era acerca del plan que Dios tenía para todo el mundo.

¿Qué es lo que sucedió? Muchos que formaban parte de ese canal escogido interpretaron su elección como algo que les permitía ser superiores a aquellos a quienes ellos habían sido llamados a servir. En forma corporativa, ellos tenían que revelar al verdadero Dios a todas las naciones del mundo quienes no tenían un verdadero conocimiento de Él. El objetivo era poder restaurar a toda la gente del mundo hacia una verdadera relación con Dios. Un conductor, un canal, o un tubo, nunca van a poder ser más importantes que el agua que transportan. Pero muchos israelitas comenzaron a presumir acerca del hecho de que ellos habían sido escogidos, y comenzaron a pensar que ellos eran "el agua" en lugar del "conductor". Ellos terminaron por reconocer su propósito solamente de nombre, pero no como una realidad. Esa es la razón de que los fariseos se comportaron en forma muy defensiva acerca de su identidad, cuando Jesús trató de mostrarles su identidad original y verdadera, así como el camino que debían tomar de regreso a Dios. *"Ellos le contestaron, y le dijeron: Abraham es nuestro padre. Jesús les dijo: Si sois hijos de Abraham, haced las obras de Abraham"* (Juan 8:39). Abraham había podido entender su función como un conductor, y él había vivido de acuerdo a esta función. Desafortunadamente, muchos de sus descendientes fallaron en poder entender esta función.

Cuando eres un agente de cambio, tú nunca debes llegar a confundir el hecho de ser un agente de cambio, con ser el Autor del cambio.

Debemos darnos cuenta que las estaciones o temporadas vienen para levantar "tubos" que puedan distribuir agua divina a cada generación. Cuando tú eres un agente de cambio, tú nunca debes llegar a confundir el hecho de ser un agente de cambio, con ser el Autor del cambio. Tú eres temporal, tú eres desechable, y puedes ser reemplazado. Tienes que recordar que a final de cuentas, el cambio se está realizando *a través de ti, y no por ti.*

Vamos a suponer que eres un participante en un cambio, donde Dios toma a la gente que ha sido oprimida y los coloca en posiciones de liderazgo muy influyentes. ¿Cómo podrías tú interpretar este tipo de cambio? Tú podrías pensar, *bueno, ahora nosotros somos mejores que cualquier otra persona. Este es el tiempo para vengarnos y oprimir a los demás. Es el tiempo de que nos convirtamos en los amos de todo el mundo.* Esta no es la naturaleza adecuada ni el tipo de mentalidad apropiado para un verdadero agente de cambio. Igual que todos los demás, tú sólo eres un agente de cambio. Si los agentes anteriores abusaron de sus posiciones, esto no te da el derecho de hacer lo mismo.

Dios te va a probar para ver si puedes realizar la tarea que Él te ha dado. Si tú no puedes hacerlo, Dios le va a dar esa tarea a alguien más. En otras palabras, Dios nunca se va a convertir en una víctima del "tubo". El agua de Dios va a ser administrada al jardín de la tierra. Y Dios va a seguir buscando tubos que puedan servir como conductores y que no pretendan ser el agua en sí mismos.

De la misma manera que algunos administradores y mayordomos en temporadas pasadas llegaron a fallar de muchas maneras y no pudieron llegar a realizar sus funciones, teniendo que ser reemplazados, nosotros también debemos darnos cuenta que podemos ser reemplazados por la siguiente generación o incluso durante nuestra misma generación. Pero debemos luchar para que la humildad, el entendimiento y la sensibilidad sean las marcas de nuestro liderazgo.

No teniendo miedo de tu temporada de cambio

El cambio positivo puede ser obstaculizado cuando aquellos que han sido llamados a ser agentes de cambio tienen miedo de aceptar—o poder recibir en forma completa—ese llamamiento. Yo quiero motivarte en forma muy especial, sí en este momento te estás moviendo hacia delante en las oleadas del cambio, y estás emergiendo para servir a los propósitos de

Dios en este mundo, que no tengas miedo de aceptar ese reto. Debes abrazarlo como una obligación divina así como una responsabilidad humana con relación a todos los seres humanos que te rodean. Debes convertirte en un conductor fiel de la gracia de Dios, ayudando a que se realice el plan de Dios para tu generación.

El miedo de no aceptar el llamado que uno recibe, muy frecuentemente surge de los sentimientos de inseguridad y del hecho que hemos fallado en entender la importancia que tenemos en el mundo. Si te han enseñado durante largo tiempo que tú "no vales ni eres nada", es algo casi imposible para ti, el poder creer cuando alguien te dice, "tú eres importante. Dios te creó con un propósito".

Yo sé que este temor es algo muy real. Y tuve que luchar con ello un poco cuando tuve que ser confrontado con este tema siendo que yo era muy joven, y me tuve que preguntar a mí mismo, *En verdad, ¿qué tan importante soy para el mundo?* Es una pregunta muy difícil que tenemos que contestar.

Cuando alguien te dice que tú puedes llegar a ser un agente de cambio, por lo tanto, es muy fácil llenarse de temores. Tú tal vez quieras decir, "¡no, yo no!" Sin embargo, de hecho Dios responde lo siguiente, "tú eres un conductor, y tú puedes transmitir algo al mundo que va a tocar a la generación que todavía no ha nacido". Debes recordar que tú no eres "el agua", y que Dios va a tomar toda la responsabilidad por los resultados, a medida que tú sirves y ministras el don que Dios te ha dado para impartir al mundo.

En adición a esto, es muy natural que también albergues sentimientos de ansiedad, incertidumbre y temor, los cuales van a acompañar cualquier aventura que nos lleva hacia un territorio desconocido. A medida que las nuevas estaciones y temporadas llegan a nosotros, esta experiencia común toca tanto a aquellos que estamos siendo usados para realizar el cambio como aquellos en quienes el cambio está tomando lugar.

Muy frecuentemente enfatizo que en situaciones como éstas, no importando que sea a lo que Dios te ha llamado, Dios siempre va a proveer para ello. Dios te dio el potencial, la habilidad, los dones y talentos para que puedas manejar las responsabilidades que están implicadas en una temporada de transición. Tú tienes la habilidad para ser un agente de cambio.

Tú eres capaz de ser un líder en la esfera de influencia que tienes en este mundo. Después de que has descubierto tu verdadero propósito, no debes dudar de tu llamamiento. Levántate a la altura de la tarea que tienes que realizar, sabiendo que fuiste señalado para este momento. Permite que tu iniciativa de cambio transforme tu temor en fe.

Un sentido de responsabilidad para tu estación o temporada de cambio

Un agente de cambio no se arrepiente de su responsabilidad que tiene para su generación, ya sea que el cambio le suceda *a* él o a través *de* él.

Algunas gentes creen que es muy tarde para que ellos puedan convertirse en agentes de cambio—para que puedan cambiar ellos mismos, así como el medio ambiente donde viven y que puedan traer una transformación positiva. Existen varias razones diferentes para este punto de vista. Tal vez ellos se han desilusionado y desanimado bastante, y necesitan que su esperanza sea renovada. Sin embargo, algunas gentes se sienten intimidados por *la responsabilidad* implicada en el cambio.

De nuevo, cuando las estaciones o temporadas de cambio inevitable llegan a ocurrir, tú debes ponerte a cuentas con la realidad de que las condiciones no van a ser las mismas, y que estos eventos están transformando la vida tal y como tú la conocías. Debes llegar a entender que no puedes ignorar, no puedes negar, ni prevenir el cambio. Tú debes tomar responsabilidad en forma muy activa para que puedas responder en forma adecuada ante el cambio, siempre teniendo la intención de participar en él y beneficiarse de él.

El hecho de tener una actitud responsable ante las estaciones o temporadas del cambio también significa que puedes entender la obligación que tienes de servir a la humanidad, y hacer tu parte en los buenos propósitos que el Dios Creador tiene para esta tierra. Si no tomas la responsabilidad que te corresponde en tu temporada o estación de cambio, vas a ser culpable de abandonar una tarea divina. Tú vas a estar reteniendo algo que estás supuesto a entregar a toda tu generación. Pero esta estación o temporada de cambio no tiene nada que ver con la fama o con otras formas de auto gratificación. Se trata de llevar a cabo en forma muy fiel aquello para lo cual tú fuiste llamado en esta vida, para beneficio de los demás, así como de ti mismo.

La capacidad de grandeza

Para resumir todo esto, el tipo de mentalidad de un agente de cambio es aquel que (1) busca el conocimiento, el entendimiento, y la aplicación de la sabiduría, (2) se encuentra preparado mentalmente para el cambio, (3) no se pone a presumir en la temporada del cambio, pero entiende la función que tiene que desempeñar como "conductor", (4) no tiene miedo de las estaciones o temporadas del cambio, y (5) toma una actitud responsable con relación al cambio.

Todas las gentes en la tierra—en cada nación y de todas las razas—deben darse cuenta de la capacidad que tienen para la grandeza, la cual se encuentra dormida dentro de ellos, y deben desarrollar el tipo de mentalidad de un agente de cambio. A medida que llegamos a reconocer el potencial que tenemos para hacer que el cambio se cumpla, por medio de iniciar nuestros propósitos, y a medida que tomamos pasos de fe en esa dirección, Dios va a traer un tremendo cambio positivo a todo el mundo.

Pues como [una persona] *piensa dentro de sí, así es.*
—Proverbios 23:7

TRAZANDO TU CURSO HACIA TU FUTURO FAVORITO

Características esenciales del cambio con propósito

Se requiere mucho valor para poder soltar todo aquello que nos es familiar y aparentemente seguro, a fin de llegar a abrazar algo nuevo. Pero no existe verdadera seguridad en aquello que ya ha dejado de tener significado. Existe mucha mayor seguridad en lo venturoso y emocionante, porque en el movimiento está la vida, y en el cambio está el poder.
—Alan Cohen, autor inspirador

Mucha gente piensa de la vida como algo muy difícil, pero en verdad es un regalo de Dios. Si tú contemplas la vida en forma temerosa o con antagonismo, debido a la realidad del cambio, entonces, ciertamente tú vas a bloquear tu propio progreso. Debemos pensar de la vida como un privilegio, y no como una plaga. El hecho de que nos ha sido dada la vida es una bendición, y necesitamos manejarla muy cuidadosamente. Podemos hacer esto por medio de desarrollar, iniciar, y hacer seguimiento de un plan que nos lleve al cambio positivo, y que nos va a ayudar a realizar los propósitos que Dios Creador tiene para nuestra vida. El hecho de iniciar un cambio, tal y como lo hemos visto anteriormente, es la forma más elevada de respuesta ante el cambio.

Tu camino hacia el cambio planeado y positivo

Durante muchos años, he estado hablando con gente alrededor de todo el mundo acerca del potencial personal y el liderazgo. He podido hablar a gentes que se encuentran en posiciones en el gobierno, en compañías corporativas, en iglesias—y en un sinnúmero de lugares y medios. Todo esto ha involucrado mucho viaje aéreo. En años recientes, el poder realizar las conexiones con el vuelo correcto en el tiempo correcto se ha convertido en una tarea muy difícil debido al horario sumamente ocupado que tengo.

Hace varios años, un avión fue donado a mi organización, lo cual ha significado una gran ayuda para todos mis viajes. Esto también ha podido abrir un nuevo mundo de conocimientos para mí. Por naturaleza yo soy muy inquisitivo—me encanta poder aprender qué es lo que hace que las cosas funcionen exitosamente—y los pilotos de esta aeronave me han enseñado muchas cosas acerca de cómo volar. Cuando llegas a volar en líneas aéreas comerciales y aviones grandes, tú no aprendes mucho acerca de lo que se necesita para pilotear un avión. Pero cuando tú estás sentado justo en la cabina con los pilotos profesionales, y cuando tienes la oportunidad de observarlos de primera mano, tú puedes aprender bastante.

Muchas veces, yo acostumbro sentarme con los pilotos y les hago muchas preguntas. Por ejemplo, yo puedo observar los paneles llenos de botones y marcadores en la cabina, y suelo preguntarles, "¿para qué sirve esto? ¿Por qué eso se está moviendo? ¿Qué significa esa luz?" Durante todo este proceso, he podido descubrir cosas fascinantes acerca de cómo volar en un avión. Sin embargo, todo esto me sirvió para recordar algunos aspectos fundamentales acerca de implementar con éxito el cambio que tiene que ver con el propósito. Mis conversaciones acerca de cómo pilotear un avión me ayudaron a poder entender mucho mejor la manera como nuestro Dios Creador obra, y la manera como estamos supuestos a relacionarnos con Él, de acuerdo a los propósitos que nos ha dado para cumplir en esta vida. A continuación voy a compartir algunos puntos que tienen que ver con pilotear un avión y sus conceptos paralelos con la búsqueda de la realización de nuestros propósitos.

Determina tu destino

La primera cosa que un piloto debe hacer aunque parece algo obvio, pero es esencial es esto: El debe determinar su *destino*. Tú no solamente esperas en un aeropuerto sin tener ningún destino en tu mente. La torre de control de tráfico aéreo tiene que saber exactamente hacia donde te diriges y dónde vas a aterrizar *antes* de que tú puedas despegar.

¿Cuál es tu destino en esta vida? La mayoría de la gentes pasan a través de esta vida sin siquiera saber a dónde quieren terminar. Pero ellos se sorprenden mucho cuando no pueden llegar ahí. Nuestros destinos son determinados a través del entendimiento de los propósitos que Dios nos ha dado. Nuestros propósitos, por lo tanto, determinan el inicio del cambio en nuestra vida, lo cual a final de cuentas nos va a dirigir al cumplimiento de sus propósitos. En otras palabras, tú trazas tu curso desde el final y hacía el principio. El lugar donde quieres terminar es lo que va a determinar el camino que debes escoger en la vida—las prioridades que tú establezcas, las prácticas que tú alimentes, y los hábitos diarios que tú sigas.

El lugar donde quieres terminar es lo que va a determinar el camino que debes escoger en la vida—las prioridades que tú establezcas, las prácticas que tú alimentes, y los hábitos diarios que sigas.

En nuestra analogía de cómo pilotear un avión, el Dios Creador es el control de tráfico aéreo o como se dice vulgarmente "la torre de control". Por medio de buscar el propósito de Dios para tu vida y lo que Él ha colocado dentro de ti, tú puedes determinar el destino que tú deseas. Tú confirmas que este es el camino que quieres, por medio de permitirle a Dios que te guíe a través de todo el camino.

Uno de los versículos favoritos para mí en las Escrituras es Proverbios 16:9 que dice, *"La mente del hombre planea su camino, pero el Señor dirige sus pasos"*. ¿Quién hace los planes? El hombre los hace. ¿Quién determina o dirige los pasos de este plan? Dios lo hace. Tú haces el plan, basado en el propósito que Dios tiene para ti, y Dios es el que te dirige en todo.

Si tú no tienes un plan, no va a haber nada en que Dios te pueda dirigir. Escribí un plan para mi vida cuando yo tenía trece años de edad. No estaba escrito en caligrafía y las palabras no eran muy elegantes. ¡Yo escribí en un pedazo sucio de papel! Yo todavía estoy dedicado a esto, y en alguna manera, con relación a todo lo que escribí en ese papel. Por lo tanto, no debes ser intimidado acerca de la forma o el estilo de tu plan. Solo ponlo por escrito. Una vez que tú has escrito un plan, este plan va a comenzar a crecer y a expandir, pero tú tienes que comenzar en algún punto.

El plan que escribí fue lo que me apartó de las drogas y el alcohol, cuando otros de mi misma edad estaban usando todo esto. Las primeras pandillas se formaron en el área donde yo crecí y vivía, y los bares tenían fácil acceso en todo mi vecindario. Pero yo pude sobrevivir todas estas influencias debido a que tenía un plan para mi vida. Yo sabía si yo me involucraban en todas esas cosas, entonces, me iba a desviar completamente de este plan. Para proteger tu futuro, entonces, tú tienes que tomar esta verdad y guardarla en tu corazón: si tú te pones a ver la vida en forma muy casual, tú vas a terminar en una mala casualidad. El hecho de cambiar tu vida para mejorar no va a suceder por sí solo. Necesitas hacer decisiones activas y planear tu dirección y tu curso. Tú tienes que hacer elecciones específicas que te van a poner en ruta, la cual va a corresponder al plan que Dios te ha dado.

A continuación hay algunas preguntas que debes hacerte a ti mismo con relación a poder entender tu propósito, para que tú puedas determinar tu propio destino. Es una buena idea poder realizar estas preguntas cada mes, a fin de mantenerse enfocado en el futuro que tú estás escogiendo.

1. ¿Acaso sé adónde quiero dirigirme en la vida?

2. ¿Acaso estoy seguro de que el Dios Creador ha inspirado los deseos de mi propio corazón?

3. ¿Qué es lo que quiero llegar a lograr—en forma específica?

4. ¿Cuál es mi destino en esta vida?

Después de que te has hecho estas preguntas, *¿acaso eres capaz de poder describir tu destino?*

Debes registrar tu plan de vuelo

En segundo lugar, después que un piloto ha determinado su destino, El debe registrar un plan de vuelo. Esto significa que no sólo sabe su destino, sino que también está sometiendo al control de tráfico aéreo, la *ruta específica* que él tiene la intención de tomar, o el plan que lo va hacer llegar ahí, *antes de* que él despegue de tierra.

¿Acaso tienes una idea del destino donde te diriges, pero te faltan los detalles específicos de lo que se necesita para llegar ahí? En otras palabras ¿has podido llenar tu "plan de vuelo"? Si tú te pones a ver a la vida con una parte de tu corazón solamente, vas a perder completamente el futuro que realmente prefieres. La desilusión está esperando a todos aquellos que solo hacen planes, pero nunca llegan a ponerlos en práctica. Debes ser dedicado y muy fiel en llevarlos a cabo.

¿Qué es lo que en forma específica vas a necesitar para ir del punto donde te encuentras hacia donde realmente quieres ir? Debes delinear un mapa con una ruta detallada hacia el futuro que deseas, incluyendo todo lo necesario para que puedas llegar. Esa lista tal vez tiene que incluir conocimientos, habilidades, educación, investigaciones y desarrollo, finanzas, equipo necesario, materiales, instalaciones, herramientas de comunicaciones, medios para atraer interés y obtener apoyo, personal, y productos. Antes de que un avión comercial comience a despegar, el personal de la línea aérea necesita asegurarse de que todo en el avión está funcionando correctamente: que tiene combustible suficiente para poder llegar a su destino, que se encuentra funcionando mecánicamente bien, que está equipado con todo lo necesario, incluyendo el personal necesario, y muchas otras cosas como estas. De una forma similar, tú debes adaptar todos los detalles específicos de tu plan para que se ajusten a las necesidades de tu destino en particular, asegurándote que tu plan se encuentra en "un estado funcional". Lo que tú vas a necesitar para tu plan no va ser necesariamente lo que otros necesitan para el suyo. Si vas a ir en un viaje para esquiar en Suiza, debes empacar en tus maletas cosas diferentes de lo que harías si es que vas de vacaciones al Caribe.

¿Acaso has podido fijar un rumbo específico que te pueda llevar a la realización de tus sueños? ¿Cuáles son los recursos que necesitas?

Debes monitorear o hacer seguimiento de tu plan de vuelo conjuntamente con la torre de control

Una vez que un piloto ha podido determinar su destino, y su plan de vuelo con el control de tráfico aéreo, y obtiene la autorización para despegar, entonces, él puede despegar e iniciar su vuelo. Pero el piloto nunca pierde contacto con la torre de control. El piloto debe estar en contacto con el control de tráfico aéreo frecuentemente, a fin de monitorear y dar seguimiento a su plan de vuelo.

En esta etapa de ir en busca de tu propósito, tú sabes hacia dónde quieres dirigirte y has podido hacer un plan detallado para llegar ahí. Tú has abandonado la tierra de tu pasado, y te encuentras en camino hacia un

186 Los Principios y Beneficios del Cambio

nuevo destino, y hacia un nivel mucho más grande en la vida. Ahora, tú debes asegurarte de monitorear o hacer seguimiento a tu curso, por medio de permanecer en comunicación constante con el Creador, y por medio de estar evaluando continuamente tus actividades, para que éstas siempre vayan de acuerdo a tu plan original.

El curso en el cual tú deberías ir para tener un cambio positivo, planeado e implementado en tu vida, ha sido determinado a través de tu propósito. Pero las elecciones que tú haces diariamente van a decidir el curso en el que realmente te vas a encontrar. Tal vez tus planes para el cambio comenzaron con algunas resoluciones. Tal vez las escribiste en un pedazo de papel o en tu computadora y las imprimiste. O tal vez las pegaste en la pared, pero después de eso no has hecho nada más. ¿Por qué? Aunque tú hayas establecido un objetivo, tú no hiciste las decisiones que eran necesarias para mantenerte en ese objetivo. Hacer un plan por sí solo no es una garantía de que tú vas a llegar al éxito. Consiste en hacer buenas decisiones lo que te va a capacitar para mantenerte en el curso con dirección hacia tus propósitos.

¿Acaso te estás manteniendo en una comunicación constante con tu Dios Creador, y estás evaluando continuamente las decisiones que tomas en la vida, para que éstas vayan de acuerdo tu propósito?

Debes seguir todas las instrucciones de la torre de control

Durante un vuelo, el piloto debe seguir muy cuidadosamente las instrucciones que recibe de la torre de control, debido a que el control de tráfico aéreo puede ver el panorama total de lo que está sucediendo alrededor de él. Uno de los pilotos en nuestro avión me explico lo siguiente, "en cualquier momento dado, dentro de un radio de cinco millas alrededor de ti, puede haber muchísimos aviones. Tú no puedes verlos, pero ellos se encuentran en diferentes niveles, y todos alrededor de tí. La torre de control sabe donde se encuentran todos los otros aviones, y la torre de control también sabe donde tú estás ubicado". Debido a que el piloto no sabe dónde se encuentra con relación a todos los otros aviones que vuelan alrededor de él, tiene que depender en la torre de control para que lo guíe, haciendo todo aquello que los controles de tráfico aéreo le dicen que tiene que hacer.

En forma similar, Dios conoce todo tipo de situaciones que te rodean. Tú tienes que mantenerte muy cerca de Dios, y seguir todas Sus instrucciones cada día, a través de leer la Palabra de Dios, y a través de la oración, porque tú no sabes el riesgo que tienes alrededor de ti aquí, y con quien podrías estar yendo en curso de una colisión.

Dios te va a dar un tipo de determinación que sólo viene como fruto de confiar en la Palabra de Dios. Algunas veces, Dios te va a decir que te mantengas quieto siendo que tú quieres moverte, o viceversa. En una ocasión, mientras que nos encontramos en pleno vuelo, escuché que el capitán dijo, "oh, no". Eso no suena bien. Yo le pregunté, "¿qué es lo que sucede?" El dijo, "ellos quieren que nosotros vayamos más despacio. Tenemos que bajar la velocidad". Yo le repetí, "vamos a llegar tarde". El dijo, "si pero *la torre de control* dice..." El piloto ni siquiera escucho mis opiniones acerca de esta situación; él sólo escuchó lo que la torre de control le decía. Después de veinte minutos, él me dijo que el control de tráfico aéreo había mandado un mensaje diciendo que él podía aumentar su velocidad de nuevo. Cuando el avión comenzó a ganar velocidad, de repente pudimos ver un enorme avión de una línea comercial que pasó muy cerca, y él dijo, "esa es la razón de que me dijeron que bajara la velocidad". Nos encontrábamos justo en medio de su trayectoria.

A medida que buscamos a Dios, algunas veces nos va a decir, "espérate ahí", pero nosotros somos impacientes y queremos ir en busca de algo. Luego, Dios puede ver toda la perspectiva por completo, incluyendo los obstáculos y los peligros que se encuentran involucrados con el hecho de moverse hacia delante muy rápidamente. Por ejemplo, Dios te puede advertir diciendo, "no te cases con esta persona", y tu tal vez le digas, "Dios, tú no me entiendes. ¡Yo amo a este hombre!" Dios te va a seguir diciendo, "no hagas esto". El sabe que existe otro hombre en una distancia de dos millas lejos de ti en una latitud diferente, y que él es el esposo correcto para ti. Pero como tú no puedes esperar, tú sigues moviéndose hacia adelante muy rápido, y terminas en una colisión o en un accidente emocional. O en otras palabras, ¡terminas volando con un helicóptero en lugar de estar volando un Boeing 747! De nuevo, tenemos que seguir la guía de Dios por completo, debido a que Él puede ver toda la perspectiva por completo, siendo que nosotros no podemos.

¿Acaso tú estás siguiendo la idea de Dios para tu vida?

Mantente firme en tu curso, a menos que la torre de control te cambie de dirección

Algunas veces, a medida que nos encontramos volando, el piloto puede cambiar diferentes frecuencias en su radio, permitiéndonos escuchar a otros pilotos de diferentes aerolíneas comerciales hablando unos con otros. Algunas veces, mientras que nos encontramos escuchando a otros pilotos, podemos escuchar que uno de ellos dice, por ejemplo, "hay algunas tormentas allá adelante. Hay muchas bolsas de aire aquí". Otro piloto tal vez añada lo siguiente, "sí, a los veinte mil pies de altura, hay muchas bolsas de aire". Y aún otro piloto puede reportar, "a los cuarenta mil pies de altura, estamos atravesando por tormentas". Sin embargo, el piloto del avión no cambia el curso basado solamente en lo que otros pilotos están diciendo. Aun cuando escuchamos que hay tormentas más adelante, tenemos que basarnos en la palabra que nos dio la torre de control, porque la torre de control guía el curso de todo el tráfico aéreo (excepto, tal vez, en una completa emergencia), y puede ver las tormentas con relación a donde se encuentra el avión.

Hay ocasiones cuando todo alrededor de nosotros, o incluso en nuestra propia vida, parece estar cayéndose en pedazos. Pero si nos mantenemos escuchando a nuestra Torre de Control, vamos a ser capaces de escuchar que Dios nos dice, "Mantente creyendo y párate firme". Tal vez tú llegaste a perder tu casa, pero Dios te está diciendo, "sigue creyendo". El negocio que Dios mismo te dijo que comenzaras, tuvo que cerrar sus puertas, pero Dios sigue diciendo, "Mantente firme". Tú perdiste todo aquello que ya poseías, pero Dios te está diciendo, "Mantente en curso". Cuando las cosas cambian y las condiciones son completamente caóticas alrededor de ti, tú tienes que obedecer la última orden que Dios te dio. Tal vez se trate de algo que tú tenías que haber hecho, pero que no lo hiciste, y esto necesita ser corregido.

Hace varios años, escuché una declaración muy sabia hecha por un obispo de Nigeria: "nunca debemos ser selectivos con relación a la obediencia". La obediencia selectiva decide obedecer algunas cosas pero no otras. No puedes hacer esto cuando tú estás siguiendo a Dios. Tú tienes que obedecer a la Torre de Control, sin importar lo que Él diga. Como una ilustración, durante un vuelo en nuestro avión, el piloto algunas veces me dice, "tenemos que ascender otros dos mil pies". Cuando le pregunto por qué, él me dice algo como esto, "yo no sé, pero ellos me están diciendo que debemos subir. La altitud tiene que cambiar dos mil pies de altura más arriba". Entonces, el tal vez dice, "bueno, ahora tenemos que descender; tenemos que bajar otros diez mil pies". De nuevo, si yo le pregunto por qué, él sólo va a decir, "yo no sé; la torre de control dice que lo hagamos, y por lo tanto tenemos que hacerlo". En otras palabras, ya sea que él pueda entender la razón o que no pueda entenderla, el necesita hacer todo aquello que la torre de control le dice que haga.

¿Acaso tú estás escuchando a Dios de esta manera? Una vez más, Dios puede ver toda la panorámica por completo y Él sabe cómo poder ayudarte para que puedas evitar los obstáculos y tormentas que se encuentran adelante. Él sabe cuáles son las colisiones potenciales o "los ataques del enemigo" que se encuentran dentro de "tu espacio aéreo", y Dios puede ver todo el "sistema de pronóstico del tiempo" que se encuentra alrededor de tu vida. Por lo tanto, Dios tal vez llegue a decirte, "tienes que bajar diez mil pies". Tu tal vez le respondas, "Dios, yo no veo nada en frente de mi. ¡Todo parece estar bien aquí!" Pero Dios dice, "Desciende ahora mismo. Rompe completamente la asociación que tienes con esta persona, o de otra manera tú te estás dirigiendo a un gran problema. Él se encuentra en un curso de completa destrucción hacia ti". "Pero Dios, ¡fuimos a la escuela juntos!" "Baja ahora mismo". "Pero nos conocemos desde hace mucho tiempo". "¡Ahora mismo!" Dios está tratando de preservar tu futuro—y tal vez tu vida misma. ¿Cuántas gentes han fracasado en cumplir sus potenciales debido a que cuentan con amistades que no son saludables? Muchos de los que se encuentran luchando en este momento con hábitos destructivos, fueron motivados por sus amigos para que comenzaran todas estas cosas.

> *Dios puede ver toda la perspectiva por completo, y Él sabe cómo ayudarte a evitar los obstáculos y las tormentas que se encuentran adelante.*

¿Qué es lo que tú estás haciendo en este momento que te está desviando completamente de tu curso? ¿Qué es lo que deberías estar haciendo en este momento, y que no estás haciendo? ¿A quién estás escuchando, que no deberías estar escuchando? Piensa acerca de esto: si tú no te encuentras en el lugar donde deberías estar, tú también estás haciendo difícil que otros puedan realizar sus futuros. Por el otro lado, no permitas que otros pierdan el mejor futuro que les corresponde, debido a que tú te encuentras en el lugar equivocado, motivándolos en algo que no es correcto para ellos. Los medio ambientes malos destruyen los buenos destinos. Nada puede destruir el cumplimiento de tu propósito más rápido que el hecho de encontrarte en el medio ambiente equivocado. Por lo tanto, debes checar tu medio ambiente físico, emocional, mental y espiritual. El hecho de mantenerte en curso te va a proteger tanto a ti como a los demás. Vamos a discutir mucho más ampliamente acerca de cómo poder regresar a tu curso original en otro capítulo.

En adición a esto, si tú no estás pudiendo realizar aquello que tú habías deseado, tal vez se debe a que has estado escuchando a otros "pilotos" alrededor de ti, que estaban contándote las perspectivas que ellos tienen y cómo son las cosas, qué es lo que tú puedes esperar, y la dirección en que tú necesitas ir. El buen consejo que proviene de aquellos que han probado ser dignos de confianza es muy importante, y digno de ser seguido. Pero tu tal vez estás recibiendo consejo de personas con buenas intenciones, pero cuyo consejo no es adecuado para ti. Tú tienes que ser muy cuidadoso cuando escuchas las experiencias de otras gentes, porque esto no necesariamente es la voluntad de Dios para tu vida. Si tú estás tratando de realizar algo, ellos tal vez te van a contar todas las experiencias que atravesaron y lo duro que fue para ellos tratar de hacer la misma cosa. Tú puedes escucharlos, pero a final de cuentas, tú tienes que escuchar la voz de Dios, porque Dios tal vez va estar haciendo algo diferente en tu vida.

Después de la muerte de Moisés, y que Josué se convirtió en el líder de los israelitas, a fin de llevarlos a la tierra prometida, Dios le dijo a Josué, *"Nadie te podrá hacer frente en todos los días de tu vida. Así como estuve con Moisés, estaré contigo; no te dejaré ni te abandonaré"* (Josué 1:5). Pero cuando tú lees acerca de las experiencias de Josué en la tierra prometida, tú puedes notar que Dios obró en su vida en formas que fueron diferentes a las formas como Dios obró en la vida de Moisés. Dios no le estaba diciendo a Josué que esperara que Dios hiciera las cosas exactamente de la misma manera. Lo que Dios quiso decir era que Su *presencia* y Su *poder* iban a estar con Josué en forma continua, en todo lo que hiciera, a medida que

Josué permaneciera muy cerca de "Su Torre de Control". Dios también le dijo a Josué lo siguiente,

> *Solamente sé fuerte y muy valiente; cuídate de cumplir toda la ley que Moisés mi siervo te mandó; no te desvíes de ella ni a la derecha ni a la izquierda, para que tengas éxito dondequiera que vayas. Este libro de la ley no se apartará de tu boca, sino que meditarás en él día y noche, para que cuides de hacer todo lo que en él está escrito; porque entonces harás prosperar tu camino y tendrás éxito.* (Josué 1:7–8)

¿Acaso tú te estás manteniendo en curso, siguiendo la guía de Dios, ya sea que puedas o que no puedas entenderla en este momento?

¡Ten cuidado con tu aterrizaje!

Se ha dicho durante mucho tiempo que la mayoría de los accidentes en la aviación suceden durante el despegue y durante el aterrizaje, mucho más que cuando los aviones se encuentran durante el vuelo en el aire. Como una conclusión paralela a nuestra analogía de pilotear un avión, permíteme motivarte para que pongas extrema atención cuando tú estás completando tu plan. Pudimos hablar anteriormente acerca de asegurarnos de cuál es tu destino, aún antes de que llegues a despegar en tu vuelo. Sin una meta clara, tú puedes "estrellarte" aún antes de que hayas comenzado, o puedes terminar desviándote completamente fuera de concurso.

Pero de la misma manera tú puedes correr hacia los problemas tan fácilmente, por medio de convertirte en una persona conformista, justo antes "de tu aterrizaje". Para usar una ilustración con otro tipo de transporte, algunas gentes muy frecuentemente sufren accidentes de automóviles a muy corta distancia de su hogar. Debido a que se encuentran casi llegando a su destino, ellos pierden toda la concentración en la carretera. Ellos tal vez se relajan demasiado, y comienzan a pensar lo que van a hacer una vez que lleguen a la casa. Se distraen y terminan en un accidente de algún tipo.

Cuando tú te encuentras a punto de completar tu plan, debes asegurarte de llevarlo hasta el final de su destino, permaneciendo alerta a cualquier instrucción final de tu torre de control, completando cualquier detalle, si es que te falta algo, y atacando cualquier problema que puedas prevenir para que tú "tren de aterrizaje" funcione correctamente. Entonces, todo

Se requiere una decisión de calidad, para poder realizar un cambio efectivo.

se encuentra listo para poder aterrizar, y vas a poder llegar a realizar el propósito que Dios te dio, poniendo en práctica exitosamente el cambio positivo en tu vida o en la vida de otros.

Debes recordar que se requieren decisiones de calidad a fin de que puedas realizar un cambio efectivo. Si tú realizas estas decisiones de calidad al principio, y lo sigues todo el camino hasta el final, el cambio deseado se va a convertir en una realidad.

La vida es progreso, y no estancamiento.
—Ralph Waldo Emerson, ensayista y poeta

SUPERVISANDO EL CAMBIO
EN TU MUNDO
Las claves para la planeación y preparación para el cambio

Aquel que nunca cambia sus opiniones, nunca corrige sus errores,
y nunca va a ser capaz de ser más sabio en el mañana,
de lo que es hoy en día.
—Tryon Edwards, teólogo y descendiente de Jonathan Edwards

En el capítulo uno, yo pude escribir varias formas como la gente reacciona ante el cambio. Las primeras dos reacciones eran que la gente (1) observa que el cambio sucede, y (2) permiten que el cambio suceda. Tú tienes la opción de no hacer nada mientras que el cambio está sucediendo, o tú puedes hacer que el cambio suceda—aún en medio de la transición inevitable del cambio negativo que no puedes impedir que ocurra. Tu puedes determinar si vas a iniciar el cambio para mejorar tu vida o simplemente permitir que las circunstancias lo devaloren.

La paradoja de la decisión

En el capítulo titulado "La mentalidad de un agente de cambio", introduje la idea de que *haber sido llamado* para un propósito, en sí mismo, *no te prepara* para ese llamamiento. Tú debes poner ciertas cosas en orden en tu vida, a fin de poder estar listo para esto. En otras palabras, *tú tienes que escoger tu destino elegido*. Yo le llamo a esta decisión, "la paradoja de la decisión".

Las decisiones y planes que tenían que ver con el propósito, y a los cuales yo me dediqué desde que era un joven, marcaron el curso de mi vida en una senda positiva, y yo continúo siguiendo esta senda, a fin de realizar mi propósito y poder servir a otros en mi generación. Otros hombres jóvenes de mi misma edad que fueron criados en la misma calle donde yo fui criado se dirigieron en un camino completamente diferente—y los resultados también fueron completamente diferentes. La única diferencia entre la dirección en que yo me dirigí, y la dirección en que otros jóvenes se dirigieron fueron los cambios que iniciamos basados en nuestras *decisiones*. Nuestras decisiones crearon el desarrollo de nuestros futuros—futuros muy diferentes. Por lo tanto, aunque tú tal vez hayas podido entender las transiciones que ocurren y los cambios en el medio ambiente, tú debes decidir el tipo de cambio positivo que vas a introducir en tu propia vida.

Sabemos que no todos los cambios significan una mejoría. Pero sin el cambio, no puede haber mejoría. Si tú quieres mejorar, tú tienes que alterar algo en tu vida. De nuevo, el hecho de que Dios te dio la oportunidad de nacer para hacer algo importante no significa que automáticamente tú vas a poder realizarlo; tú tienes que escoger aquello que Dios escogió para ti.

¿Acaso tú vas a escoger en forma activa el propósito que Dios te ha dado?

Establecido pero no garantizado

Nuestro reto consiste en que nuestros destinos *ya han sido establecidos*, pero ellos *no han sido garantizados*. Permíteme darte una ilustración para este efecto. Yo pagué el costo y los gastos necesarios para que mi hija y mi hijo pudieran ir a la universidad. Pero el hecho de llegar a graduarse les correspondía a ellos, y no a mí. Mi "destino" para ellos ya había sido establecido, y estaba dedicado a pagar todas sus mensualidades de la Universidad. En mi mente, yo ya los había visto graduándose al final de sus estudios universitarios. Pero, ¿acaso ellos iban a poder acabar y cumplir todo sus propósitos? Para poder llegar a hacerlo, ellos tenían que ir a clases, pasar los exámenes, completar muchos proyectos, y cumplir con todos los requerimientos de la escuela. Y de hecho, mi hija y mi hijo si se graduaron de la Universidad. (Ahora, los dos cuentan con una maestría en sus especialidades, y por lo tanto ellos pudieron llevar ese propósito aún más lejos).

Dios opera en una forma muy similar. Él ya ha establecido nuestro final, pero el hecho de que tú puedas llegar ahí requiere de toda tu participación. Nuestro Creador no se obedece a Sí Mismo por ti, no escribe los planes para ti, ni desarrolla las habilidades que tú tienes que desarrollar. A todo ser humano se le ha dado un libre albedrío, y esta es la razón de que tenemos que tomar la decisión de escoger nuestro destino escogido, y hacer todo lo que sea necesario para llegar a realizarlo. Nosotros no somos animales, para que tengamos que vivir basados en el instinto. Somos seres humanos que dirigimos nuestras vidas basados en nuestras decisiones. Por lo tanto, aunque Dios tiene un plan muy bueno para tu vida, y sabe lo que Él quiere que tú realices, pero depende de ti el poder planear tu curso, hacer cambios en tu vida que te puedas mover hacia delante, y mantenerte en curso, tal y como lo vimos en el capítulo anterior.

El cambio ordenado

De la misma manera que los hombres de Isacar, si tú ves que los tiempos están cambiando, y que muy pronto tú tienes que tomar responsabilidad en medio de un cambio específico, entonces tú tienes que prepararte para hacerlo.

Por el Señor son ordenados los pasos del hombre, y el Señor se deleita en su camino. Cuando caiga, no quedará derribado, porque el Señor sostiene su mano. (Salmo 37:23–24)

A menos que planeemos anticipadamente, nuestras vidas van a estar en un desorden total cuando llega al cambio. El Señor Dios desea ordenar nuestros pasos y sostenernos. Por lo tanto, debes ordenar tus planes de acuerdo al propósito que Dios te ha dado. Debes darle seguimiento con una mentalidad de estar preparado y de poder actuar en maneras que te van a capacitar para estar listo ante las demandas del cambio. Debes desarrollar habilidades que te permitan calificar para ser un agente de cambio. No esperes a que el cambio llegue primero, o de otra manera tú te vas encontrar completamente sobrecogido por él. Esto va a poder exponer la falta de entendimiento que tienes con relación a tu propósito, así como tú falta de preparación para el cambio.

A continuación hay cuatro claves prácticas para poder supervisar el cambio en tu vida, y que te van a permitir planear e ir en busca de tu propósito. Esto se puede aplicar tanto al cambio que ya está sucediendo alrededor de ti, como el cambio que tú estás anticipando que llegue a tu vida.

Cuatro claves para supervisar el cambio

1. *Debes estudiar las tendencias y las demandas del cambio.* Esta clave tiene que ver todo aquello que tú puedes desarrollar como las cualidades de un agente de cambio. Vamos a suponer que tú te encuentras consciente que un cambio muy importante está sucediendo, o tú comienzas a ver ciertas tendencias que están ocurriendo en tu nación o en tu cultura. Comienzas a analizar las implicaciones y el impacto que puede resultar de ese cambio. También debes considerar la forma como este cambio se puede relacionar a otros cambios que puedan venir como consecuencia del mismo.

En forma muy particular debes estudiar los problemas de tu medio ambiente que fueron creados por este cambio. Podría ser que parte de tu propósito es atacar en forma creativa uno o más de todos estos problemas. Si tú vas a determinar que este es el caso, tú puedes desarrollar una estrategia para poder usar tus dones y habilidades, a fin de poder confrontar y resolver todos estos problemas.

Vamos a mirar más de cerca los tiempos en que vivieron los hombres de Isacar. Sabemos que ellos eran capaces de leer el cambio en su nación, así como el significado y el impacto de este cambio. El tiempo en que vivieron y que tenían para poder "tener entendimiento de los tiempos" es el período después de que su nación había tenido al primer rey llamado Saúl, quien había sido escogido por Dios—y después Saúl se había apartado de los propósitos de Dios, y por lo tanto tenía que ser rechazado como líder, los hombres de Isacar pudieron percibir que Dios había rechazado al rey Saúl, y que había encontrado favor en el joven David, y ellos querían unirse a David. Las Escrituras dicen que ellos *tenían conocimiento de lo que Israel debía hacer* (1ª Crónicas 12:32).

Todo aquel que puede leer las estaciones o temporadas del cambio, y que puede estar preparado para actuar en ellas puede convertirse en un líder. El clan de Isacar era muy grande y tenía muchos hombres que estaban dispuestos a pelear. Pero no fue su tamaño ni su fuerza lo que los hizo verdaderamente poderosos. Fue la capacidad que tenían para poder entender los tiempos en que estaban viviendo, y ellos podían interpretar las condiciones, y por lo tanto podían proyectar para toda la nación lo que se debía hacer.

Este tipo de visión le da a una persona un poder *pro activo*. Esta es la razón de por qué el hecho de recibir profecías de parte de Dios era tan importante en el contexto de la vida nacional de los israelitas. La profecía es una visión previa del cambio que se avecina, con el propósito de poderse preparar para ello.

Vamos a mirar un incidente que sucedió cuando Jesús y Sus discípulos se encontraban en el templo de Jerusalén.

> *Y mientras algunos estaban hablando del templo, de cómo estaba adornado con hermosas piedras y ofrendas votivas, Jesús dijo: En cuanto a estas cosas que estáis mirando, vendrán días en que no quedará piedra sobre piedra que no sea derribada.* (Lucas 21:5–6)

Jesús fue y les dijo a Sus discípulos que ellos iban a ser perseguidos, y que Jerusalén iba a ser destruida. El habló de esto con toda certeza, como si fuera algo que ya había sucedido. El pudo hacer esto porque Él sabía lo que se avecinaba, y les advirtió a Sus discípulos para que ellos pudieran estar preparados y pudieran tener una actitud pro activa en medio de todo esto. El también les dijo lo siguiente,

> *Y les refirió una parábola: Mirad la higuera y todos los árboles. Cuando ya brotan las hojas, al verlo, sabéis por vosotros mismos que el verano ya está cerca. Así también vosotros, cuando veáis que suceden estas cosas, sabed que el reino de Dios está cerca.* (Lucas 21:29–31)

Jesús estaba diciendo que en la misma forma como nos encontramos familiarizados con ciertas señales en la naturaleza que corresponden a ciertas estaciones o temporadas específicas, igualmente deberíamos ser capaces de reconocer las señales de los tiempos. Esta analogía nos regresa a la necesidad que tenemos de estudiar las tendencias del cambio que ocurre alrededor de nosotros, y no debemos ser ignorantes ni apáticos con relación a nuestro medio ambiente, sino que debemos estar alerta a todo lo que está sucediendo y al impacto que va a dejar.

La estrategia de tu plan debería incluir proyectos y programas prácticos que tienen la intención de iniciar nuevas cosas, tales como el desarrollo de nuevas habilidades, a fin de poderte anticipar al cambio.

2. *Debes planear y prepararte para el cambio.* Después de estudiar las tendencias del cambio, debes comenzar a preparar un plan específico para poder confrontarlo. Tu plan estratégico debería incluir proyectos prácticos y programas que tú tienes la intención de iniciar, tales como poder desarrollar nuevas habilidades para poder anticiparse al cambio. Tú también puedes decidir si se necesitan hacer algún tipo de modificaciones en tu medio ambiente inmediato, que te puedan capacitar para responder en forma efectiva al impacto que el cambio va a tener en ti. Por ejemplo, ¿en qué manera se va a alterar tu estilo de vida y la reordenación de tus necesidades económicas para que puedan responder a estas nuevas tendencias del cambio?

Cuando el cambio ya te está afectando en forma directa, es muy tarde para empezar a planear todo esto. Pero tú puedes desarrollar planes para confrontar lo que tú percibes que va a venir a continuación, y que es obvio, implicando el cambio que se avecina como resultado del cambio presente. De esta manera, tú puedes aprender a prepararte en forma continua para el cambio.

3. *Debes colocarte en una posición correcta para el cambio.* el hecho de colocarte y prepararte para el cambio significa poner todos tus planes en acción. Debes tener y tomar responsabilidad personal para darle energía a todo tu potencial, desarrollar tus habilidades y de esta manera, poder refinarte a ti mismo para llevar al máximo los beneficios del cambio que se avecina o que ya está sucediendo.

El hecho de colocarte y prepararte para el cambio también significa poder administrar continuamente todos tus recursos muy de cerca—lo cual incluye tu tiempo, tu relaciones, tu dinero, y todo el resto de tus recursos—de una manera en que puedas detener cualquier tipo de hemorragia de su valor y de su utilidad, lo cual podría ser muy deprimente para tu estabilidad y para la estabilidad de tu familia durante el cambio.

Debes hacer cualquier otro tipo de adaptaciones que sean necesarias, incluso aunque éstas sean difíciles temporalmente, a fin de que puedas atravesar a salvo el reto del cambio que se está realizando en tu tiempo, y que te permita progresar para poder realizar tu propósito.

4. *Debes cambiar con un propósito en mente.* En la siguiente sección, yo he enlistado algunas maneras específicas, después de haber estudiado las tendencias de ese cambio. Pero este cuarto punto, "cambiar con un propósito en mente", es la clave principal y el factor que va a decidir que tú puedas convertirte en un supervisor del cambio en tu vida. El hecho de cambiar teniendo un propósito en mente significa siempre tener que tomar una decisión, con tu mejor esfuerzo posible, en la línea frontal del cambio.

De esta manera, tú no vas a ser empujado hacia atrás por el cambio, sino que vas a ser propulsado por tu propio propósito. Tú has iniciado un cambio ordenado para el beneficio de ti y de tu medio ambiente, encarando los tiempos de transición con optimismo, energía y una entrega personal.

Siete maneras básicas para poder planear y prepararse para el cambio

1. *Debes cambiar tu banco de conocimientos.* Debes buscar información que te capacite para poder tratar con un medio ambiente que se encuentra en transición. Esto tal vez significa tener que leer libros importantes así como otro tipo de literatura, tomar algún seminario o diferentes cursos, o incluso tener que regresar a la escuela.

La gente que llega a cambiar de carrera tiene que familiarizarse con nuevas perspectivas y con nuevos medios de información. De la misma forma, a medida que tú percibes los cambios en tu nación, en tu comunidad, o en tu vida personal, debes estudiar todo tipo de conocimientos que tú necesites a fin de poder confrontar estos cambios en forma efectiva, y poder beneficiarte de ellos.

2. *Debes cambiar los estándares de tus habilidades.* Debes obtener habilidades que te permitan confrontar los retos que el cambio represente. Durante este proceso, debes identificar y revisar tus dones naturales, y entonces tratar de desarrollar habilidades que se relacionen con ellos, y que te capaciten para realizar tu propósito de una manera mejor.

Debemos asegurarnos que podemos entender claramente la diferencia que existe entre un don y una habilidad, o de otra manera no vamos a poder aplicarlos en forma diligente para desarrollar las habilidades que necesitamos:

+ La habilidad no es un don de Dios.
+ La habilidad no es algo que llega inherente con nuestro nacimiento.
+ La habilidad no es algo que pueda ser obtenido por ósmosis.
+ La habilidad no puede ser transferida ni heredada de otras personas.
+ La habilidad es algo que solo puede ser aprendido y desarrollado.

Eclesiastés 10:10 dice lo siguiente, *"Si el hierro está embotado y él no ha amolado su filo, entonces tiene que ejercer más fuerza; la sabiduría tiene la ventaja de impartir éxito"*. Por lo tanto, debes mejorar tus habilidades. Debes buscar el entrenamiento que sea necesario para la función que necesitas desempeñar en la próxima estación o temporada de tu vida. Otras gentes no van a poder hacer esto por ti, aunque tal vez sean capaces de darte algún tipo de consejo con relación a las avenidas y medios que te van a ayudar a desarrollar ciertas habilidades. Debemos darnos cuenta que a final de cuentas, somos nosotros los que tenemos que iniciar el desarrollo de nuestras propias habilidades.

3. *Debes cambiar tu biblioteca.* A través del proceso de cambiar la fuente de datos de tu conocimiento, y desarrollo, tal vez vas a necesitar invertir en algunos nuevos recursos—por ejemplo, libros, cuadernos de trabajo, y DVD's—así como poder utilizar otros tipos y otros medios de comunicación, tales como los podcasts, a fin de que puedas prepararte y que puedas responder adecuadamente ante el cambio. Aunque todo el mundo necesita algún tiempo de descanso y de relajación, tu puedes desviarte de esas novelas y comenzar a leer libros que te van a capacitar para que puedas aprender y crecer en preparación para el cambio y cuando te encuentres en medio de él.

4. *Debes cambiar las personas con quien te asocias.* Algunas veces, para poder responder en forma efectiva ante el cambio se va a requerir que tú hagas nuevas relaciones y que entres a un círculo completamente nuevo de personas con quien te asocies. Por ejemplo, tal vez vas a necesitar unirte a algún club, alguna red profesional de negocios, o a alguna organización comunitaria.

A fin de poder confrontar el tiempo de transición en tu vida, tal vez vas a encontrar que necesitas ajustar los niveles de tus relaciones. Tú tal vez ya no vas a ser capaz de pasar la misma cantidad de tiempo con ciertas personas con quien acostumbrabas hacerlo y tal vez vas a necesitar aumentar el tiempo que pasas con otras personas. Debes ser muy sensible con tus amigos de largo tiempo, y también debes ser muy sensible con relación al cumplimiento de tu propósito y a la necesidad que tienes de confrontar los cambios tan importantes en tu vida.

5. *Debes cambiar tus prioridades.* El cambio tiene una manera de hacernos adoptar nuevas prioridades. En primer lugar, tal y como lo hemos visto anteriormente, el cambio inevitable algunas veces nos fuerza a hacer a un lado ciertas relaciones, así como ciertos aspectos de nuestro estilo de vida y hábitos. Más aún, a fin de que podamos tener éxito en la búsqueda de nuestros propósitos, *no podemos involucrarnos con todo lo que veamos u oigamos*, sino que debemos ser muy selectivos en la forma como usamos nuestro tiempo y las actividades en que decidimos participar. El hecho de cambiar nuestras prioridades en forma pro activa significa escoger muy cuidadosamente la forma cómo vamos a vivir nuestra vida, en lugar de solamente dejar que la vida suceda por si misma. Si fracasamos en clasificar prioridades con todo aquello que es muy importante para nosotros, vamos a ser llevados de aquí para allá por todas las corrientes de la vida, y no vamos a llegar a realizar nuestros propósitos.

> *Si fallamos en poner prioridades a todo aquello que es muy importante para nosotros, vamos a ser llevados por las corrientes de la vida, y no vamos a realizar nuestro propósito.*

6. *Debes cambiar tus expectativas.* ¡Nunca debemos omitir esta faceta tan importante que tiene que ver con confrontar el cambio! Debes recordar que lo que nos protege de la desilusión y de la frustración con relación al cambio, es la expectativa del cambio. Muy frecuentemente vamos a necesitar ajustar nuestras expectativas a fin de poder responder a los nuevos cambios que experimentamos, porque que siempre existe algún área de nuestra vida en donde nos hemos acomodado a la expectativa de que todo va a permanecer igual.

Tal vez tú has esperado con todas tus fuerzas poder recibir un aumento en tu salario por parte de la compañía donde trabajas, pero por ahora, mucha gente ha estado siendo despedida, y tú tienes que cancelar esa expectativa, por lo menos durante un tiempo. O tal vez, tú has tenido la intención de ir en busca de cierta vocación, y el cambio ha bloqueado ese camino. Las expectativas que tú tienes para la vida tienen que ser alteradas. Sin embargo, debes recordar que tu propósito permanece igual. Por lo tanto, ahora tienes que descubrir la forma como poder realizar tu propósito bajo diferentes expectativas y diferentes avenidas, y tienes que encontrar la forma cómo puedes vivir hasta que esa puerta vuelva a abrirse de nuevo en el futuro.

7. *Debes cambiar tu enfoque espiritual.* Los tiempos de transición y cambio pueden ayudarnos para que nos demos cuenta que no hemos ido en busca de las prioridades espirituales que son vitales en nuestra vida. A fin de poder centrarnos en aquello que es lo más importante, debemos poder descubrir y practicar hábitos espirituales que nos ayuden a cada uno de nosotros a desarrollar una relación con Dios y a crecer en esa relación.

Para ti, el hecho de cambiar otro enfoque espiritual bien puede incluir que te des cuenta que sólo a través de la fe en Cristo Jesús es que tu puedes comenzar a tener la relación con Dios que El desea que tu tengas.

Tal vez tú nunca has leído la Biblia o la has leído sólo en forma ocasional. Ahora que vas en busca de los propósitos de tu vida en forma muy enérgica, tú te das cuenta que necesitas conocer la Palabra de Dios. Tú entiendes que debes aprender cómo vivir de acuerdo a los valores y principios espirituales, los cuales son mucho más altos de aquellos del medio ambiente físico. Pero ahora tú puedes reconocer la importancia de tener comunión con un círculo de gentes que tienen una mentalidad espiritual.

Si tu ya has desarrollado una relación con Dios, el hecho de cambiar tu enfoque espiritual bien puede significar tener que pasar más tiempo orando y meditando en lo que tu lees en la Santa Biblia, con relación a cómo prepararte para el cambio y como poder recibir nuevas ideas. Tenemos la tendencia a permitir que nuestras vidas se llenen con demasiadas ocupaciones, y también permitimos que se acorte el tiempo que pasamos con Dios, pero estos son tiempos en que necesitamos estar con Dios mucho más.

El poder de la decisión

Las decisiones que tú haces acerca de tu vida van a dirigir el futuro que se revela delante de ti. Tú puedes introducir el cambio positivo, por medio de ordenar tu vida de acuerdo al propósito que Dios te dio. Debes aplicar las claves para poder supervisar el cambio y debes dedicarte a colocarte y prepararte para que puedas confrontar el cambio.

Debes recordar que tu destino ya ha sido establecido, pero no está garantizado. *¿Acaso vas a poder elegir el destino que ha sido escogido para ti?*

Yo me encuentro preparado para ir a cualquier parte siempre que se trate de ir hacia delante.
—David Livingstone, misionero, médico y explorador

CUANDO TÚ NECESITAS UN CAMBIO EN TU DIRECCIÓN

Nunca es muy tarde para cambiar

El cambio no necesariamente asegura el progreso, pero el progreso implacablemente requiere del cambio.
—Henry Steele Commager, historiador y autor

Aún cuando hemos hecho la decisión de iniciar un cambio en esta vida, va a haber ocasiones en que nos desviamos de curso—en un grado mayor o en un grado menor. Lo que es muy importante durante estos tiempos, es que no nos desanimemos, y que nunca nos convenzamos a nosotros mismos que "yo sabía que esto nunca ha iba a funcionar" y "no vale la pena seguir intentando", sino que de inmediato hagamos una corrección en el curso, a fin de que podamos regresar y alinearnos con nuestro propósito y como la frase al comienzo de este capítulo enfatiza, debemos perseverar en implementar el cambio.

Deja que sea el Dios Creador quien decida

Una de las cosas más tristes que he escuchado de la gente a través de los años es "yo no puedo cambiar". ¿Acaso te has convencido a ti mismo que no puedes regresar debido a que te has desviado de tu propósito—y de Dios? Es algo que nos debemos a nosotros mismos—y a nuestro Creador—el hecho de buscar con todo nuestro corazón el propósito que Dios nos ha dado. Cuando regresamos a nuestra visión original y nos damos cuenta de quiénes somos y para qué hemos sido formados, entonces, vamos a recibir una nueva energía que nos va a impulsar hacia adelante en el cambio positivo.

Ya sea que tú nunca has llegado "a despegar" y todavía te encuentras de ocioso en la pista del aeropuerto, o te desviaste de curso a mitad de vuelo, *nunca es muy tarde* para cambiar. Debes pensar acerca de Abraham, el gran patriarca. A la edad de setenta y cinco años, Dios se le aproximó con una propuesta muy inusual:

> *Y el Señor dijo a Abram: Vete de tu tierra, de entre tus parientes y de la casa de tu padre, a la tierra que yo te mostraré. Haré de ti una nación grande, y te bendeciré, y engrandeceré tu nombre, y serás bendición….*
> *Y el Señor se apareció a Abram, y le dijo: A tu descendencia daré esta tierra.* (Génesis 12:1–2, 7)

Incluso a la edad tan avanzada de Abraham, un viaje de esta naturaleza no podría haber sido posible. Pero había otro problema dentro de este mismo escenario: el no tenía hijo alguno. La sugerencia de que su "descendencia" iba a heredar la tierra era algo ridículo a la luz de esta situación. Pero Dios no pensó que era muy tarde para que Abraham alcanzara un nivel mucho mayor y que pudiera ser padre de un hijo del cual toda una nación iba a venir—¡especialmente debido a que ese niño no iba a nacer por otros veinticinco años!

Si nos rendimos demasiado pronto, vamos a pasar por alto, o vamos a impedir, la llegada de vehículos de cambio muy importantes para nuestra vida.

Esta es la razón de que necesitamos permitir que el Creador haga estas decisiones en lugar de hacerlas nosotros. Si nos rendimos demasiado pronto, vamos a pasar por alto o incluso vamos a impedir la llegada de vehículos importantes de cambio para nuestra vida. Abraham le pudo haber dicho Dios, "ya es muy tarde para mí". Él hubiera impedido algo tan importante—¡sólo se trataba del nacimiento de la nación de Israel! Debes notar que su decisión no fue una decisión privada—sino que fue una decisión que afectó la historia de manera muy importante. Nunca debemos asumir de antemano que nuestras decisiones para iniciar el cambio sólo nos van a afectar a nosotros. Nelson Mandela salió de la prisión cuando él tenía más de setenta años de edad y se convirtió en el presidente de Sudáfrica. Yo me pregunto cuantas veces acaso él pudo haber pensado, mientras que estaba sentado en su celda, *¿Qué tan viejo voy a ser cuando llegue a salir de aquí? Voy a ser completamente inútil.* Que bueno que él nunca dijo, "es muy tarde para que yo pueda cambiar. Es muy tarde para que yo pueda dirigir a una nación, y que pueda ayudar a toda esta gente".

"Consideré mis caminos"

Tenemos que mirar con toda honestidad, para ver en dónde nos encontramos con relación a los cambios con propósito que queremos hacer en nuestra vida. ¿Acaso nos encontramos en curso, o nos hemos desviado? La mayoría de nosotros sabemos el curso en que debemos ir. Sabemos nuestros hábitos diarios. Dentro de nuestro corazón, sabemos exactamente lo que estamos haciendo y hacia donde nos dirigimos.

Por ejemplo, tú te mantienes yendo a trabajar tarde y haces que tu jefe se enoje, tú sabes tu futuro—por lo menos, el futuro de tu trabajo. Si tú no haces ejercicio y tampoco comes de forma correcta tú sabes el curso en que te diriges con relación a tu salud. Si tú estás mintiendo acerca de tus relaciones o acerca de ciertas cosas que no deberías estar haciendo, tú sabes que vas a acabar por lastimar a otros—y a ti mismo. ¿Acaso quieres mantenerte en el mismo curso que no tiene productividad alguna o que incluso es contraproducente para ti?

Anteriormente pudimos hablar acerca de a la analogía de pilotear un avión con relación a ir en búsqueda de nuestros propósitos. En Proverbios 14:12 dice lo siguiente, "*Hay camino que al hombre* (piloto) *le parece derecho, pero al final, es camino de muerte* (o una colisión)". Tal vez la manera como has estado viviendo parecía ser correcta en un tiempo o, o tú querías que pareciera correcta, pero te está llevando a una coalición o a tu muerte misma. Algunas veces, la gente piensa que pueden ser más listos que Dios. Ellos dicen, "yo no voy a hacer lo que necesito hacer, pero de todas formas, voy a ser capaz de realizar mi propósito". Tú no puedes salirte con la tuya usando atajos de mentiras—o sustitutos. El hecho de tratar de sustituir algo diferente que no sea el plan que Dios tiene para tu vida, es como tratar de hacer funcionar tu carro con jugo de naranja en lugar de usar gasolina. Tal vez funcione un poquito de tiempo con lo que le queda de gasolina en el tanque—pero entonces el jugo va a entrar al carburador, y tú tal vez estás pensando que has hecho todo muy bien. Pero el jugo de naranja todavía no entraba tu carburador.

El Salmo 119:59 dice lo siguiente, "*Consideré mis caminos, y volví mis pasos a tus testimonios*". El escritor de los Salmos estaba diciendo básicamente, "he pensado acerca de la manera como mi vida ha estado corriendo, y por lo tanto he tenido que cambiar de curso". La primera cosa que tú tienes que hacer es "considerar tus caminos"—mira lo que tú estás haciendo al presente y considera adonde te van a llevar tus acciones. "*Me **apresuré y no me tardé** en guardar tus mandamientos*" (versículo 60, se añadió énfasis). Debes de hacer una corrección de tu curso de inmediato. Si tú sabes adónde quieres terminar, debes volver a calcular y voltear en la dirección correcta.

A continuación te comparto algunas preguntas que te pueden ayudar a "considerar tus caminos":

+ ¿Acaso me encuentro verdaderamente satisfecho con el curso en el que me estoy dirigiendo?

+ ¿Acaso el curso en el que me estoy dirigiendo, me está capacitando para poder llegar a realizar mi propósito?

+ ¿Qué es lo que me desvió de mi curso, y qué es lo que me ha mantenido fuera de curso?

+ ¿Acaso la forma como estoy administrando mi tiempo está contribuyendo a mi visión? ¿Acaso todo aquello que estoy haciendo en secreto me está llevando a cumplir mi propósito?

+ ¿Acaso he sido desviado o distraído de mi curso? Si es así, ¿qué es lo que sucedió? ¿Qué fue lo que distrajo mi vida y que me ha llevado fuera de curso por semanas, meses, o incluso años?

+ ¿Por qué es que me encuentro en la misma condición donde me encontraba el año pasado, sin mejora alguna? ¿Por qué no he podido crecer, ni avanzar en ningún área de mi vida?

♦ ¿Acaso lo que estoy haciendo al presente tiene un valor eterno?

A menos que tú confrontes estas preguntas, tu vida va a permanecer igual. Tú vas a seguir haciendo las cosas que te hicieron desviarte del camino de tu propósito. Debes volver a dedicarte a tu visión y debes mantener tu palabra a ti mismo, con relación a que tú harás todo aquello que se necesite para poder realizar tu propósito.

Para poder ayudarte a contestar las preguntas que te puse anteriormente, a medida que tú evalúas tu vida en este momento, aquí hay algunas razones y circunstancias que debes considerar, las cuales indican que tú muy probablemente necesitas una corrección en tu curso.

Razones para cambiar de curso o de dirección

1. *Tú perdiste de vista tu objetivo.* Tú no pudiste realizar lo que tú habías planeado debido a que tú no buscaste con todo tu corazón aquello que querías lograr. El cambio de tu corrección involucra el hecho de regresar al plan original de vuelo que tenías, para que puedas llegar a realizar tu propósito.

2. *Tú sabes que tus acciones precedentes están dañando tu vida y tu propósito.* Si lo que estás haciendo ahora te está causando problemas, tienes que cambiar tu curso y *hacer cosas diferentes* que te lleven en un camino claro y abierto para el cumplimiento de tu propósito. Por ejemplo, tal vez tú caíste en una deuda enorme debido a que estuviste realizando hábitos financieros muy tontos. Debes hacer una corrección en curso por medio de desarrollar un plan que te permita salir de deudas, y poder seguir prácticas financieros saludables.

3. *Tú necesitas eliminar la fricción.* Algunas veces, tú necesitas ajustar tu curso debido a que la dirección en la cual te encuentras está llena de fricciones. Una vez estaba hablando con un hombre joven a que yo conocía y sabía que se había comprometido en matrimonio, y le pregunté cómo estaba. Él me dijo, "muy bien". Yo le dije, "¿acaso ya te casaste?" El dijo, "He estado comprometido durante un tiempo pero estuvimos peleando todo este tiempo". Yo vi que El quería hablar acerca del problema, y por lo tanto le dije, "cuéntame acerca de esto. ¿Cuál es el problema?" El dijo, "cada vez que pensamos que todo está funcionando bien, entonces,

tenemos una gran pelea. Hemos estado peleando por todo un año". Por lo tanto, yo le dije, "déjame darte algunos consejos. Toda relación tiene problemas, y todas las relaciones tienen conflictos. Los conflictos son algo normal. Pero si tú sigues peleando, tú necesitas evaluar la fuente y origen de todas estas peleas, antes que te llegues a casar. Por ejemplo, si tú sigues teniendo conflicto debido a que ella es muy celosa acerca de otras mujeres jóvenes con quienes tu trabajas, y cada vez que ella te vea hablando con otra mujer ella se va a enojar, entonces la fuente y origen del conflicto son los celos. Tu trabajo requiere que tú interactúes con una variedad de gentes, tanto hombres como mujeres, y ella no puede aguantar esta situación, entonces eso te puede decir cómo va a ser tu futuro matrimonio". Después de este consejo, alguien puede decir, "si, pero yo creo que el Señor lo va a cambiar, o la va a cambiar". Si tu novio o tu novia no está dispuesto a cambiar a fin de *ganarte a ti*, entonces él o ella no está dispuesto a cambiar a fin de poder *mantenerte con él o con ella*. El Señor Jesús tal vez ha estado tratando de cambiarlo a él o a ella durante mucho tiempo, pero Jesús no puede cambiar una persona si esta persona no está dispuesta a cambiar. La misma persona puede estar diciendo, "pero yo sé que él o ella va a mejorar". "¿Cómo? ¿Cuánto tiempo han estado ustedes juntos?" "veinte años". Creo que con este ejemplo tú tienes la idea de lo que estoy diciendo.

4.   *Tú debes cambiar de altitud (actitud).* Algunas veces la corrección de curso involucra un cambio de actitud. ¿Qué tal si Dios, dentro de los propósitos que tiene para ti, te lleva de una posición superior en tu compañía a un nuevo trabajo donde tienes una posición mucho menor? ¿Acaso tú puedes ajustarte a ese cambio "de altitud" y tener una buena actitud en medio de todo esto? Este tal vez sea el caso donde el cambio de trabajo es necesario a fin de que tú puedas tener una victoria en alguna parte de tu vida. A José lo pusieron en prisión de forma muy injusta, antes de que él pudiera ser promovido y convertirse en un gobernador. Es muy importante poder tener una perspectiva positiva, incluso cuando tú sientes que te encuentras "en prisión". Esta posición te puede ayudar a madurar, debido a que va a revelar actitudes interiores negativas con las cuales tú necesitas tratar. O tal vez, tú te encuentres con el hecho de que tu nueva posición es mucho mejor para ti tanto en forma física, o emocional. Debido a que tú ya no tienes que trabajar tiempo extra, tú

puedes dedicar más tiempo para estar con tu familia. Cuando atraviesas este cambio por medio de lograr todo aquello que Dios quiere para ti, tú vas a poder ser refinado y preparado para una nueva posición de liderazgo—donde quiera que sea que tú te encuentres.

5. *Tú experimentas trastornos inesperados.* Cuando la vida se desenvuelve en una manera que tú no esperabas, tal vez tú te vas a desviar de curso por un corto tiempo, pero entonces tú necesitas hacer los ajustes necesarios para regresar a tu curso original. Este trastorno puede ser una inconveniencia menor, o se puede convertir en un largo retraso. De cualquier manera, no permitas que te saque permanentemente de tu plan de vuelo.

6. *Tú necesitas aprender a trabajar a través de una "desviación".* Algunas veces, llegamos a experimentar crisis mayores en nuestra vida o caídas personales muy desastrosas. Yo quiero motivarte en el sentido de que si acaso has tropezado o caído, todavía puedes llegar al destino que te corresponde. Tienes que pedirle perdón a Dios, y buscar la reconciliación con aquellos a quienes has lastimado. Si tú has caído el hecho de poder trabajar a través de este tipo de desviaciones significa que tienes que tomar una ruta alterna a fin de poder regresar al plan de vuelo original—pero a final de cuentas tú vas a llegar ahí. "Yo nunca planeé estar en este tipo de crisis financiera". Pero Dios dice, "está bien—solo tienes que mantenerte en curso". "Yo nunca hice planes para llegar a divorciarme—de nuevo". Dios dice, "¡Mantente en curso!" "¡Yo no contaba con que mi bebé iba a morir!" Dios dice, "tomate un tiempo para consolar tu dolor, recibe mi consuelo, ¡y no eches a un lado la esperanza! Sigue buscando tu propósito". Cada retroceso o cada fracaso puede ser transformado en un testimonio. Dios puede cambiar las cosas totalmente, y tú vas a ser capaz de crecer a través de todo esto y de decirle a los demás la forma como desarrollar su fe y la fortaleza en medio de todo ello. Cualquiera que sea la cosa que estas atravesando en este momento, tú te encuentras *a través de ello*—y vas a salir a flote nuevamente del otro lado. Si puedes aprender, y si puedes crecer a través de esto, vas a acabar siendo mucho mejor de lo que tú eras cuando comenzaste esta prueba.

7. *Estás fuera de tiempo.* Algunas veces podemos llegar a mal entender el tiempo de nuestras estaciones y temporadas, y entonces tratamos de actuar muy apresuradamente. Si el tiempo no es correcto para que se

realicen ciertas cosas, tú debes reagruparte y hacer una corrección de curso que te va a preparar cuando la temporada o estación de la cosecha es correcta.

8. *Tú hiciste a un lado tus valores.* Hacer a un lado los valores morales y espirituales siempre nos va a desviar de curso. A continuación enumeró varias áreas donde en forma muy especial necesitamos evaluar nuestra vida para poder realizar todas las correcciones necesarias.

 • *Cambios de prioridades.* Tú necesitas volver a evaluar tus prioridades presentes. Por ejemplo, cada vez que tú comienzas a reemplazar a Dios con otras cosas, tu futuro se encuentra en problemas. Tal vez, en lugar de valorar a Dios, Tú te has enamorado de las cosas materiales. Tu primera prioridad solía ser Dios, pero ahora tú estás trabajando dos trabajos y además estás comenzando un negocio y has dejado de asistir a la iglesia en forma regular. ¿Qué es lo que tú valoras más en la vida? ¿Acaso tú valoras el hecho de convertirte en alguien muy famoso? ¿acaso tú valoras la búsqueda del dinero? ¿Acaso quieres que la gente te considere una persona muy exitosa? Después de contestar estas preguntas, debes preguntarte a ti mismo, *¿Qué es lo que tiene valor eterno?* ¿Y qué es lo que tú estás buscando? ¿Acaso esto te está beneficiando en algo? Algunas veces, nuestras relaciones sociales o profesionales se han convertido en algo mucho más importante que las relaciones a quienes tenemos que rendir cuentas y por lo tanto nos hemos desviado de curso. Es vital que demos la mayor prioridad a nuestra relación con Dios y con nuestra familia.

 • *Tenemos exceso de confianza con Dios y abusamos de su gracia.* Algunas veces, no pensamos que realmente Lo necesitamos; y ya no tenemos interés en Dios. Pensamos que conocemos todo lo que existe que hay que conocer acerca de Él y de la Biblia. Cuando tomamos a Dios y a la gracia de Dios en nuestras vidas como algo que estamos menospreciando, estamos abusando de nuestra relación con Dios. A la mejor Lo consideramos algo demasiado casual, cada vez que pensamos, decimos, y hacemos cosas que son contrarias a la naturaleza y a la voluntad de Dios. ¡Y entonces nos admiramos de que nuestras vidas se han desviado de curso!

+ *Falta de tiempo personal con Dios.* Tal vez tú solías levantarte muy temprano por la mañana y dedicar tiempo orando y adorando a Dios, pero ya no lo haces. ¿Qué es lo que sucedió? Tú te desviaste de curso debido a que encontraste "algo más importante" en lo que puedes dedicar tu tiempo. Como resultado de esto, ha habido muy poquito o no habido ningún crecimiento espiritual en tu vida. Tú tal vez sigues yendo en busca de tu propósito, pero te sientes completamente vacío. Es tiempo de checar nuevamente, "tu Torre de Control". Mi tiempo personal que dedico a la comunión con Dios es la parte más importante de mi día. Yo disfruto de este tiempo de comunión con Dios, debido a que he escogido hacer de Dios la mayor prioridad cada día. Si tú no pasas tiempo con Dios en oración, tú no vas a poder recibir la frescura espiritual que necesitas, y vas a ser golpeado por la vida. Tú vas a estar luchando y te vas a frustrar completamente. No permitas que tu trabajo se convierta en algo más importante que tú adoración. Debes checar tus valores. Debes checar tus actividades. No te pongas a buscar otras cosas *a cambio* de perder tu comunión con Dios.

+ *Falta de tiempo en la Palabra de Dios.* Cuando tú pierdes el amor por la Palabra de Dios, muy frecuentemente tú pierdes el amor por Dios Mismo. Y cuando tú pierdes el amor por Dios, tu vida por completo cambia en la peor manera que te puedes imaginar. Aquí es cuando tú comienzas a alterar todas tus prioridades. Por lo tanto, como puedes ver, una desviación te lleva a otra desviación. Tú comienzas a valorar otras cosas diferentes, en lugar de adorar a tu Dios creador, y ellos se convierten en tus dioses. De repente, tu vida ya no representa, los verdaderos caminos, ni la verdadera naturaleza de Dios, y parece que Dios Se ha alejado de ti. Yo me encuentro dedicado a leer la Biblia debido a que yo quiero mantenerme en curso. La Biblia dice que si tú buscas a Dios, tú Lo vas a encontrar. (Favor de ver Jeremías 29:13). Pero si tú no buscas a Dios, Dios se va esconder de ti. (Favor de ver Deuteronomio 31:17). Se requiere que haya una crisis para que nosotros podamos regresar a Dios, una vez que nos hemos convertido en personas muy apáticas con relación a buscarlo.

+ *Relaciones personales enfermizas.* Tal vez necesitas una corrección de curso debido a que has estado pasando mucho tiempo con las

214 Los Principios y Beneficios del Cambio

compañías equivocadas. Tal y como escribí anteriormente, muchos de los llamados amigos están trabajando en contra de nosotros, por medio de persuadirnos para que adoptemos hábitos y prácticas que son destructivas, lo cual va a crear un corto circuito en la visión de nuestra vida. *"¡Cuan bienaventurado es el hombre que no anda en el consejo de los impíos, ni se detiene en el camino de los pecadores, ni se sienta en la silla de los escarnecedores, sino que en la ley del Señor está su deleite, y en su ley medita de día y de noche!"* (Salmo 1:1–2). ¿Acaso tú te estás "sentando" con otros, estando de acuerdo con ellos, cada vez que ellos se burlan de Dios? Tal vez tú te has alejado de la relación tan estrecha que tenías con Dios debido a que comenzaste a salir con alguien que no está interesado en Dios, y que no quieren ir a la iglesia contigo. Cuando una relación te jala lejos de Dios, tú has desviado tu curso, y tú deberías hacer una corrección de curso de inmediato. Si esta persona no puede valorar tu máxima prioridad, él o ella no merecen estar contigo. Sólo porque alguien se mira guapo o muy bella no quiere decir que él o ella es la persona correcta para ti. Por supuesto, tú necesitas terminar esta relación de inmediato, si es que acaso te está desviando de tu matrimonio. Tú también tienes que evaluar tus asociaciones profesionales. ¿De qué es lo que ellos platican? Tú tal vez puedas decir, "bueno todo esto viene junto con el trabajo". Tú tienes que establecer estándares que no hagan que tú comprometas tus prioridades. Tú no debes sacrificar tu relación con Dios a cambio de un trabajo. Si tú estás pasando tiempo con la gente que te está apartando de Dios, y de tu propósito, por medio de involucrarte en actitudes negativas, en comportamientos y hábitos negativos, es tiempo de volver a calibrar todas tus relaciones.

+ *Entretenimiento en lugar de crecimiento personal.* Esto es muy frecuentemente un problema muy importante, pero la mayoría de la gente ni siquiera se ponen a pensar en ello. Ellos pasan horas enteras y gastan cientos de dólares en conciertos o en DVD's que realmente no les están ayudando, pero ellos no dedican ningún dinero a algo que podría capacitarles para crecer espiritualmente, o en forma intelectual o emocional. Ellos se pasan horas entreteniéndose a sí mismo pero muy poco o ningún tiempo dedicado a desarrollar todos sus potenciales.

Este es el medio tiempo

Cualquiera de los escenarios descritos anteriormente bien puede estar describiendo la vida como la tienes actualmente, pero Dios te ha traído a este punto a tiempo, para que puedas hacer una corrección del curso en tu vida. Vamos a usar otro tipo de analogía que tiene que ver con regresar al curso correcto: "El medio tiempo".

Todo juego de fútbol tiene un medio tiempo—que es un descanso como de veinte minutos o media hora, cuando se les permite a los equipos que regresen a sus vestidores, descansen, y puedan revisar sus estrategias. Si un equipo no estado jugando bien, el entrenador le va a dar a los jugadores puntos específicos que ellos tienen que ajustar en su punto de vista. Tal vez el otro equipo era más fuerte de lo que ellos esperaban y ellos se distrajeron y olvidaron el plan de juego original.

En forma similar, tú has estado en el campo de juego de la vida. Tú no has estado viviendo bien ni haciendo progreso con relación a tu visión, pero este es tu medio tiempo. Debes considerarme como tu entrenador de la vida en este momento, y debes recordar que el Espíritu Santo de Dios siempre está contigo como tu Consolador y Consejero, y por lo tanto debes estar seguro que Lo escuchas.

Esta es mi plática de medio tiempo: "Mira, tú has estado perdiendo mucho terreno y tú estás en peligro de perder todo el juego. Por lo tanto, esto lo que tú necesitas hacer: debes recordar tu plan original de juego, mantenerte en ello, y mantener una actitud positiva. No te quedes parado en tus errores, pero corrígelos".

Cuando los jugadores reciben este tipo de instrucción durante el medio tiempo, y toman en consideración el consejo del entrenador, ellos entonces regresan al campo de juego como un equipo revitalizado. Se encuentran en el curso correcto, tienen más energía—y comienzan a poner puntos en el marcador.

¿Acaso Recuerdas la discusión que tuvimos acerca de los tiempos y las estaciones? El tiempo nos permite tener "medio tiempos" y "tiempos fuera" para poder agruparnos. Pablo escribió lo siguiente, *"Por tanto, tened cuidado cómo andáis; no como insensatos, sino como sabios, aprovechando bien el tiempo, porque los días son malos. Así pues, no seáis necios, sino entended cuál es la voluntad del Señor"* (Efesios 5:15–17).

Debemos llevar al máximo cada oportunidad que tengamos. Debes llevar al máximo tu vida como nunca lo hiciste antes.

Cuando tenía cierta edad, el versículo anterior se convierte en algo más importante para ti, debido a que tú llegas a reconocer que no tienes mucho más tiempo para estar experimentando con la vida. Yo tomé la decisión de que cada cita que yo hacía y cada oportunidad que yo tenía, yo iba a invertir en ello a fin de estar conectado con mi propósito y con la voluntad de Dios para mi vida. Si la gente quiere cambiar, yo voy ayudarlos. Si ellos quieren mejorar, yo voy a dedicar mi tiempo a ello. Pero, si ellos sólo quieren desperdiciar el tiempo, entonces yo tengo que declinar la oferta. Estoy entregado a pasar mi tiempo con otros que realmente quieren ir en busca de sus propósitos. Tenemos que optimizar al máximo cada oportunidad que tengamos. Debes llevar al máximo tu vida como nunca lo has hecho antes. Haz que cada día cuente. No seas tonto, pero usa tu tiempo en forma efectiva.

Claves para corregir el curso

Vamos a mirar ahora algunas claves que te van a ayudar a hacer las correcciones de curso que necesitas. Si tú tienes veinticinco años de edad o eres más joven, en forma muy especial necesitas adoptar estas claves en tu corazón—porque existe una presión mucho más grande para que tú te desvíes de curso, que para aquellos que son mucho mayores. De nuevo, ellos ya saben que tienen el tiempo limitado—¡y que nadie permanece en la edad de veinticinco años para siempre!

1. *Revisa, examina, y vuelve a establecer tu visión.* Si tú quieres hacer una corrección a tu curso, debes volver a examinar el propósito que Dios te dio, o aquello que tú quieres llegar a hacer. ¿Qué es lo que tú quieres hacer con tu vida? ¿Cuál es el futuro que tú prefieres? ¿Cómo debes refinar tu visión para hacerla más específica o más clara y que tú la puedas seguir?

2. *Debes valorar tus obstáculos.* Debes valorar las cosas que necesitas vencer a fin de volver a ponerte en curso y llegar a realizar tus objetivos. De nuevo, en primer lugar tienes que aceptar la verdad con relación hacia donde te diriges ¿Cuáles son las áreas, anteriores, que tú puedes reconocer acerca de ti mismo y de tu vida? Debes ser honesto con relación

a todas las formas y maneras en que tú estás poniendo tu vida para que tenga colisiones y desastres. Entonces, debes enlistar varios pasos específicos que te van a llevar a poner tu vida en orden y de nuevo en curso.

3. *Debes estudiar las fallas de otros.* Permite que los ejemplos negativos de otras gentes te enseñen valiosas lecciones. Debes evaluar la vida de las gentes en la Biblia, gentes que tú has escuchado, y gentes que conoces en forma personal, y que se han desviado de sus cursos en la vida. Debes notar el efecto que todo esto tuvo en ellos. Entonces, debes preguntarte a ti mismo si estás siguiendo sus mismos pasos. Tú no eres muy diferente de ellos, y tú también puedes caer si tú sigues haciendo elecciones y decisiones muy pobres, y evadiendo las cosas que tú deberías estar haciendo.

4. *Debes dedicarte o entregarte a alguien que te dé buen consejo y a quién puedas rendirle cuentas.* Cuando estás siguiendo el mismo consejo de la misma gente, y entonces te encuentras con los mismos malos resultados, algo necesita cambiar. ¿Quiénes son tus consejeros? ¿A quién estás escuchando? ¿A quién deberías estar escuchando? Debes descubrir aquellas personas que te van a dar buen consejo y debes pedirles que te ayuden a evaluar tu vida y los planes a fin de que puedas ir en busca de tu propósito. Tienes que encontrar a alguien con quien tú puedas orar, y entonces debes decirle esa persona, "te voy a entregar el plan para mi vida para el siguiente año por escrito. Quiero que me ayudes para que yo pueda estar seguro que lo puedo mantener". Debes dedicarte a tener a alguien que sea tu entrenador y a quién puedas rendirle cuentas—alguien a quien tú le des el permiso de preguntarte, "¿acaso estás haciendo lo que tu decías que querías hacer? ¿Acaso estás siendo fiel a ti mismo?" Todos necesitamos este tipo de ayuda y de motivación.

5. *Debes cortar todo tipo de relaciones que sean peligrosas para ti.* A fin de poder mantener una fuerte relación con Dios, y que tú puedas llegar a realizar el propósito para tu vida, tu tal vez necesitas cortar algunas relaciones de inmediato. Debes revisar los puntos anteriores acerca de relaciones enfermizas y acerca de colocar tus prioridades en desorden, a fin de que te ayuden a evaluar esta área de tu vida. Entonces, debes

tomar los pasos necesarios para liberarte de todas estas influencias negativas.

6. *Debes cambiar el medio ambiente de tu vida que está impidiendo tu progreso.* El medio ambiente negativo puede estar incluyendo las formas de entretenimiento en que te encuentras involucrado, la situación presente de tu trabajo, tus asociaciones, y tus hábitos—muy en especial aquellos que tienes en secreto. Si todo esto es lo que está impidiéndote, entonces, debes crear nuevos medio ambientes que sean positivos, y a través de los cuales puedas seguir tus prioridades y que puedas experimentar un crecimiento personal.

7. *Debes buscar las desviaciones de Dios.* "*No os ha sobrevenido ninguna tentación que no sea común a los hombres; y fiel es Dios, que no permitirá que vosotros seáis tentados más allá de lo que podéis soportar, sino que con la tentación proveerá también la vía de escape, a fin de que podáis resistirla*" (1ª Corintios 10:13). Dios promete que nos va a dar "*la vía de escape*" durante los tiempos de tentación, de tal manera que podamos resistirlos o mantenernos firmes ante ellos. Si tú vas a permanecer en curso, o vas a hacer el cambio de dirección correcto, debes tomar "las rutas de escape" que Dios te está mostrando. Para cada tentación, Dios siempre te va a dar una salida. Cuando sientes que Dios está diciendo cosas tales como, "salte ahora", "no lo llames", "no contestes el teléfono", o "no vayas ahí", ¡tú debes escucharlo!

El curso en el que te encuentras actualmente va a afectar toda tu vida. Si tú necesitas hacer una corrección, toma el valor necesario, y hazlo.

Permite que tú decisiones cambien tu curso

Aún en las ocasiones cuando tú piensas que te encuentras en curso, debes tomar un tiempo periódicamente a fin de examinar, renovar, revisar y volver a enfocarte en la ruta de tu vuelo, tan frecuente como sea necesario. De nuevo debes preguntarte a ti mismo, *¿Acaso voy en el camino donde realmente quiero ir? ¿Acaso me estoy convirtiendo en el hombre o en la mujer en que yo me prometí llegar a ser? ¿Acaso estoy haciendo las cosas que me van a llevar a desarrollar el tipo de persona que quiero llegar a ser?*

El curso en el que te encuentras actualmente va a afectar toda tu vida. Tú necesitas hacer una corrección. Toma el valor necesario y hazlo. No dejes que una crisis cambie tu curso; permite que *tus propias decisiones* cambien tu curso. Debes recibir toda las bendiciones, posibilidades, y oportunidades que Dios tiene para ti. El pasado es historia. Hoy es el comienzo de tu futuro.

El progreso es imposible sin el cambio, y aquellos que no pueden cambiar su mente, no pueden cambiar nada.
—George Bernard Shaw, autor y guionista

DIEZ FORMAS EN QUE LOS LÍDERES RESPONDEN ANTE EL CAMBIO

El cambio es inevitable. El cambio es necesario. El cambio es posible.

El cambio en todas las cosas es algo muy dulce.
—Aristóteles, filósofo griego

El hecho de ir en busca de nuestro propósito nos transforma en agentes de cambio. ¿Qué es un *agente de cambio*? Es otro término o palabra para nombrar a un líder ya formado o a un líder que está surgiendo. Cualquiera que puede leer las estaciones o temporadas de cambio—en su propia vida y en el mundo a largo plazo—y que puede estar preparado para actuar en ellos, va a poder guiar a los demás.

Los líderes deben poder entender los principios y beneficios del cambio, porque los líderes tienen una influencia mayor en las condiciones, actitudes y medio ambiente en general de todos aquellos que están participando con ellos a fin de cumplir sus misiones. Mucha gente se refiere a este tipo de participantes en la visión como *seguidores*. Yo no uso este término muy frecuentemente debido a que (1) limita la mentalidad del agente acerca de lo que ellos pueden hacer y pueden llegar a ser, y (2) no refleja el hecho de que cada persona fue creada para cumplir su propio propósito dentro del contexto de la visión más grande en que él o ella es participante.

Permíteme ser muy claro en el hecho de que cuando uso el término *líderes*, no me estoy refiriendo solo a aquellos que mucha gente piensa tradicionalmente que son líderes, tales como los directores de empresas, presidentes, gerentes, y supervisores. A continuación te voy a dar mi definición del liderazgo, la cual he desarrollado después de décadas de investigación y de estudiar el liderazgo, así como habiendo entrenado miles de individuos que aspiraban a un liderazgo:

> *El liderazgo es la capacidad de poder influenciar a otros a través de la inspiración, lo cual es generado por una pasión, motivado por una visión, nacido como fruto de una convicción, y es producido por un propósito.*

Los líderes inician el cambio por el propósito y en el propósito

Los agentes de cambio ejercitan el liderazgo en sus esferas particulares y en el medio ambiente donde tienen influencia.

La definición anterior cristaliza lo que hemos podido ver cuando discutimos la parte 3 de este libro, "Iniciando el cambio en tu mundo". Los líderes inician el cambio por el propósito y en el propósito. Los agentes de cambio ejercitan el liderazgo en sus esferas en particular y en sus medio ambientes de influencia, ya sea que se trate del hogar, el salón de clases, la comunidad, iglesia, nación, negocio, grupo de jóvenes, fraternidad, u organización cívica—en todos los aspectos de la vida. Bajo este contexto, todos nosotros como líderes, debemos poder entender que la forma en que debemos manejar el cambio, va a influenciar lo que sucede en las vidas de aquellos que han invertido en nuestras visiones, así como la forma en que ellos mismos han percibido el cambio.

¿Acaso puedes recordar, que cuando eras un niño, había algo que te asustaba? Muy probablemente tú corriste a tus padres para recibir seguridad. Si parecían estar calmados acerca de esa situación, tú también podías calmarte. Si ellos se miraban preocupados o ansiosos, tú permanecías con un sentimiento de inseguridad.

Una vez que nos convertimos en adultos, somos capaces, a través de la madurez y de la experiencia, de poder absorber o desviar situaciones que normalmente solían asustarnos. Sin embargo, la gente todavía voltea a mirar a aquellos que parecen "estar a cargo de la situación" para que les compartan esos sentimientos de seguridad durante los eventos de mayor trascendencia, tales como las emergencias nacionales, los desastres naturales, la guerra, o la muerte de alguna figura nacional.

Si alguien que se encuentra en una posición de liderazgo parece estar desorientado o sobrecogido por el cambio, esta reacción muy frecuentemente se esparce a todo el medio ambiente del grupo o de la organización. Existe una cosa que distingue a los líderes, es la capacidad que tienen para responder en forma efectiva ante el cambio por todos aquellos que están guiando, así como por ellos mismos.

Casi siempre el líder es el que confronta el cambio en primer lugar. Por lo tanto, la función más importante del liderazgo es la habilidad de poder manejar una constante confrontación con el cambio, así como poder iniciar el cambio. Los líderes se encuentran en un continuo movimiento. Ellos están llevando a la gente *al* cambio, *a través* del cambio, y *de nuevo al* cambio.

El cambio también es el incubador del desarrollo. A través de experimentar, aprender y analizar el cambio, los líderes pueden descubrir la naturaleza del cambio, el potencial del cambio, la necesidad del cambio, el poder del cambio, el impacto del cambio, los beneficios del cambio, los retos del cambio, y los peligros del cambio.

El cambio es uno de los más grandes atributos de un líder

Es imposible ser líder sin el cambio, y por lo tanto, el cambio es uno de los más grandes atributos de un líder. El éxito o el fracaso de cualquier líder pueden ser medidos por la forma como él o ella responde, supervisa, y se beneficia del cambio.

Cada nación y cada organización, así como cada individuo, debe cultivar la habilidad de poder responder en forma efectiva al cambio, debido a que ninguno de nosotros existe en el vacío. Aún la más débil de las organizaciones o naciones va a ser forzada a confrontar el cambio en algún punto. El hecho de comportarse en forma titubeante o pasiva en este tipo de situaciones, puede llevar al final de esa organización o nación.

Esta es la razón de por qué los grupos, las compañías, y los países, de la misma forma que los individuos deben involucrarse en campañas de autodesarrollo. La investigación y el desarrollo se han implementado como departamentos en muchos negocios, y han sido diseñados para figurar la innovación continua y la implementación del cambio para la mejora de la compañía. En la vida de una organización o de un negocio, el éxito requiere de una periódica reinvención, tal y como vimos en el ejemplo de la Compañía de Relojes suizos. John Walter, que es el ex presidente de la compañía AT&T, dijo lo siguiente, "cuando el paso del cambio fuera de una compañía es más grande que el paso del cambio dentro de la organización el final está cerca".

Tanto en la vida personal, como en la vida corporativa, el objetivo del liderazgo a final de cuentas es acerca del *cambio*. En este último capítulo, me gustaría resumir 10 maneras en que los líderes pueden responder al cambio, resaltando brevemente los principios esenciales y los beneficios del cambio que hemos cubierto a través de todo el libro.

1. Los líderes siempre van a estar esperando el cambio

Los líderes están conscientes de que el cambio es un principio de la vida. Mientras están guiando a los demás, ellos saben que se dirigen a un lugar donde nunca han estado antes, y que el pasaje para esta "nueva tierra" es el cambio. El liderazgo se trata acerca de "reubicar" individuos, organizaciones, negocios, comunidades o naciones hacia un destino futuro. El líder debe ayudar a aquellos que han invertido en su visión, para que puedan abrazar este cambio y que se puedan mover en dirección al objetivo deseado.

Los líderes también están conscientes de que nada permanece en forma permanente excepto Dios y las promesas de Dios. Esto significa que ellos deben vivir en una continua expectativa de que las cosas pueden cambiar en cualquier momento, y deben estar preparados mentalmente para lo inevitable, mientras que al mismo tiempo están confiando en Dios como su "Constante".

2. Los líderes inician o crean el cambio

Es imposible ser líder mientras que…

⁖ Tú permanezcas donde te encuentras actualmente.

- Sigas manteniendo lo que tienes al presente.
- Sigas asumiendo que alguien más es quien va a iniciar el cambio.
- Estés esperando que alguien más te diga lo que debes hacer.
- Estés esperando por el futuro.

Un verdadero líder…

- Provee la visión del futuro que prefiere.
- Inicia un cambio de dirección.
- Establece un cambio de ritmo.
- Motiva la participación para ir en busca de los objetivos.

El líder dirige por medio de crear el siguiente paso hacia el futuro. Él o ella desarrolla el proceso de los programas que van a producir los cambios que son necesarios para moverse hacia el final que se ha deseado.

Debes recordar que en las Santas Escrituras, no existe registro alguno de que Dios haya realizado un milagro de la misma manera dos veces. Para poder seguir este patrón creativo, los líderes existen constantemente en "el ahora", en lugar de estar permaneciendo en el pasado, y de esta manera se dedican a crear nuevas cosas.

3. Los líderes interpretan el cambio

Se ha dicho que lo que verdaderamente importa no es lo que te sucede, sino lo que tú haces con relación a lo que te sucede. Ésta es la mentalidad de un verdadero agente de cambio. Los líderes siempre están buscando analizar e interpretar los cambios en su medio ambiente, desde la perspectiva de que todo cambio contiene dentro de sí mismo las oportunidades que son benéficas para sus propósitos y causas. En esencia, ellos siempre están buscando lo positivo y lo bueno en cada situación.

4. Los líderes dirigen el cambio

Después de analizar e interpretar el cambio para sus beneficios, los líderes buscan activamente poder dirigir ese cambio en su vida—ya sea que el cambio haya sido creado por los líderes, o que haya sido impuesto por otras condiciones—y siempre hacen esto a fin de llevar hacia delante sus propósitos.

5. Los líderes planean y diseñan el cambio

Los líderes crean estrategias, que son reguladas por medio de sus visiones a fin de llevar a sus grupos u organizaciones a los futuros que ellos aspiran.

Un líder ha llegado a ser líder debido a que él o ella ya ha ido al futuro en su mente, y ha regresado al presente para llevar a los demás a ese lugar. Los líderes no se tropiezan con el futuro, sino que *ellos planean* su ruta con ese destino. Debido a que el futuro requiere de cambio, los líderes deben diseñar una serie de cambios, que son necesarios para construir sus caminos (y los caminos de otros) hacia el futuro que prefieren.

Dios advirtió al faraón de Egipto por medio de un sueño, el cual José interpretó, que Egipto iba a experimentar algunos cambios—siete años de abundancia, seguidos por siete años de hambruna. ¿Qué es lo que hizo José? Creó expectativas con relación a esto, y por lo tanto, él se puso a planear para ello. En los años de abundancia José guardo grano para que fuera usado durante los siete años de hambruna. El se protegió a sí mismo, a su familia, y protegió a la nación que había adoptado en contra del cambio.

6. Los líderes se preparan para el cambio

Después de haber aceptado la responsabilidad, y de haber abrazado la obligación de la tarea dada por Dios, el líder tiene que hacer los cambios que sean necesarios en su vida espiritual, su vida personal, su vida educacional, su vida social, y debe desarrollar las habilidades necesarias para este viaje.

7. Los líderes son inspirados por el cambio

La distinción única de los líderes es el hecho de que ellos no se llenan de pánico en una atmósfera de cambios inesperados o de caos. Al contrario, todas estas condiciones proveen un incentivo para motivar al líder, por medio de probar sus capacidades, potencial, creatividad, y reservas espirituales.

Los hombres y mujeres que son valientes, tienen la audacia de creer en Dios aún en medio de situaciones que parecen imposibles. Estos líderes están convencidos que *"para los hombres eso es imposible, pero para Dios todo es posible"* (Mateo 19:26).

8. Los líderes crecen a través del cambio

Los verdaderos líderes pueden llegar a entender que cada reto es un salón de clases y cada experiencia es una lección. Por lo tanto, ellos abrazan lo desconocido o lo inesperado como oportunidades que les permiten aprender nuevas lecciones y expandir sus experiencias. El cambio inicia la incomodidad, la cual los líderes usan para el bien de hacer progresar y avanzar su vida.

9. Los líderes se benefician del cambio

Los verdaderos líderes siempre usan lo inesperado o, aquello que no fue planeado, y los eventos anticipados, circunstancias y situaciones de la vida para su ventaja. Ellos tienen que aprender a usar al máximo el infortunio, a fin de hacerlo que funcione para el avance de sus causas nobles.

10. Los líderes existen como parte del cambio

La esencia y el propósito mismo del liderazgo es moverse de lo conocido a lo desconocido a fin de mejorar la vida y poder crear algo mejor para los demás. Tú no puedes "dirigirte" hacia un lugar donde tú ya has estado antes. Por lo tanto, el liderazgo es creado para, motivado hacía, sostenido por, y existe por causa del *cambio*.

Quiero dejarte con estos pensamientos:

+ El cambio es inevitable.
+ El cambio es necesario.
+ El cambio es posible.
+ El cambio está aquí ahora mismo.
+ ¿Qué vas a hacer tú con el cambio?

El cambio es inevitable. El cambio para mejorar es un trabajo de tiempo completo.
—Adlai E. Stevenson II, político y embajador de los Estados Unidos de América ante las Naciones Unidas

PRINCIPIOS PARA LOS LÍDERES EN FORMACIÓN
Un nuevo punto de vista con relación a la vida

Un hombre puede llegar a realizar el objetivo de su existencia por medio de hacerse una pregunta que no puede contestar, y por medio de intentar una tarea que no puede lograr.
—Oliver Wendell Holmes Sr., médico y autor

Yo he escrito esta sección de este libro para todos aquellos que tienen gran dificultad en creer que pueden iniciar un cambio positivo en su propia vida. Es especialmente para ti, quien incluso ahora, no puedes aceptar completamente la idea de que tú puedes convertirte en un líder en el medio ambiente de tus dones e influencia, y que tú puedes convertirte en un agente de cambio en medio de un mundo que se encuentra en transición.

Tu tal vez vienes de una familia o de una sociedad que te ha dicho—por cualquier razón que sea—que tu nunca vas a poder hacer nada. O tal vez, por primera vez estás despertando a la idea de que tú puedes tomar la iniciativa en tu vida, en lugar de simplemente dejar que la vida te suceda al azar. Esto puede ser verdad especialmente si tú o tus ancestros crecieron bajo la esclavitud, el colonialismo, o alguna otra forma de opresión institucional, tales como el comunismo, y tú pareces haber heredado una mentalidad de opresión que no te permite avanzar en la vida.

Tienes que hacer todo aquello que imaginabas que no era posible: debes dar los pasos necesarios hacia el futuro que tú prefieres.

Sin importar tus antecedentes, yo quiero motivarte a que hagas lo que tú nunca imaginaste posible: tomar los pasos necesarios hacia el futuro que tú prefieres. La declaración hecha por Oliver Wendell Holmes Sr. que refería anteriormente podría describirme cuando yo era una persona joven creciendo en la isla de las Bahamas. Yo me preguntaba a mi mismo continuamente, *¿Por qué es que no podemos tener nuevos líderes del Tercer Mundo? La falta de líderes nacionales nos está destruyendo.* Esta pregunta persistente eventualmente llegó a crear Bahamas Faith Ministries International, mis seminarios de liderazgo, y la Asociación de Líderes del Tercer Mundo. Yo me hice una pregunta que no podía contestar y traté de llevar a cabo una tarea que yo nunca hubiera podido lograr si hubiera seguido los modelos de mentalidad tradicionales que existían alrededor de mi.

Este es el momento para que tú adoptes una nueva mentalidad, y un nuevo punto de vista, basado en los beneficios positivos del cambio. Yo considero que tú eres *un líder en formación*. Todos los cambios que tú inicies, y la respuesta que tengas ante los cambios que están sucediendo en el mundo, te van a capacitar para llevar al máximo tu potencial. Aquí, entonces, están los principios para los líderes en formación, a fin de ayudarles a que lleguen a realizar su propósito en la vida.

Los líderes en formación interpretan el pasado con perspicacia

El primer principio para los líderes en formación es que interpretan el pasado con perspicacia. Muy frecuentemente, todos aquellos que dudan que pueden iniciar un cambio positivo están tratando con actitudes provenientes de sus pasados. Pero hemos podido ver que Dios puede transformar aún las experiencias más negativas de nuestra vida y convertirlas en resultados muy benéficos.

Somos el producto de nuestras historias, hasta en tanto podamos integrar esas historias en nuestra vida. Mientras que al mismo tiempo no queremos permanecer encadenados a nuestro pasado, necesitamos poder entenderlos, a fin de poder apreciar el presente. Con todos los retos que estamos encarando, debemos obtener una visión inspirada de Dios de un futuro muy positivo—no solo para nuestra vida en la eternidad, sino también para el resto de nuestra vida aquí en la tierra.

Debes considerar el pasado como un preludio— y no como tu presente

Cuando Dios llamó a Moisés para que liberara a los israelitas de la esclavitud en Egipto, Moisés se comportó en forma muy titubeante. *"Entonces Moisés dijo al Señor: Por favor, Señor, nunca he sido hombre elocuente, ni ayer ni en tiempos pasados, ni aun después de que has hablado a tu siervo; porque soy tardo en el habla y torpe de lengua"* (Éxodo 4:10). Moisés sintió que las dificultades que había tenido en el pasado, para poder hablar delante de las gentes, lo descalificaban para la tarea que Dios le había dado. Pero Dios tenía una perspectiva muy diferente con relación a quién era Moisés—y con relación a quién podía llegar a ser. *"Y el Señor le dijo: ¿Quién ha hecho la boca del hombre?…¿No soy yo, el Señor? Ahora pues, ve, y yo estaré con tu boca, y te enseñaré lo que has de hablar"* (versículos 11–12).

Desafortunadamente, Moisés se aferró a su interpretación del pasado. El tal vez estaba pensando, *yo nunca he sido capaz de poder hablar bien en el pasado; y por lo tanto, **nunca** voy a poder hacerlo.* El pensó que su pasado y su presente eran sinónimos.

> *Pero él dijo: Te ruego, Señor, envía ahora el mensaje por medio de quien tú quieras. Entonces se encendió la ira del Señor contra Moisés, y dijo: ¿No está allí tu hermano Aarón, el levita? Yo sé que él habla bien. Y además, he aquí, él sale a recibirte; al verte, se alegrará en su corazón. Y tú le hablarás, y pondrás las palabras en su boca; y yo estaré con tu boca y con su boca y os enseñaré lo que habéis de hacer.*
>
> (versículos 13–15)

La perspectiva de Moisés le impidió poder aceptar lo que Dios deseaba para él. A pesar de esto, eventualmente Dios lo usó tremendamente para poder liberar a los israelitas, pero Moisés hubiera podido experimentar mucha más libertad y una mayor realización, si hubiera podido creer en las palabras de Dios de inmediato, y si hubiera podido confiar en que Dios le ayudaría a hablar sin tener que usar a su hermano como un intérprete.

Tu puedes pensar de ti mismo en conexión con las fallas de tu pasado y las experiencias negativas que has tenido, o tú puedes confiar en que Dios va a transformar tu vida y te va a dar un futuro muy positivo. Debes recordar la Escritura de Isaías 43:18–19 que dice lo siguiente: *"No recordéis las cosas anteriores, ni consideréis las cosas del pasado. He aquí, hago algo nuevo, ahora acontece; ¿no lo percibís? Aun en los desiertos haré camino y ríos en el yermo."*

Las Escrituras describen el dolor tan profundo que Noemí experimentó cuando su esposo y sus hijos adultos murieron mientras que la familia se encontraba en Moab, para poder escapar de la hambruna que había en Israel. Sin marido y sin hijos, Noemí y sus nueras no tenían medios para poder sostenerse y se encontraban en una situación muy precaria. Noemí había estado lejos de su lugar de origen que era Belén por muchos años, pero ella decidió que no había otra elección sino regresar ahí para vivir. Cuando ella y una de sus nueras, Ruth, que era una moabita, regresaron a Belén, sus antiguos vecinos le preguntaron, *"¿acaso esta es Noemí?"* (Ruth 1:19). Aparentemente el dolor y la vida tan dura que había llevado habían cobrado el precio tanto en su apariencia como en su actitud. Noemí respondió, *"Y ella les dijo: No me llaméis Noemí, llamadme Mara, porque el trato del Todopoderoso me ha llenado de amargura"* (versículo 20). *Noemí* significa "agradable", mientras que *Mara* significa "amargura". Noemí había permitido que la amargura caracterizará su vida hasta el extremo de identificarla como su nombre.

La vida de Noemí fue transformada, a medida que ella reconoció la mano de Dios obrando en su vida. Dios la había traído a ella y a Ruth a un lugar donde ellas atrajeron la atención de Boaz, que era un hombre de Dios muy bondadoso y un pariente muy rico. Noemí le dijo a Ruth que Boaz era uno de sus parientes más cercanos y que él podía redimir a la familia de su desastre. Ella le aconsejó a Ruth la forma cómo debía comportarse con relación a Boaz. Boaz se casó con Ruth, y ellos tuvieron un hijo llamado

Obed. *Obed* significa "sirviendo" o "adorador". Su nombre muy bien puede reflejar la gratitud de Ruth y de Noemí para con Dios, por haberlas liberado de todas sus penalidades.

> *Entonces las mujeres dijeron a Noemí: Bendito sea el Señor que no te ha dejado hoy sin redentor; que su nombre sea célebre en Israel. Sea él también para ti restaurador de tu vida y sustentador de tu vejez; porque tu nuera, que te ama y es de más valor para ti que siete hijos, le ha dado a luz. Entonces Noemí tomó al niño, lo puso en su regazo y fue su nodriza. Y las mujeres vecinas le dieron un nombre, diciendo: Le ha nacido un hijo a Noemí. Y lo llamaron Obed. El es el padre de Isaí, padre de David.* (Ruth 4:14–17)

Si Noemí hubiera seguido viviendo en amargura en lugar de reconocer la provisión y la bendición que Dios estaba haciendo posible a través de Boaz, ella nunca hubiera llegado a experimentar la gracia de Dios que se desenvolvió en su vida. Más aún, por medio de aconsejar a Ruth, ella pudo participar en la realización de un propósito de Dios que era mucho más grande que las vidas individuales de Noemí, Ruth, o Boaz—que fue el establecimiento de la vida familiar a través de la cual David el gran rey de Israel, iba a nacer. Y fue a través de la línea de David que el Mesías prometido iba a venir.

Un pasado negativo no cancela la posibilidad de un futuro positivo, especialmente cuando buscamos reconocer que Dios está obrando en cualquier situación en que nos encontremos nosotros. Tal y como Pablo escribió, *"Y sabemos que para los que aman a Dios, todas las cosas cooperan para bien, esto es, para los que son llamados conforme a su propósito"* (Romanos 8:28).

> *Un pasado negativo no cancela la posibilidad de un futuro positivo.*

Dios puede traer bien, aún por medio de la opresión

Mucha gente tiene dificultad para poder interpretar sus pasados a la luz de los propósitos de Dios porque ellos o sus ancestros experimentaron opresión institucionalizada, y ellos no ven que algún bien pueda venir de todo esto. La esclavitud y el colonialismo han dejado una marca de desilusión y de potencial desperdiciado en las vidas de muchas gentes del tercer mundo. Vamos a considerar brevemente estos efectos.

Hablando en forma general, cuando los poderes colonialistas se esparcieron hacia el nuevo mundo, ellos ganaron control sobre diferentes grupos de gente que ya tenían su propia cultura. Ellos llegaron a una tierra, se establecieron allí, la consideraron como suya propia, y usaron esa tierra para su provecho. Por ejemplo, ellos obtuvieron muchas riquezas por medio de desarrollar las tierras tropicales que tenían muy buenos climas para cultivar el tabaco, el azúcar, y el algodón.

A medida que los poderes europeos ejercieron su influencia a través de todo el globo terráqueo ellos tomaron muchas gentes del África Occidental como esclavos, los colocaron en barcos, los trajeron a América y a las Indias Orientales, y los vendieron a los europeos y a muchos otros conquistadores para que trabajaran en granjas y plantaciones. Muchos de estos colonizadores se hicieron muy ricos, pero su prosperidad no fue compartida con los esclavos. Como resultado de esto un gran segmento de la población de estas naciones fue excluida de los beneficios de las sociedades que ellos estaban ayudando a crear. El legado de esta discrepancia de injusticia social y económica sigue provocando problemas en los países que practicaron la esclavitud.

Pero tan deplorable como la institución de la esclavitud es, yo creo que Dios la usó para Sus propios propósitos—y aún hoy en día puede traer bien en las vidas de los descendientes de esclavos. ¿Por qué es que yo creo esto? En primer lugar, vamos a leer lo que Pablo dice a una audiencia que se encontraba en la ciudad de Atenas:

> *Y de uno hizo todas las naciones del mundo para que habitaran sobre toda la faz de la tierra, habiendo determinado sus tiempos señalados y los límites de su habitación, para que buscaran a Dios, si de alguna manera, palpando, le hallen, aunque no está lejos de ninguno de nosotros.* (Hechos 17:26–27)

A final de cuentas Dios fue quien decidió donde tenían que vivir los diferentes grupos de gentes y qué naciones se iban a desarrollar y a ser establecidas. Las Escrituras dicen que Dios hizo esto con un propósito específico: *"para que los hombres buscaran a Dios, si de alguna manera, palpando, le hallen".* El deseo de Dios es que la gente Lo busqué y Lo encuentre, y Él los coloca en posiciones donde ellos pueden venir a conocerlo.

A continuación, vamos a leer lo que Dios dijo a través de Su profeta Isaías:

Así dice el Señor: Los productos de Egipto, la mercadería de Cus y los sabeos, hombres de gran estatura, pasarán a ti y tuyos serán; detrás de ti caminarán, pasarán encadenados y ante ti se inclinarán. Te suplicarán: "Ciertamente Dios está contigo y no hay ningún otro, ningún otro dios". (Isaías 45:14)

Las naciones europeas instituyeron la esclavitud de la gente que tenía la piel de color oscuro en el siglo XVII, pero yo creo que Dios permitió que esto sucediera a fin de traerlos a un lugar donde muchos de ellos pudieran conocerlo. ¿Recuerdas la caravana que tomó José para llevarlo a Egipto, y lo que José les dijo a sus hermanos? *"Vosotros pensasteis hacerme mal, pero Dios lo tornó en bien para que sucediera como vemos hoy, y se preservara la vida de mucha gente"* (Génesis 50:20).

Muchos africanos que fueron tomados como esclavos venían de antecedentes de vudú y el espiritismo. Yo creo que una de las razones de que Dios permitió la esclavitud, era para que todos estos africanos pudieran ser removidos del medio ambiente tan oscuro del espiritismo. Mientras que la esclavitud es reprobable, y los comerciantes esclavos y dueños de esclavos tenían motivos muy egoístas, muchos esclavos que fueron traídos al continente americano—o sus descendientes—entraron en contacto con el Evangelio aquí. Ellos vinieron para conocer al Dios viviente—El cual es verdadero, y nos da una verdadera libertad espiritual.

Los líderes que se encuentran en formación actualmente, deben aprender a interpretar el pasado con perspicacia. Si tú—o uno de tus ancestros—fueron maltratados, tú tienes la elección de seguir maldiciendo toda esa dominación y crueldad. O tú puedes descubrir los beneficios que vinieron a través de ello. Debemos trabajar continuamente para eliminar la opresión dondequiera que podamos. Pero yo también quiero sugerir que deberíamos ver las formas en que Dios podría usar esto en nuestras vidas y en las vidas de otros para movernos hacia delante en Sus propósitos supremos. Esto

Interpretar el cambio significa poder reconocer la gran panorámica de lo que está sucediendo en medio del cambio.

es lo que significa *interpretar* el cambio. Significa poder reconocer la gran panorámica de lo que está sucediendo en medio del cambio.

Más aún, debes notar la forma como Jesús nos enseñó que debíamos responder ante la opresión:

Habéis oído que se dijo: "Amarás a tu prójimo, y odiarás a tu enemigo." Pero yo os digo: amad a vuestros enemigos, y orad por los que os persiguen, para que seáis hijos de vuestro Padre que está en los cielos; porque El hace salir su sol sobre malos y buenos, y llover sobre justos e injustos. Porque si amáis a los que os aman, ¿qué recompensa tenéis? ¿No hacen también lo mismo los recaudadores de impuestos? Y si saludáis solamente a vuestros hermanos, ¿qué hacéis más que otros? ¿No hacen también lo mismo los gentiles? Por tanto, sed vosotros perfectos como vuestro Padre celestial es perfecto. (Mateo 5:43–48)

Antes bien, amad a vuestros enemigos, y haced bien, y prestad no esperando nada a cambio, y vuestra recompensa será grande, y seréis hijos del Altísimo; porque El es bondadoso para con los ingratos y perversos. Sed misericordiosos, así como vuestro Padre es misericordioso. No juzguéis y no seréis juzgados; no condenéis, y no seréis condenados; perdonad, y seréis perdonados. Dad, y os será dado; medida buena, apretada, remecida y rebosante, vaciarán en vuestro regazo. Porque con la medida con que midáis, se os volverá a medir. (Lucas 6:35–38)

Donde quiera que tú hayas sido plantado debes determinar crecer ahí. No te quejes, sólo crece. No te enfoques en el pasado, porque tú no puedes cambiar el pasado. Existe un tiempo y una estación para cada propósito. (Favor de ver Eclesiastés 3:1). Debes dejar a un lado todo sentido de opresión, que ha sido como una nube muy pesada sobre tu vida, y debes convertirte en aquello para lo cual fuiste creado.

Los líderes en formación invierten en los demás

Cada estación trae oportunidades únicas que debemos usar en toda su magnitud cada vez que podamos. Cuando las temporadas o estaciones cambian, debemos saber reconocer las señales y hacer las transiciones necesarias. El rey Salomón escribió lo siguiente,

> *El que recoge en el verano es hijo sabio, el que se duerme durante la siega es hijo que avergüenza.* (Proverbios 10:5)

Si tú has sido negligente para entrar en tu estación de cambio, es tiempo que comiences a moverte y empieces a juntar la cosecha. Por ejemplo, hubo una época cuando Dios usó principalmente misioneros extranjeros para llevar a Su Palabra a las naciones del tercer mundo. Yo le doy gracias a Dios por trabajar a través de estos misioneros. Pero muchos de ustedes que en alguna ocasión eran campos misioneros han venido a un cruce de caminos. La temporada ha cambiado. Ahora, Dios quiere que tú impactes otras naciones, así como tu propia nación, con el Evangelio, y que no solo seas un recipiente del Evangelio. El mismo concepto aplica a todas las áreas de la vida.

Desafortunadamente, es muy fácil que la gente que ha sido oprimida o a quien se le ha dicho que nunca va a poder realizar nada, que sigan recibiendo de los demás en lugar de tratar de aprender a dar algo de ellos mismos. Pero si tú solamente te mantienes recibiendo, tú nunca vas a poder ser capaz de convertirte en una bendición para aquellos que necesitan que tú inviertas en ellos.

Existe una verdad muy importante que dice lo siguiente, "el éxito sin un sucesor se convierte en un fracaso". Si los misioneros dejan un país sin haber levantado nativos de ese país para que lleven a cabo la obra después de que ellos se fueron, entonces, ellos han fallado. Por el otro lado, la responsabilidad de tener éxito o fracaso también cae en los hombros de estos mismos nativos o nacionales. Algunas gentes no quieren madurar y tomar responsabilidad por sí mismos, pero ellos no pueden afrontar seguir teniendo esta misma actitud.

Invertir en otros requiere madurez

Sólo podemos ser líderes en formación si estamos dispuestos a desarrollarnos en madurez. Vamos a ver el ejemplo de los israelitas, que habían sido esclavizados por los egipcios cerca de cuatrocientos años. Oprimidos por medio de capataces muy crueles, los israelitas oraron a Dios diciendo lo siguiente, "Liberamos de todos nuestros problemas Señor". Las Escrituras dicen, *"Oyó Dios su gemido, y se acordó Dios de su pacto con Abraham, Isaac y Jacob. Y miró Dios a los hijos de Israel, y Dios los tuvo en cuenta"* (Éxodo 2:24–25).

En respuesta a esto, el Señor llamó a Moisés y le dio la tarea de soltar a Su pueblo de la esclavitud. Después de que Dios castigó la tierra de Egipto con una serie de plagas, el faraón en forma muy titubeante dejó ir a los israelitas. Moisés los guió fuera de Egipto y hacia el desierto, donde ellos eran vulnerables y tenían que depender totalmente de Dios.

Los israelitas gozaron un periodo de tiempo en un lugar llamado Elim, *"donde había doce fuentes de agua y setenta palmeras, y acamparon allí junto a las aguas"* (Éxodo 15:27). Entonces, ellos tuvieron que seguir hacia delante, y llegaron hasta un lugar llamado *"El Desierto de Sin"* (Éxodo 16:1). Por el nombre, éste suena como un lugar maravilloso, ¿o no? ¡Y qué contraste con el lugar donde estaban antes que se llamaba Elim! Estaba desierto y no había comida disponible en ese lugar. Los israelitas perdieron el sentido del propósito que habían sentido en el tiempo de su liberación de Egipto, porque ellos se enfocaron solamente en su problema inmediato. Ellos le dijeron a Moisés y Aarón, *"Ojalá hubiéramos muerto a manos del Señor en la tierra de Egipto cuando nos sentábamos junto a las ollas de carne, cuando comíamos pan hasta saciarnos; pues nos habéis traído a este desierto para matar de hambre a toda esta multitud"* (Éxodo 16:3).

Para mí, los israelitas estaban diciendo, "¡Moisés, tú nos forzaste a crecer! ¿Por qué hiciste esto?" Ellos habían estado pidiendo libertad durante cuatrocientos años, y cuando finalmente la obtuvieron, ¡ellos desearon haber muerto en la esclavitud!

Los israelitas se pusieron a murmurar rápidamente una vez que tuvieron que encarar la adversidad. No nos gusta la independencia, debido a que la libertad cuesta mucho. Requiere que tratemos con diferentes asuntos y problemas por los cuales otras personas han sido responsables previamente—aún cuando no nos gusta la manera en que estas personas manejaron todo esto. La gente que se encuentra en ataduras y esclavitud, muy frecuentemente comienza a tener miedo de la libertad cuando esto significa que ellos necesitan madurar.

Dios quiere que podamos entender que podemos madurar bajo la guía divina—y que la madurez involucra el hecho de confiar en Dios con relación a que Él puede cuidar de nosotros. De la misma manera, Dios quería que toda la nación de Israel confiara completamente en Él. En forma milagrosa, Dios proveyó maná del cielo—un alimento único que *"era como la semilla del cilantro, blanco, y su sabor era como de hojuelas con miel"* (Éxodo 16:31)—así como codornices. Más tarde, Dios proveyó agua de una roca, después de que los israelitas habían seguido en su camino, y habían llegado a un lugar donde no había ninguna fuente de aguas. (Favor de ver Éxodo 16:4–17:6). Pero aun con todo lo que Dios había suplido para ellos, los israelitas siguieron dudando de la misericordia y la bondad, del poder y de la provisión de Dios.

Podemos avanzar en esa liberación y nuestra libertad, solamente cuando tomamos la decisión de crecer en madurez, y confiar en que Dios nos va a dar Su provisión, a medida que damos el paso en la fe y en el liderazgo.

Invertir en otros requiere que nosotros tomemos responsabilidad

Eventualmente, los israelitas llegaron a la tierra de Canaán, que era la tierra que Dios les había prometido a través de Abrahán y de Moisés. Moisés mandó doce espías a través de toda la tierra de Canaán para qué le trajeran un reporte completo acerca de todo ese territorio. Diez de los espías trajeron un reporte muy malo que desanimó a toda la gente. De hecho, los israelitas se revelaron en contra de seguir adelante y entrar a la tierra prometida, ¡y se pusieron a hacer planes para regresar a Egipto! Ellos querían ir para atrás, no para adelante.

> *Entonces toda la congregación levantó la voz y clamó, y el pueblo lloró aquella noche. Y murmuraron contra Moisés y Aarón todos los hijos de Israel; y les dijo toda la congregación: ¡Ojalá hubiéramos muerto en la tierra de Egipto! ¡Ojalá hubiéramos muerto en este desierto! ¿Y por qué nos trae el Señor a esta tierra para caer a espada? Nuestras mujeres y nuestros hijos vendrán a ser presa. ¿No sería mejor que nos volviéramos a Egipto? Y se decían unos a otros: Nombremos un jefe y volvamos a Egipto.* (Números 14:1–4)

Cuando Moisés y Aarón escucharon esto, ellos cayeron sobre sus rostros delante de la comunidad. Josué y Caleb, que también habían ido a espiar la tierra, pero regresaron con un buen reporte, rasgaron sus vestidos y trataron de animar a la gente con estas palabras:

La tierra por la que pasamos para reconocerla es una tierra buena en gran manera. Si el Señor se agrada de nosotros, nos llevará a esa tierra y nos la dará; es una tierra que mana leche y miel. Sólo que no os rebeléis contra el Señor, ni tengáis miedo de la gente de la tierra, pues serán presa nuestra. Su protección les ha sido quitada, y el Señor está con nosotros; no les tengáis miedo.   (Números 14:7–9)

Los israelitas recibieron un consejo muy sólido. Pero ello no sólo rechazaron este consejo, ¡sino también hablaron acerca de matar a Josué y a Caleb! (Favor de ver el versículo 10).

Algunas veces, la gente rechaza claramente el propósito y la dirección de Dios, cuando tienen miedo de lo que pueda suceder o no quieren tomar responsabilidad para hacer su parte. Los israelitas querían poseer la tierra prometida, pero querían hacerlo a su propia manera—sin el requisito de tomar responsabilidad, por medio de ejercitarla durante las circunstancias difíciles. Dios perdona nuestra falta de responsabilidad cuando con toda sinceridad se lo pedimos, pero nuestra desobediencia en contra de Dios, todavía deja sus consecuencias. Si no aprendemos a tomar responsabilidad por nuestras temporadas y estaciones ahora mismo, vamos a sufrir por nuestra falta de fe y por nuestra inactividad, y vamos a hacer que muchos otros sufran por esto también.

Dios Se enojo en contra de los israelitas por la desobediencia que tuvieron en contra de Él, y por la falta de fe que tuvieron en la provisión divina. Cuando Moisés le pidió a Dios que no destruyera a los israelitas, Dios contestó lo siguiente,

Los he perdonado según tu palabra; pero ciertamente, vivo yo, que toda la tierra será llena de la gloria del Señor; ciertamente todos los que han visto mi gloria y las señales que hice en Egipto y en el desierto, y que me han puesto a prueba estas diez veces y no han oído mi voz, no verán la tierra que juré a sus padres, ni la verá ninguno de los que me desdeñaron.   (Números 14:20–23)

El hecho de tomar una responsabilidad de nuestra vida involucra dar el paso en fe, mientras que al mismo tiempo estamos confiando en el amor y en la provisión de Dios para nosotros. Y si no tomamos responsabilidad, vamos a permanecer igual como siempre hemos estado. Y si permanecemos en el mismo estado, no vamos a poder cumplir los propósitos que Dios nos ha dado. Esto nos deja a nosotros y a las futuras generaciones sin el beneficio de haber iniciado nuestro cambio—y, tal vez, sin esperanza alguna para el futuro.

Resultados de permanecer meramente como un receptor

¿Qué es lo que podemos concluir acerca de todos aquellos que se retractan de su llamamiento para ser agentes de cambio con una visión para poder impactar a todos los demás? ¿Qué sucede si tú permaneces y te quedas dónde estás ahorita sin progresar?

1. Tú no tienes que dirigir—pero siempre vas hacer dirigido por alguien.

2. No tienes que tomar decisiones—pero siempre va ser alguien más quien toma las decisiones por ti.

3. No tienes que proveer para ti mismo—pero siempre vas a tener tus necesidades suplidas en los términos que dispongan otras personas.

4. Vas a acabar por aferrarte a las tradiciones—pero nunca vas a aprender a pensar por ti mismo.

5. Tú falta de responsabilidad va tener serias consecuencias—no sólo para ti mismo, sino también para los demás.

¿Te encuentras tú más preocupado con el hecho de recibir o con el hecho de dar? Un punto de vista que está centralizado en uno mismo tal vez sea algo satisfactorio durante un tiempo, pero carece de una verdadera realización de madurez, amor y de sacrificio. Pablo, uno de los más grandes agentes de cambio que el mundo jamás ha conocido, refirió estas palabras transformadoras de vida de Jesús a los ancianos de la iglesia en la ciudad de Éfeso:

En todo os mostré que así, trabajando, debéis ayudar a los débiles, y recordar las palabras del Señor Jesús, que dijo: "Más bienaventurado es dar que recibir." (Hechos 20:35)

Los líderes que se encuentran en formación deberían trabajar por el beneficio de otros, en lugar de hacerlo por algún tipo de ganancia personal. ¿Acaso vas a entrar a poseer esta bendición por medio de dar a los demás? ¿Acaso vas a tomar la responsabilidad de servir a tu nación y asegurar un destino positivo para los hijos de tus hijos?

Tienes que ir más allá de la liberación con relación a cualquier tipo de problema o presión que has tenido durante tu vida. Debes decidir moverte de la *liberación* hacia la *libertad*, del desierto hacia Canaán, porque la libertad es tu destino—libertad para poder participar en el supremo propósito de Dios de traer a los seres humanos de regreso a Sí Mismo.

Los líderes que se encuentran en formación pueden entender sus verdaderos potenciales

Algunas veces, nos abstenemos de movernos hacia la corriente del cambio que Dios está dirigiendo para qué nos involucremos en ella, debido a que dudamos de nuestras propias capacidades. He podido ver este tipo de mentalidad, de primera mano durante mi trabajo con los líderes del tercer mundo. A pesar de algunas mejoras en las condiciones y de una gran medida de libertad y de independencia, mucha gente del tercer mundo todavía tiene mucho problema con asuntos de identidad y de autoestima. En parte, esto se debe a que algunas de las naciones industrializadas han reforzado—por medio de sus actitudes, políticas, o legislación—la noción de que las gentes del tercer mundo carecen del potencial, inteligencia y la sofisticación necesaria para ser iguales a ellos. Esta terrible falsa concepción ha limitado mucha gente que tiene mucho talento, y que no han sido permitidos para que lleven su potencial al máximo. Otra parte es que la gente misma está limitando sus propios potenciales debido a la ignorancia, el temor, o de nuevo, a una falta de sentido de responsabilidad. El potencial de *todas* las gentes—en África, América Latina, el Caribe, y Asia, así como en las naciones industrializadas—es abundante y no puede ser medido a través de las opiniones negativas de otros. Tampoco puede ser medido por la falta de salud o de un estado social bajo.

Yo quiero motivarte y decirte que tú posees la habilidad para desarrollar, producir, crear, rendir, llevar a cabo las ideas y los dones que Dios ha colocado dentro de ti. Dios te creo con todo el potencial que tú necesitas para cumplir tu propósito en la vida.

Los líderes que se encuentran en formación, por lo tanto, son aquellos que han venido a entender sus verdaderas identidades y potenciales en Dios, y que han podido desarrollar esos potenciales. Las opiniones de otros nunca deben determinar tu autoestima. Tampoco debes permitir que una falsa opinión de ti mismo determine la imagen que tienes de ti. Tu identidad no se encuentra en los prejuicios de otros, y ni siquiera en ti mismo, sino en la Fuente de la cual tú viniste: Dios, tu Padre Creador. Jesús vino para restaurarte en la correcta posición que tienes en Dios, y para revelarte el asombroso potencial que se encuentra atrapado dentro de ti.

Los líderes que se encuentran en formación desarrollan su verdadero potencial

La riqueza del potencial que se encuentra dentro de todos aquellos que están viviendo bajo sus capacidades debe ser reconocida, debe ser canalizada, y llevada al máximo por ellos mismos. ¿Acaso estás dispuesto a dedicarte al máximo, y de esta manera, poder llegar a explotar tu propio potencial que es sumamente rico? ¿Acaso estás dispuesto a ayudar a promover la creatividad y la productividad de otros ciudadanos de tu país? ¿Acaso estás dispuesto a mejorar los sistemas anticuados e institucionalizados que heredaste de las generaciones pasadas, ya sea que esos sistemas se encuentren en el gobierno, los negocios, la educación o la iglesia? Por ejemplo, la iglesia del tercer mundo debe darse cuenta que tiene tremendo potencial para poder desarrollar obras artísticas indígenas, muchos recursos de administración, autonomía financiera, y gran sentido responsabilidad.

Debemos ser muy cuidadosos de no inhibir nuestros potenciales mientras que estamos trazando nuevos cursos para el futuro, por medio de preocuparnos con nuestros pasados. Necesitamos depositar la riqueza de nuestro potencial en esta generación, de tal manera que la siguiente generación pueda construir su futuro en nuestra fidelidad y llegar a ser todo aquello que podemos llegar a ser. De la misma manera que existe una planta o un árbol potencial en cada semilla, así existe un nuevo mundo potencial dentro de tu mundo. Debes recordar que a cualquier cosa que Dios te llame a realizar, Dios también provee para ello. Por lo tanto, tú debes tener la dedicación necesaria no sólo para reconocer tu potencial, sino también para desarrollarlo.

Yo creo en la naturaleza de las gentes del tercer mundo porque son muy trabajadoras, muy dedicadas y altamente sensibles y sensitivos. Pero, de la misma forma como hemos visto, muchos han desarrollado un espíritu de dependencia y una falta de confianza en sí mismos. El sistema debilitante de la colonización muy frecuentemente proveyó a los sujetos bajo la colonia con un entrenamiento básico para servir—pero pero no los entrenó con miras a la *productividad*.

En esencia, la gente fue enseñada como poder cultivar la caña de azúcar, pero no como hacer el azúcar como producto final; fueron enseñados como cultivar el algodón pero no como hacer la ropa derivada del algodón. Incluso después de que se liberaron del control colonial, y muy frecuentemente sólo les dejaron como posesión muy pocos materiales de materia prima, pero sin conocimientos o habilidades para transformar esos materiales en productos terminados.

Debido a que fueron abandonados con el celo de la libertad, pero no con la habilidad para desarrollar productos comerciables en el mercado mundial, muchas naciones del tercer mundo todavía están experimentando problemas financieros, junto con la incertidumbre y la falta de sentido de identidad. Más aún, algunas veces el colonialismo *político* ha sido reemplazado con algún otra forma de colonialismo *económico*. Por ejemplo, yo he podido notar que las naciones del tercer mundo siguen mirando hacia arriba a las naciones desarrolladas industrialmente, a fin de poder medir sus parámetros de cualidades de excelencia. Esto puede dar como resultado un sentido de falta de respeto y de sospecha acerca de sus propios productos, mientras que también está negando el tremendo potencial que yace dormido dentro de su propia creatividad y de sus propios talentos.

Sin embargo, un viento fresco está soplando a través de muchos países en desarrollo, impulsando un sentido de destino y de propósito en el corazón de las gentes. Este despertar está siendo sentido en toda las áreas: en lo político, social, económico y espiritual. Con una entrega renovada hacia Dios Creador, las gentes del tercer mundo deben buscar sus cualidades interiores y desarrollar los potenciales que yacen dentro de ellos.

De la misma forma, todos los hombres, mujeres, niños y niñas de cada nación y de cada raza, necesitan desarrollar sus potenciales y refinar sus habilidades. Tenemos que reconocer nuestras habilidades para poder imaginar la realización de grandes cosas—y tomar acción para hacer de esto muchas realidades. Los líderes que se encuentran en formación saben que...

1. Los seguidores se pueden convertir en líderes.

2. Los aprendices pueden convertirse en maestros.

3. Los campos que anteriormente eran campos misioneros se pueden convertir en misioneros enviados a todo el mundo.

4. Los receptores se pueden convertir en dadores.

Los líderes que se encuentran en formación pueden entender la verdadera libertad

Mi último punto—que es un punto vital—es que los líderes que se encuentran en formación deben poder reconocer la naturaleza de la verdadera libertad.

¿Qué es la verdadera libertad?

Hemos obtenido nuestros puntos de vista acerca de la libertad de un sinnúmero de fuentes de información, tales como conversaciones con miembros de la familia y amigos, libros, televisión, la Internet, y muchos otros medios de comunicación, así como tradiciones culturales, institucionales y religiosas. Por lo tanto, a fin de poner esto bien claro, quiero darte una definición funcional de la libertad que creo que corresponde con la perspectiva bíblica de la libertad. Sin embargo, primeramente, vamos a mirar lo que *no es* la libertad.

Libertad no es...

1. La libertad no radica en la ausencia de cadenas o de otro tipo o de restricciones físicas. De hecho, la libertad no es la ausencia de ningún tipo de restricciones en general.

2. La libertad "no es propiedad" de nadie. Éste elemento de la verdadera libertad es tal vez el más difícil de ser comprendido por la gente, que cualquier otro. Muy frecuentemente hemos malentendido la idea de

que otras gentes se encuentran en posesión de nuestra libertad y que la están apartando de nosotros.

3. La verdadera libertad nunca te puede ser dada. (La inferencia natural de la declaración previa, es que si otras gentes no pueden poseer nuestra libertad, entonces ellos tampoco pueden quitarnos nuestra libertad).

> *La libertad tiene muy poco que ver con el medio ambiente externo que uno tenga.*

Todo esto anterior enlistando *lo que no es* la libertad, viene a retar muchos parámetros tradicionales que han sido usados para evaluar la libertad. Por ejemplo, si yo te encierro en la prisión y tiró la llave, eso no significa necesariamente que he tomado tú libertad. La libertad tiene muy poco que ver con el medio ambiente externo que uno tenga.

Cuando tú acudes a alguien más para recibir tu libertad, es como si esa persona tuviera el poder de dártela, y tú acabas de darle a él o a ella el control total sobre tu existencia. Esta ha sido la más grande falta de entendimiento y debilidad de todos mis hermanos, de acuerdo a la raza, quienes han luchado con los asuntos de los derechos humanos y civiles. Para parafrasear a Pablo, yo siento gran pena y angustia en mi corazón debido a la opresión cultural y espiritual continua que es impuesta sobre de ellos a través de ciertos líderes de los derechos civiles. (Favor de ver Romanos 9:1–3). Es el deseo de mi corazón y mi oración por toda la gente, que sean liberados de la creencia destructiva de que el gobierno y otras fuentes humanas han sostenido las llaves de su liberación.

Bajo el comercio de esclavos, a los esclavos se les obligaba a usar y llevar cadenas tanto en los pies con las manos. Ésas cadenas fueron transferidas psicológicamente a sus descendientes por medio de la intimidación y la propaganda racista. Mucha gente sigue transfiriendo esas cadenas psicológicas a sus hijos hoy en día.

Cuando tú les permites a los miembros de algún grupo en particular que pongan sobre ti, lo que ellos piensan que son "tus derechos civiles" o tú libertad, tú has aumentado en gran manera tu vulnerabilidad hacia las ataduras y hacia la explotación en el futuro. De nuevo, si tú presupones que alguien tiene el poder de dictar los derechos *que tú tienes*, tú acabas de darle a esa persona el derecho de *controlarte*. Nadie jamás debería tener el privilegio de asignar el valor que tú tienes. Si tú recibes tu valor de otra persona, esa persona puede determinar cuánto vales tú y cuánto tienes.

Muchas de las gentes en el mundo—en cada nación, cultura, condición socioeconómica, y situación política—han tenido que sufrir vidas muy duras y de mucha pesadez. Aun en los países altamente desarrollados e industrializados, donde la riqueza y las oportunidades son más accesibles, millones de ciudadanos experimentan la depresión, el desaliento, ansiedad y un vacío total. Ellos se dan cuenta de que las posesiones, la fama, el estado social y el poder, nunca pueden sustituir el sentido personal de propósito y de importancia. Mientras tanto, muchas gentes en las naciones del tercer mundo, no tienen acceso a las posesiones materiales que las culturas industrializadas usan como sus parámetros de riqueza y de éxito. Esto contribuye a su frustración y a su desaliento en toda su vida. Ninguno de estos grupos está viviendo en una verdadera libertad.

La fuente de la verdadera libertad

¿Cuál es la verdadera libertad que todos necesitamos?

Cuando tratamos de definir la verdadera libertad, en primer lugar debemos identificar su fuente de origen. El verdadero asunto no se trata acerca de "los derechos civiles" para todos, sino acerca de *los derechos humanos* para todos. Los derechos humanos son algo inherente en la creación de Dios de los seres humanos, mientras que los derechos civiles son meramente la opinión del hombre con relación a lo que los seres humanos deberían ser y tener.

> *Los derechos humanos se encuentran inherentes en la creación de Dios, mientras que los derechos civiles son solamente la opinión de los hombres.*

De acuerdo con lo que dice la Palabra de Dios, la libertad no puede ser otorgada. Si no podemos entender nuestros derechos y privilegios que tenemos en Dios, entonces, éstos pueden ser abusados, y la mayoría de las veces, llegamos a perderlos.

Tal y como Dios dijo,

Mi pueblo es destruido por falta de sabiduría y de conocimiento.

(Óseas 4:6)

Jesús enseñó la forma como podemos experimentar la realidad de una auténtica libertad. El trato con este tema en forma muy elocuente y muy simple. Si tú puedes llegar a entender Su definición de libertad, tú vas a poder experimentar una libertad instantánea. La definición que dio Jesús acerca de la libertad, va mucho muy por encima de muchos otros discursos que se han dado acerca del tema. Y tampoco puede hacerlo ningún gobierno terrenal, y mucho menos te pueden dar tu dignidad. Ninguna autoridad humana te puede dar libertad. Jesús declaró lo siguiente,

> *Si vosotros permanecéis en mi palabra, verdaderamente sois mis discípulos; y conoceréis la verdad, y la verdad os hará libres.*
>
> (Juan 8:31–32)

La verdadera libertad es el resultado de *poder entender y recibir la verdad acerca de ti mismo y otras gentes con relación a tu creación en Dios y a tu redención en Su Hijo Cristo Jesús, de la manera como es revelado en la Palabra de Dios.* Esta es la razón de por qué la gente que es verdaderamente libre nunca puede llegar a ser cautiva. La libertad es un descubrimiento personal de la verdad acerca de Dios y de ti mismo, a través del Dios que te creó y te redimió. Por lo tanto, la libertad no es algo que nos pueda ser *otorgado*. Somos nosotros quienes *la abrazamos*.

Esta es la razón de que muchos de los movimientos de derechos civiles en el mundo se han deteriorado hacia una sofisticada opresión mental y económica. La libertad no es algo que pueda ser declarado en un discurso o a través de la legislación; al contrario, es un descubrimiento personal a través del corazón y el espíritu de cada individuo.

Como líder que estás en formación, tú puedes dirigir a otras gentes sólo tan lejos como tú hayas llegado. Permanecemos en opresión y ataduras cuando nos encontramos ignorantes de lo que ha sido provisto para nosotros a través de la vida y muerte de nuestro Señor y Salvador Cristo Jesús. Los líderes que se encuentran en formación deben poder entender su propia libertad que tienen en Cristo Jesús, y por lo tanto, deben ser capaces de liberar a otros para que ellos, a su vez, puedan descubrir y llevar hasta el máximo sus propósitos y potenciales.

Nunca se ha podido realizar nada espléndido, excepto por aquellos que se atreven a creer que hay algo que existe dentro de ellos, que era mucho muy superior a las circunstancias.
—Bruce Barton, congresista de los Estados Unidos de América, y ejecutivo de publicidad

ACERCA DEL AUTOR

El Dr. Myles Munroe es un orador internacional multi dotado, autor de libros Best Sellers, maestro, educador, consultor gubernamental, consejero y hombre de negocios que toca temas críticos que afectan todas las áreas del desarrollo humano, social y espiritual. Viajando extensamente alrededor del mundo, el tema central de su mensaje es el desarrollo del liderazgo, así como el descubrimiento del destino y del propósito personal y la realización máxima del potencial del individuo, que es transformar seguidores en líderes, y a los líderes en agentes de cambio.

El Dr. Munroe es fundador y presidente de Bahamas Faith Ministries International (BFMI), que es una red de ministerios con sus oficinas en Nassau, Bahamas. El también es presidente y director ejecutivo de la Asociación Internacional de Líderes del Tercer Mundo, y presidente del Instituto Intercacional de Entrenamiento para Liderazgo.

El Dr. Munroe también es el fundador, productor ejecutivo y anfitrión principal de un número de programas de radio y de televisión que están en el aire a través de todo el Caribe y el mundo. Es un popular autor de más de cuarenta libros, sus obras incluyen entre otras, *Convirtiéndose en un Líder*, *La Persona Más Importante sobre la Tierra*, *El Espíritu de Liderazgo*, *Los Principios y el Poder de la Visión*, *Entendiendo el Propósito y el Poder de la Oración, Entendiendo el Propósito y el Poder de la Mujer, y, Entendiendo el Propósito y el Poder de los Hombres.*

Por más de treinta años, él ha entrenado decenas de miles de líderes en los negocios, la industria, la educación, el gobierno, y la religión. Él personalmente alcanza a más de 500,000 personas cada año en un desarrollo personal y profesional. Su mensaje y su llamamiento trascienden razas, edades, culturas, credos, y antecedentes económicos.

El Dr. Munroe ha obtenido títulos y maestrías en la Universidad Oral Roberts en Tulsa, Oklahoma, E.U.A. y ha sido premiado con un número de distinciones honorables a nivel doctorado. Él también ha servido como profesor adjunto de la Escuela de Graduados de teología de la Universidad Oral Roberts.